U0624874

# 高校德育引导与学生管理创新研究

邢 良 著

北京工业大学出版社

图书在版编目（CIP）数据

高校德育引导与学生管理创新研究 / 邢良著 . — 北京 ： 北京工业大学出版社，2021.4

ISBN 978-7-5639-7921-9

Ⅰ. ①高… Ⅱ. ①邢… Ⅲ. ①高等学校－德育工作－研究－中国②高等学校－学生－学校管理－研究－中国

Ⅳ. ① G641 ② G645.5

中国版本图书馆 CIP 数据核字（2021）第 081812 号

# 高校德育引导与学生管理创新研究
GAOXIAO DEYU YINDAO YU XUESHENG GUANLI CHUANGXIN YANJIU

著　　者：邢　良

责任编辑：张　贤

封面设计：知更壹点

出版发行：北京工业大学出版社

　　　　　（北京市朝阳区平乐园 100 号　邮编：100124）

　　　　　010-67391722（传真）　bgdcbs@sina.com

经销单位：全国各地新华书店

承印单位：天津和萱印刷有限公司

开　　本：710 毫米×1000 毫米　1/16

印　　张：12.5

字　　数：250 千字

版　　次：2022 年 6 月第 1 版

印　　次：2022 年 6 月第 1 次印刷

标准书号：ISBN 978-7-5639-7921-9

定　　价：78.00 元

# 前　言

　　创新是一个国家和民族保持进步的不竭源泉，是国家兴旺、民族振兴的不竭动力。伴随着我国现代化建设事业的持续、高速推进，各个领域对专业化、高素质人才也提出了更高的要求。在这一背景下，高校的专业育人价值日益凸显出来，越来越成为我国现代化建设的重要人才输出渠道。能否在新时期全面、有效地开展德育教育，则是高校专业育人价值实现的重要影响因素。德育是高校教育不可或缺的重要组成部分。我们通常所说的"德、智、体、美、劳"中的"德"便是指德育，它与智育、体育、美育、劳育等彼此联系，相互渗透，紧密协调，共同完成高校立德树人的教育任务。高校德育的主要功能和目标是对大学生进行思想、道德、涵养等方面的教育，确保高校按照社会主义建设的要求培养出德、智、体、美、劳全面发展的合格建设者和可靠接班人，确保中华民族伟大复兴早日实现。大学生的德育管理工作已成为当前高校综合素质教育过程中非常重要的内容。在高校教育事业中，德育管理工作的目的不仅是培养学生的德育品行，更是引导学生树立正确的世界观、人生观、价值观。因此，寻找德育与学生管理工作的契合点，培养具有高德育水平的创新人才，已经成为高校人才培养的基本要求。

　　本书共分为六章。第一章为绪论，概述了德育、高校德育和学生管理工作的内涵，并分析了高校德育引导与学生管理工作的关系。第二章介绍了高校德育引导与学生管理创新的理论基础和主要实践。第三章详细分析了高校德育引导与学生管理工作创新的必要。第四章阐述了高校德育引导与学生管理工作存在的主要问题及改进策略。第五章介绍了高校德育引导在学生管理工作中创新的路径。第六章从多个角度分析了新时期高校德育管理的创新机制。

　　作者在撰写本书的过程中参考了大量的文献和资料，在此向涉及的学者和专家表示感谢。由于作者能力有限，书中难免存在疏漏和不足，请广大读者给予批评指正。

# 目 录

# 第一章 绪 论

## 第一节 德育与高校德育

德育在高等教育的其他各育人功能中居于首要和主导地位，在培养人才过程中、在社会生活及精神文明建设中发挥着重要的作用。高校教育要充分凸显德育的首要和主导地位，真正发挥德育的功能和作用。本节内容主要包括：德育的概念，高校德育概述，高校德育的性质、方法与途径，高校德育的追求，高校德育队伍的建设。

### 一、德育的概念

德育，即思想品德教育，是教育者根据社会的一定思想政治观点、道德行为规范和青少年身心发展规律，有目的、有计划地培养青少年思想品德的过程。

思想政治教育是指社会或社会群体用一定的思想观念、政治观点、道德规范，对其成员施加有目的、有计划、有组织的影响，使他们形成符合社会所要求的思想品德的社会实践活动。

但思想政治教育和道德教育是有区别的：思想政治教育就是意识形态的教育，而意识形态不仅包含伦理思想，还包含政治法律思想、哲学思想、宗教思想和审美观念等。道德是用来调整人们之间以及个人和社会之间的行为规范的，包括伦理思想和在伦理思想指导下人的行为所体现出的情感、情操等。所以，道德教育就是伦理思想的教育，就是道德观念的教育，其教育效果要最终体现到受教育者的道德行为上。

尽管思想政治教育和道德教育有区别，但在实践中，我们常常把它们模糊化，称为"思想道德教育"或"德育"。这是因为伦理思想和道德观念并不独立于意识形态之外，而是处于意识形态之中，是意识形态的一个组成部分，所以道德教育也就囊括于整个思想政治教育的过程中，并在一定思想（意识形态）的指导下进行。比如，当前我们的道德教育就必须在中国特色社会主义理论体系的指导下进行，尤其要注重落实科学发展观和社会主义核心价值观。

19 世纪，德国学者认为观念是行动之父，知识意味着真正的力量，德育的任务侧重于道德观念的培养。20 世纪，美国的教育家们为了适应当时垄断资产阶级的需要，认为德育应以"民主社会"的理想为出发点，主要通过学校的"典型的社会生活"培养有利于社会秩序的道德习惯，德育任务侧重于训练行为与习惯。

## 二、高校德育概述

### （一）高校德育的内容与目标

我国高校德育是指高等学校按照党和国家的要求，有目的、有计划、有系统地对大学生施以政治、思想和道德等各个方面的影响，并通过大学生本人积极的学习、体验与实践，以使大学生形成具有社会主义和共产主义思想品德的教育活动，也就是说，高校德育是高等学校有目的地培养大学生思想品德的活动。

#### 1.高校德育的内容

高校德育在不同时期、不同社会背景下的教育内容会有所不同。20 世纪60 年代，何辛认为高校德育包括思想政治教育和道德品质教育。20 世纪 90 年代，吴俊忠认为，高校德育不仅包括道德教育和政治教育，还包括理想教育、爱国主义教育、人生观教育、法纪教育、审美教育、心理教育等。21 世纪初期，田建国指出，高校德育应该包括理想信念教育、民族精神教育、思想道德教育、文化素质教育、心理健康教育等。2016 年 7 月，山东省委高校工委、省教育厅印发《山东高校德育综合改革指导纲要（试行）》，详细阐述了新时期高校德育六个方面的内容。①理想信念教育。马列主义、毛泽东思想和中国特色社会主义理论体系、党的路线方针政策和时事形势等。②爱国主义教育。中国梦、中国史、世情、国情、民族团结、国防和国家安全等。③公民意识教育。权利义务、责任意识、民主法制、社会公德、职业道德、家庭美德、个人品德和生态文明等。④中华民族文化教育。中华优秀传统文化、红色文化和时代精神等。⑤创新创造教育。劳动、科学精神、创新创业、团队意识和奉献精神等。⑥心理健康教育。生命、心理健康知识、个性心理品质与心理调适方法等。

2.高校德育的目标

我国高校现阶段德育的目标:培养具有中国特色社会主义思想的优秀公民,培养社会主义核心价值观的践行者、示范者与传播者,培养实现中华民族伟大复兴的中国梦的追梦人,培养中国特色社会主义共同理想的坚定信仰者和实践者;使大学生具有以下特征:①人格健全、遵守法纪、敢于担当、勇于创新;②掌握中华民族优秀传统文化和中国特色社会主义先进文化的理念与特色;③拥有国际视野,熟知国史国情,能够自觉维护国家利益;④坚决拥护中国共产党的领导,坚定马克思主义信念。

### (二)高校德育的地位和作用

1.高校德育的地位

德育工作是一种社会现象,在不同的历史阶段有其不同的特征和职能。教师首先要具有良好的道德素养,要精益求精;信息时代、知识爆炸和科技迅猛发展要求教师不能骄傲自满、故步自封,要实事求是,永攀科技高峰。精益求精,永无止境,这是高校教师不可或缺的道德品质。

高校教育者要进一步深化认识,提高德育工作的自觉性。在社会主义道德建设中,德育建设是重点,起着主导作用,关系到道德建设的全局。因此只有深刻认识到德育在精神文明建设中的地位、作用及其对高校建设的重要性,才能增强高校教育者的责任感和紧迫感,让他们真正从思想上、行动上予以重视和强化。

高校德育工作有很多方面,但核心是培养和树立为人民服务的价值观,根本是提高学生的思想道德素质,所以要在思想教育上下功夫,具体要在以下三个方面予以加强。首先,坚持不懈地抓好理论武装工作,使毛泽东思想、邓小平理论、"三个代表"重要思想、科学发展观和习近平新时代中国特色社会主义思想成为学生、教职工,尤其是党员的精神支柱。要特别注意价值导向,引导学校领导、教师树立正确的价值观,坚决反对拜金主义、享乐主义。其次,高标准,严要求,校领导、教师应具备较高层次的德育素质。共产党员、团员更要身体力行社会主义道德。最后,要建立完整的教育体系,使思想教育系统化、科学化、制度化,并要善于创造新形式,寻求新载体。

2.高校德育的作用

社会存在决定社会意识,社会意识对社会存在具有反作用。德育工作作为社会意识形态的一种,通过社会舆论、内心信念、传统习惯来指导人们按照一定的善恶标准决定自己的行为，所以它比体现国家强制力的法律所起的作用更深刻、更广泛。大学生文化素质、工作能力的不断加强和完善，在未来的高等教育发展中将起到重要作用。

（1）高校德育在社会中的作用

高校德育的社会价值是由高等教育的社会价值决定的，而衡量高等教育的价值尺度，是以高等教育所培养出来的人在社会发展中的作用为标准的：如果高等教育培养出来的人能够为社会做贡献，推动社会前进和发展，那么，高等教育的社会价值是肯定的，高校德育的社会价值也是肯定的。正确认识德育在社会中的作用，必须先明确德育对社会所具有的积极意义，即深刻理解和科学把握德育社会作用的基本内涵。

第一，德育是培养全面发展的社会人才的必要条件。按照党的教育方针和社会主义现代化建设的客观要求，我们培养出来的人才应该既要适应社会需要，又要全面发展，这两个方面是一致的，而且也只有在社会主义条件下才能达到完全一致。社会主义社会是人类历史上崭新的社会制度，其所需要的人才，正如《中共中央关于教育体制改革的决定》中指出的那样："都应该有理想，有道德，有文化，有纪律，热爱社会主义祖国和社会主义事业，具有为国家富强和人民富裕而艰苦奋斗的献身精神，都应该不断追求新知，具有实事求是、独立思考、勇于创新的科学精神。"德才兼备是根据我国社会主义建设新时期的特点提出的新型人才标准。换句话说就是，有德无才不行，有才无德或少德也不行。而人才的思想道德素质同科学文化素质一样，首先要靠学校教育来培养，这是学校校德育的职能和任务。离开了德育，人才的思想道德素质的培养就无从谈起；丢掉了德育，人才的全面发展就成了一句空话。因此，德育是培养全面发展的社会人才的重要条件之一，我们任何时候都不能忽视这一点。

第二，德育是发展社会生产力的重要手段。社会发展的最基本因素是生产力，构成生产力的两个因素是生产资料和劳动者。劳动者只有具备了较高的科学文化水平、丰富的生产经验和先进的劳动技能，才能在现代化的生产活动中发挥更大的作用，完成发展社会生产力的任务。而提高劳动者素质的主要途径是教育，一方面教育把自然科学变为劳动者的知识和技能，并物化到生产工具和劳动对象上，推动生产力的发展；另一方面教育使劳动者树立科学的世界观，掌握正确的方法论，具有高尚的道德品质，严格的组织纪律，正确的服务方向以及敬业、廉洁、拼搏、献身等精神。劳动者思想道德方面的这些基本素质离不开学校德育的培养，养成这些基本素质直接关系到劳动者作用的发挥，关系到生产力的发展。事实证明，在管理人员及生产人员的知识、技能、经验等条件相同的情况下，由于思想、品德等素质的不同，他们所从事的科技活动和生产活动的效果就不同，劳动效率就会有明显差异，有的人甚至在科技和生产活动中起副作用，这不但对生产力的发展没起到推动作用，反而起了极大的破坏作用，因此，学校德育是发展科学技术、推动经济建设的动力，是提高生产率、发展社会生产力的手段之一。

第三，德育具有维护现存社会制度的功能。任何社会的教育都不离开政治，都为统治阶级的统治服务。在教育活动中，承担这一任务的主要是德育。每一个社会的统治阶级都要运用学校德育向学生灌输统治阶级的阶级意识，宣传统治阶级的道德思想。在我国历史上，统治阶级都非常重视德育维护社会制度的功能，都给德育以重要的地位，孔子用"文、行、忠、信"教育学生，韩愈也说过"师者，所以传道授业解惑也"，其中都包含了深刻的德育思想。我们党历来都重视德育的这一具有普遍性、规律性的功能。早在1980年12月邓小平同志就指出："要努力使我们的青少年成为有理想、有道德、有体力的人，使他们立志为人民做贡献，为祖国做贡献，为人类做贡献。"这里不仅揭示了德育的目标和方向，也揭示了社会主义德育同以往剥削阶级德育的本质区别。因此，我们必须在学校德育工作中坚持四项基本原则，坚持爱国主义和集体主义教育，真正把社会主义思想、共产主义思想灌输进学生的头脑中，使他们成为社会主义事业的骨干力量和可靠接班人。

总体来说，德育的社会作用表现在推动生产力发展、推动社会进步上。认识到这一点对于摆正德育在学校管理工作中的地位，处理好德育同智育、体育、美育的关系，加强和改进学校德育工作具有重大现实意义。

（2）高校德育在学校素质教育过程中的作用

德育是学生健康成长的条件和保证，也是培养具有道德发展性的人的条件和保证。我国学校教育提倡素质教育，实施素质教育必须坚持德育为首，育人为本。德育是学校素质教育的灵魂和方向。

第一，德育在学校素质教育中起着定向作用。德育在学校素质教育中起着定向作用是指德育对学生在素质形成、发展及其成长过程中给予方向性的影响，使他们朝着党的教育方针和德育目标发展。德育能够在素质教育中发挥定向作用，这是由它自身的内涵所决定的。德育要解决学生的立场、观念、思想、道德、行为、习惯乃至世界观、人生观、价值观和对人、对国家、对自然的准则等问题。这些问题体现着学生的思想意识倾向，对他们的心理活动和行为活动起着定向作用。

第二，德育在学校素质教育中起着积极的推动和维持作用。人的道德素质是其他素质形成和发展的思想基础。行为科学理论认为，内驱力是一种最强大、最长远的动力形式。而不断提高需要层次、树立远大的目标，是增强内驱力的关键。理想一旦形成，就能成为学生的行为动机，成为实践活动的强大推动力。发挥德育在素质教育中的动力作用，主要通过思想道德素质的培养和提高，促使学生把社会发展的需要作为其自觉追求的内在需要；树立远大的目标，将其作为人生奋斗的精神支柱；保持良好的精神状态，努力把自己培养成一个全面发展的人。德育的维持作用也可以称为支持作用。学生的思想道德意识之所以经常出现反复，是因为他们的思想道德素质正处于初步形成阶段，心理素质也不够成熟，缺少一种维持力量，容易被外界的各种因素所影响。人的素质一旦形成，就会以较稳定的形式表现和反映出来，在各种不同的场合，显示出较为一致的品格。因此，培养学生的整体素质和提升他们的思想境界，就显得十分迫切和重要。学生的维持力量来自哪里？它主要来源于正确的理想信念和健康的人格。而这正是德育所追求的。

第三，德育在学校素质教育中起着潜能发挥和超越自我的作用。素质教育是根据时代发展需要，以全面提升学生素质为根本目的，注重开发学生潜能特征的教育。人的潜能包括智力潜能和人格潜能，两者都需要通过心理素质这个中介和载体反映出来。高校德育能提升学生的心理素质，增强非智力因素的开发，促进潜能的激发。注重开发学生的潜能，就是为学生在校期间打好素质基础，期望他们走上社会后在各自的工作、学习、生活中能够始终如一地保持进步的思想、坚定的政治方向、高尚的道德情操，富有社会责任感和创新意识，保持健康的人格。从这个意义上来说，学生的潜能中的核心部分是思想政治素质、道德素质。教育超越论认为，教育作为培养人的活动，它的超越的核心就是要培养出能够改造当下的世界的人，即具有实践意识的能力，能超越现实世界、现实社会的人。德育自身体现着人的理想活动，如果它不具有超越现实的理想目标，那么它就丧失了拓展人的心灵空间和引导人的社会进步的功能。因此，激发学生追求理想、实现完善人格的持久激情，引导学生做到内在需要与社会发展需求相统一，发挥超越性功能，这是德育应该而且能够做到的事情，也是德育大有作为的地方。

总之，德育在素质教育中的这些作用，不是各自孤立的，而是互相联系、互相影响的。我们选择怎样的教育，就是在选择怎样的未来。教育工作者的手里掌握着未来，任重而道远。全体教育工作者应该共同努力，为培养社会主义现代化事业的建设者和接班人，为了明日中国的辉煌，尽心尽力。

（3）高校德育对精神文明建设的作用

德育是实现我国精神文明建设目标的基础和保障。党的十八大报告指出："把立德树人作为教育的根本任务，培养德智体美全面发展的社会主义建设者和接班人。"2015 年 10 月 29 日，党的十八届五中全会上，习近平在其工作报告中又明确提到："推动物质文明和精神文明协调发展，加快文化改革发展，加强社会主义精神文明建设，建设社会主义文化强国，加强思想道德建设和社会诚信建设……"这一重要论述体现了党中央对提高公民道德素质的高度重视，也为高校进一步抓好精神文明建设指明了方向。

学生是推动文明学校建设的重要力量，然而随着社会的不断进步、人民生活水平的不断提高，虽然高校的整体精神风貌和道德素质呈现出积极、健康、向上的主流形态，但是我们也应清醒地看到，在学生的意识形态领域出现的一些不容忽视的问题。"00 后"作为高校在校大学生的主体，其思想观念已经发生了很大的变化，部分学生"功利性"较强，过分关注自己，自我意识强烈，把"人人为我"视为理所当然，缺乏合作精神，集体主义意识淡薄。而父母在给予子女丰衣足食的同时，往往忽略了对他们进行思想教育，致使某些大学生出现道德失范、诚信缺失、拜金主义、享乐主义和极端个人主义观念。甚至个别学生价值取向扭曲，面对困难、失败和挫折时承受能力差又无处宣泄，出现了极端的行为。学习、就业、感情等各方面压力是造成这一现象的主要原因。有研究表明，26% 的大学生曾有过自杀念头。《中国青年报》的一份调查报告显示，14% 的大学生出现抑郁症状，17% 出现焦虑症状，12% 存在敌对情绪。而且这个触目惊心的数据还在不断增长中。《当代大学生思想道德素质调研报告》显示："29% 的同学认为造成大学生道德缺失的原因主要是学校的教育出现了问题。"笔者对学生的部分问卷调查中显示，仅 67.3% 的学生能以积极的心态面对挫折（见表 1-1）。

表 1-1　大学生思想道德素质调查表

| 态度 | 乐观面对积极解决 | 不予理睬一如既往 | 心慌意乱不知所措 | 心灰意冷不思进取 | 受到打击放任堕落 | 合计 |
|------|------|------|------|------|------|------|
| 数量 | 327 | 87 | 29 | 36 | 7 | 486 |

高校精神文明建设是社会主义精神文明建设的重要组成部分，努力提升文明学校创建水平是有效推动高校事业科学发展，促进物质文明建设、精神文明建设、文化文明建设及政治文明建设有机结合并落到实处的有效途径，是加强社会主义精神文明建设的重要力量。高校开展文明学校建设对实现培养社会主

义"四有"新人，提高社会公民思想道德素质和科学文化素质目标具有不可替代的作用。高校的教师和学生是开展文明学校建设的主体，推动高校文明学校建设关键在加强高校师生的道德建设。

道德教育专家高震认为："德育是一切教育的根本，智育没有德育做基础，智育就是犯罪的帮凶；体育没有德育做基础，体育就是暴力的前卫；群育没有德育做基础，群育就是社会动乱的根源；美育没有德育做基础，美育就是腐化的催化剂。"高校培育出来的人才，不仅要有扎实过硬的知识，更应该是德、智、体、美、劳全面发展的，高素质的社会主义事业的建设者和接班人。德育建设的好坏关系到学校在新形势下能否不断发展，关系到文明学校创建的成败。解决高校师生中间存在的道德问题，必须不断改进和创新德育建设的内容和形式，积极查找新形势下高校德育建设的不足和问题，督促抓好落实整改工作，不断增强师生意识形态领域德育建设的成效。

2013 年 5 月，中央出台了 16 条意见加强高校青年教师思想政治工作，并指出："各地各高校党组织要充分认识新形势下加强和改进青年教师思想政治建设的重要性，切实把加强青年教师思想政治工作摆到更加突出的位置。"在《关于进一步加强和改进大学生思想政治教育的意见》中同样强调："加强和改进大学生思想政治教育是一项重大而紧迫的战略任务。"所以，要坚持把精神文明建设摆在高校各项工作的首位，以教学和育人为中心，大力开展富有特色的群众性精神文明创建活动，深入开展道德领域突出问题的专项教育和治理。

## 三、高校德育的性质、方法与途径

### （一）高校德育的性质

德育是各个社会共有的教育现象，具有社会性，与人类社会共始终。德育随着社会发展变化而发展变化，具有历史性。德育在阶级和民族存在的社会具有阶级性和民族性。在德育历史发展过程中，其原理、原则和内容、方法等存在一定的共同性，因此德育具有继承性。德育是对学生进行思想、政治、道德和心理品质的教育。思想教育是使学生形成一定的世界观、人生观的教育；政治教育是使学生形成一定的政治观念、信念和政治信仰的教育；道德教育即促进学生道德发展的教育。可以说，我国德育是一种涵盖整个社会意识形态的"大德育"。然而，品德的发展，世界观、人生观的形成，政治觉悟的提高，属于不同层面的问题，其过程机制相差甚大，不能以一样的手段、方法，通过一样的途径，遵循一样的原则，来实施政治教育、思想教育和道德教育。

**（二）高校德育的方法**

德育的方法是指用来提高学生思想认识、培养他们的品德的方法。高校德育的方法主要包括以下几种。

1. 说服教育法

说服教育法是通过摆事实、讲道理，使学生提高认识、形成正确观点的方法。要求学生遵守道德规范、养成道德行为。首先要提高认识、启发自觉、调动他们的积极性。这就需要运用说服教育法来讲清道理，使学生明白、认识。只有学生的认识提高了，认识到道德的必要性，才能自觉去履行。我们的学校是社会主义的学校，要把学生培养成为自觉的建设者，尤其要注重说服。说服教育法的应用很广，无论运用哪种德育方法，都离不开提高学生的认识，都需要结合运用说服教育法，但是仅仅强调或运用说服教育法是不行的。

说服教育是德育工作的基本方法。说服教育的方式主要有语言说服和事实说服。语言说服法是运用口头和书面语言向学生讲述道理，使学生明辨是非的方法。主要包括讲解、报告、谈话、讨论、指导阅读等方式。运用语言说服法应注意以下几点：①要有针对性；②要注意学生的接受能力；③引导总结。事实说服法即组织学生接触社会实际，用各种生动具体的事实来说服学生，使学生获得直接经验，形成正确的认识的方法。主要包括参观、访问、调查等形式。

2. 榜样示范法

榜样示范法是用榜样人物的高尚思想、模范行为、优异成就来影响学生的思想、情感和行为的方法。用来示范的榜样主要有家长、教师、同学、英雄人物、革命领袖、历史伟人和文艺形象等。

在高校德育中运用榜样示范法应注意以下几点。①选好学习的榜样。选好榜样是学习榜样的前提。我们应根据时代要求和学生实际情况，指导他们选择好学习的榜样，获得前进的明确方向和巨大动力。②激起学生对榜样的敬慕之情。要使榜样能对学生产生力量，推动他们前进，就需要引导学生了解榜样。③引导学生参照学习榜样来调节行为，提高修养。要及时地把学生的情感、冲动引导到行动上来，把敬慕之情转化为道德行为和习惯，逐步巩固、加深这种情感。

3. 实际锻炼法

实际锻炼法是教师指导学生参加各种实践活动，以形成一定的道德品质和行为习惯的方法。

实际锻炼法包括两种形式：常规训练和实践锻炼。实际锻炼法是有目的地组织学生进行一定的实际活动以培养他们的良好品德的方法。

该方法包括：练习、制度、委托任务和组织活动。

运用实际锻炼法要注意以下几点要求：①坚持严格要求；②调动学生的主动性；③注意检查和坚持。

### 4.情感陶冶法（陶冶教育法）

情感陶冶法是教师利用高尚的情感、美好的事物和优美的环境感染和熏陶学生的方法。情感陶冶主要是运用以境染情、以境触情、以境陶情的原理对受教育者进行耳濡目染、潜移默化的影响，使受教育者的认识和情感逐渐完善。

情感陶冶包括：人格感化、环境陶冶和艺术陶冶等。

运用陶冶教育法时要注意：①创设良好的情境；②与启发说服相结合；③引导学生参与情境的创设。

### 5.道德修养法（道德指导法、自我指导修养法）

道德修养法是教师指导学生自觉主动地进行学习、自我反省，以实现思想转化及行为控制的方法。品德修养是建立在自我意识、自我评价能力发展基础上的人的自觉能动性的表现。

学生品德的提高是一个能动的发展过程，它的成效同学生个人能否自觉主动进行道德修养紧密相关。学生的年龄越大，他们个人进行的道德修养在自身品德发展中的作用就越大，所以德育不得不重视学生的道德修养和提高他们的修养能力，如果没有道德的修养，个人的进步就不可能产生。

道德修养法包括：学习、座右铭、立志、自我批评、慎独等。

运用道德修养法时要注意：①培养学生自我修养的兴趣与自觉性；②指导学生掌握修养的标准；③引导学生积极参加社会实践。

### 6.品德评价法（奖惩法）

品德评价法通过对学生的品德进行肯定或否定的评价而予以激励或抑制，促使其品德健康形成和发展。它包括奖励、惩罚、评比和操行评定。

奖励是通过对学生的思想和行为进行肯定的评价以引起学生愉快的体验，进而强化学生的健康品德和优良行为的方法。惩罚是通过对学生的不健康思想和行为进行否定的评价以引起学生内疚、悔恨的体验，进而纠正学生不良行为的方法。合理的惩罚能引起学生的认真反思。惩罚的方法主要有三种：一是否定，这是对学生不太严重的行为的制止和纠正；二是批评，这是对学生不良品德和行为的较为正式的否定评价，分为口头批评和书面批评、对集体的批评和对个体的批评等；三是处罚，这是对学生较为严重错误的惩罚。

运用品德评价法应注意以下几点：①提高对奖惩关系的认识；②目的明确、具体有度；③客观公正，有利于团结；④奖励为主，抑中带扬。

总体来说，德育的各种方法各有特点与作用，每一种方法都是进行德育所不可缺少的，但又不是万能的，它们之间相互补充、配合，构成了德育方法的完整系统。大学生品德的培养不可能通过个别方法来实现，必定是科学地综合运用全部德育方法的结果。所以教师要熟悉全部德育方法，并善于创造性地运用。

### （三）高校德育的途径

德育途径是指学校教育者对学生实施德育时可供选择和利用的渠道，又称为德育组织形式。为适应高校德育工作创新发展的时代要求，高校的德育教育应当不断探索。德育目标的实现和德育效果的提高，既依赖德育观念、内容的更新，使大学生在受到思想启迪的同时，获得适应新时代文化精神需要的综合素质；又依赖德育主体对于方法与途径的探索，要立足于解决实际问题，构建与时代相适应的，符合社会和人类发展要求的德育方法与途径。德育方法与途径是影响德育实效的重要因素，恰当地选择和创造性地运用德育方法直接关系到德育的效果。高校的学生有广泛的兴趣爱好，喜欢接受新鲜事物，模仿能力、动手能力比较强，希望被关注、被认可，参与各类社会活动的积极性很高，具有很强的可塑性。因此，高校在德育工作中，一定要从学生的特点出发，寻求有效的方法与途径，以提高德育的针对性、实效性。

#### 1. 依靠德育课堂，强化德育意识

思想政治课教学是大学生思想政治教育的主渠道。加强对大学生的德育工作，首先应发挥思想政治课教学的重要作用，让正确的世界观、人生观和价值观的引导贯穿始终。通过系统讲授有关道德的原则、规范等内容，对学生进行敬业意识、纪律意识、沟通意识、竞争意识、团队意识等方面的培养，使学生形成良好的职业精神、职业道德、职业态度和职业纪律，促进学生德育基本理论与职业素质的完美结合。从社会现实、学生实际和专业特点出发，综合覆盖高校教育的全过程，同时注重用中国特色社会主义理论加强对学生进行爱国主义、集体主义的教育。重理论联系实际，充分发挥学生的主体作用，避免僵化灌输，调动学生的主动性，让学生与教师近距离、平等交流，会产生意想不到的教育效果。教师应根据学生身心发展的特点，培养他们独立思考的能力，把

知识的传授与素质和能力的提高相结合，为培养社会主义的合格建设者和可靠接班人提供支持。

2. 坚持学科交叉，开展德育教育

高等职业院校是以培养合格的专业技术人员为目的的。在专业技术培训的同时，优秀的职业道德和职业观念的形成更为重要。高等职业院校要营造每位教师的德育意识，让优秀的职业道德品质都能交叉渗透在每一门课程中。通过专业课程的开设进行德育教育是我国高等职业教育通常采取的一种办法。目前，我国的高职德育与职业素养教育在内容上是相互交叉、相互渗透和相互融合的。专业教育要将德育课程渗透于专业课程之中，虽然不是系统的德育，但是经过有效结合会大大提高德育的实效。德育与职业素养教育，在价值观教育、道德教育这个核心内容上是相互渗透的。在坚持以思想政治理论课作为高职德育主渠道、主阵地的基础上，高等职业院校应进一步创新探索多学科交叉进行职业素养教育的新模式。

3. 创新网络德育，引导德育选择

当今社会，网络已成为人们学习生活的重要组成部分，网络对大学生的思想观念、思维方式、行为模式、价值观念乃至政治倾向产生着越来越重的影响，因此网络也成为思想观念传播的手段和展示的重要阵地。高校德育工作者要借助这一在线平台，充分利用便利的网络资源和这种容易被学生接受的方式，为德育工作创造新的机遇。通过网络进行正面宣传，变被动防范为主动占领。创造条件，建设特色鲜明、服务性强、知识性高的高校网站，使高校德育从平面走向立体，从静态变为动态，从现实走向超时空，对大学生的道德价值判断、道德价值取向、道德价值追求产生积极的影响，使教育对象在潜移默化中受到熏陶感染。高校德育网络宣传平台要旗帜鲜明地反对和打击一切不健康的网络信息，抢占网络德育阵地，为高校教育提供一个健康的网络环境，增强网络的德育的渗透力、互动性和生活性，培养大学生的判断力和品鉴力，充分发挥网络的积极作用，引导大学生理性地进行价值选择。

4. 增加课外实践，促进德育内化

学生道德效果的决定性因素是学生的主体作用。促进受教育者的自觉实践是道德教育的出发点和归宿。因此学生只有在德育实践中才能修养德行。高校德育应注意在实践环节中加强学生的思想道德教育，让学生在生产实践和社会实践中了解社会、适应社会，树立正确的世界观、人生观和价值观。

首先，组织学生开展各项社会实践活动，同时利用寒暑假组织学生进行社会调查。如开展"青年志愿者"活动，通过社会调查、志愿服务、公益活动、勤工助学等多种形式，让学生身体力行，去认识社会、了解国家、培养爱心，增强社会责任感和道德意识；把参加社会实践活动与个人的道德实践结合起来，提高道德判断力和选择力。

其次，加强学生实习、实训阶段的德育。高校在构建"校企合作"培养模式时，应引导学生自觉以社会导向、职业导向来修正自己的奋斗目标，把德育贯穿到实训教学的全过程，对学生进行专业意识、劳动观念、敬业精神、职业纪律和职业责任感教育，用职业道德规范学生的行为，把专业型、技能型人才的专业培养内容与道德教育有机结合起来，通过校企合作的实训教学内容，促进学生职业道德和职业行为习惯的养成，拓宽德育的途径。

5. 注重校园文化建设，拓展德育体验

高校德育创新应注重营造高校德育氛围，加强校园文化建设，开展丰富多样的校园文化活动，注重有形教育和无形教育的有机结合，使得校园文化成为德育的重要载体。

丰富健康的校园文化活动可以陶冶学生的情操，开发学生的潜力，增进学生之间的情感交流，锻炼学生的能力。高校要努力营造乐观、健康、文明的校园文化环境，建设务实向上、积极进取的校风。同时根据不同专业，学校可以开展校园科技文化节和技能竞赛活动，可以利用重要节日、重大事件纪念日等契机组织开展，也可以依托相关的文化周、活动月来开展，如演讲比赛、社交礼仪学习等。还可以开展主题教育活动，结合学校和学生的实际组织开展，弘扬中华民族的优秀文化，提高学生的科学和人文素质；关心学生社团组织建设，鼓励学生展示个性、发掘潜能；积极开展心理健康教育，促进学生的人格健康发展；支持学生参与民主管理，努力提高学生的主体意识和组织协调能力。

## 四、高校德育的追求

### （一）德育与美学的结合

教育是在活动中人对人产生影响的一种独特力量。在人们各种各样的活动中，人与人之间存在着多样化的影响，如权力的、金钱的、法律的、暴力的，等等，在这些影响中，有一种独特的精神影响，这便是教育。在人们的活动中之所以会存在精神影响力，是因为人们具有相对的既成性和未成性，教育就是一种既成精神对未成精神的影响。教师由于掌握了系统的教育学、心理学知识，了解学生身心发展的规律，并且在世界观、人生观上早已成熟，故教师是一种相对的既成状态，而学生的一切素质还处在变化发展中，相对来说是未成状态。在教育活动中，教师依据自己的这种既成状态，在各种系统的理论知识的引导下对学生施加精神影响，以期引导学生顺应自己身心的发展规律，各方面都健康协调地发展，达到良好的既成状态。教育的这种向度论要求教师顺应学生身心发展规律对其施教，因势利导，在潜移默化中达到教育目的，使学生走出困境，完成每个阶段的生长任务，并受益终生。

俗话说，没有方法的方法乃方法之圣境，我们应把这种思维方式引入德育中，实施"无为"教育。"无为"教育的前提是尊重教育，教师不是弃学生于不顾，放羊于野，而是与学生进行心灵的对话与沟通；教师不是站出来给学生下命令，而是在人格平等的前提下作为良师益友引导其前行。德育工作要求教师"用心做教育"。要做到这一点，教师首先要完成自己的目标、角色和责任的转换。教师要以人本主义思想为指导，努力使自己成为"一个内心世界丰富的人，一个富有爱心和教养的人，一个富有想象力和创造力的人，一个能够唤起人们对生活热爱的人，一个能够'学而不厌，诲人不倦'的人"。树立正确的角色意识，有了巨大的原动力、内驱力，教师就能不断超越自我，就能将自己作为"一眼泉"虚心学习、海纳百川。西方教育家很早就提出"痕迹教育"的说法，教师在知识上也许会超越学生，但在道德人格上却未必如此。因此，教师应真诚对待学生，做学生的朋友、"旅伴"和共享者，要为德育营造一个宽松、和谐的氛围，于无痕处感悟学生的心灵，让学生于无痕处见教师之真情。

一个心灵美的人往往具有美的思想、美的志趣、美的性格、美的智慧和美的行为，美是德性的集中体现。这给我们现代教育的有益启示是德育之功，重在医心，重在施美育人、以美启人。实施德育的妙法良方已经昭然，即以美育实现德育。美育者，即审美教育，是指有意识、有计划地培养和提高人们的审美趣味和审美观念，并在生活实践和艺术实践中鉴别、创造美的一种教育活动。就性质而言，美育主要是以形象思维为特征的情感教育，它通过引导教育对象对艺术和大自然中美好事物的爱和体验去达到陶冶情操、启迪智慧、完美人格的目的。美育的实施有利于全面开发学生的智力，有利于培养具有完整人格、优秀品质、良好道德的成功者。美育是实施德育的行之有效的方法，但我们不能以美育代替德育，它们之间既有联系又存在着一定的差别。

**（二）德育美学观**

德育美学观既是一种德育的观念和境界，也是一种具有实践价值的德育策略与技术。德育美学观所追求的是一种德育的境界，这一境界至少包括以下两个基本的方面：从人类文明和教育整体发展的角度，我们追求的是一种"真善美"的文化境界；从道德人生与道德教育形态的角度，我们追求的是一种自由道德与审美德育。

### （三）高校德育应努力追求德育与美学的统一

学校德育是培养国民道德、精神、风貌、品行、意志等基本素质的教育，目的是要在做人的目标和方式上为学生日后的生存和发展打下良好的基础，帮助其形成符合社会基本规范的世界观、人生观、价值观、方法论等，并努力使之树立远大的理想和坚定的信念。德育对一个国家和民族绝不是可有可无的，而应是铸造其灵魂的根本。但是，当前我国高校的道德教育却存在一些问题，如德育理念的政治化、德育内容的教条化、德育方法的单一化以及德育评价的形式化等。德育的过程是一个蕴含美、展示美、发现美、实现美、创造美的过程。高校德育应在教育过程中努力体现德育过程中各个环节的美感，加深对德育工作深刻意义的理解，从而激发人们对德育工作的热爱。

## 五、高校德育队伍的建设

高等教育承担着培养高级专门人才、发展科学技术文化、促进社会主义现代化建设的重大任务，其中，德育工作在整个高等教育中具有十分重要的作用。教育大计，教师为本。高校德育队伍是做好高校德育工作的组织保证和骨干力量。坚持把队伍建设作为高校德育工作的基础，是我国高校德育的基本经验之一。中华人民共和国成立以后，我国高校加大队伍建设力度，虽历经一些曲折，却不断发展壮大，逐步建立起一支政治素质好、思想作风正，继承了党的优良传统，忠诚于教育事业的高校德育队伍，为培养数以千万计的社会主义事业的建设者和接班人做出了重大贡献。

要搞好高校德育工作，关键在于建设一支由思想政治理论课教师、学生辅导员、党团干部等组成的高素质的德育教师队伍。据此，教育部1984年做出决定，开始创办思想政治教育专业，采取正规化的方法培养德育专门人才。在此过程中逐渐丰富和发展德育学科即思想政治教育学，在德育科学理论与德育学科发展的基础上，建设起一支胜任新形势、新任务、新要求的高校德育方面的教育教学及科研队伍。这支队伍积极开展德育研究，取得了丰硕的成果，为教育主管部门的决策提供了有益的参考和建议，对高校德育实践的改进起了推动作用，也促进了队伍自身的建设。

2004年党中央、国务院颁发的《关于进一步加强和改进大学生思想政治教育的意见》中明确指出，思想政治教育工作队伍是加强和改进大学生思想政治教育的组织保证。大学生思想政治教育工作队伍主体是学校党政干部和共青团干部，思想政治理论课和哲学社会科学课教师、辅导员要采取切实措施，培养一批坚持以马克思主义为指导、理论功底扎实、勇于开拓创新、善于联系实际、老中青相结合的哲学社会科学学科带头人和教学骨干队伍，使他们在大学生思想政治教育中发挥更大的作用……要完善大学生思想政治教育工作队伍的选拔、培养和管理机制。要加强思想政治教育学科建设，培养思想政治教育工作专门人才。要实施大学生思想政治教育队伍人才培养工程，建立思想政治教育人才培养基地。要建立并完善大学生思想政治教育专职队伍的激励和保障机制。完善思想政治教育队伍的专业职务系列，从思想政治教育专职队伍的实际出发，解决好他们的教师职务聘任问题，鼓励支持他们安心本职工作，成为思想政治教育方面的专家。建立专项评优奖励制度，定期评比表彰思想政治教育工作先进集体和个人，要采取有力措施，着力建设一支高水平的辅导员队伍，学校要从政治上、工作上、生活上关心他们，在政策和待遇方面给予适当倾斜。

2005 年 1 月，中央政治局常委会审议通过的中宣部、教育部《关于进一步加强和改进高等学校思想政治理论课的意见》中对思想政治理论课教师队伍建设做了明确的阐发，要求广大思想政治理论课教师要不断提高马克思主义理论素养，提高科研能力和教学水平，做坚定的马克思主义者，做教书育人的表率，做大学生健康成长的指导者和引路人；强调要按专兼结合的原则，不断优化和充实思想政治理论课教师队伍，要建立和完善思想政治理论课教师队伍要建立和完善思想政治理论课教师队伍培训体系；要改善和提高思想政治理论课教师的待遇；要落实思想政治理论课的人员编制、经费投入和教学科研条件，创造良好的工作环境。2006 年 4 月 27 日至 28 日，教育部在上海召开全国高校辅导员队伍建设工作会议，这是中华人民共和国成立以来第一次专门就辅导员队伍建设工作召开的会议，对加强辅导员队伍建设提出了明确的要求；2008 年 7 月 7 日至 8 日，中宣部和教育部加强和改进高校思想政治理论课工作会议在京召开，会议讨论了《关于进一步加强高等学校思想政治理论课教师队伍建设的意见》，对思想政治理论课教师队伍建设做出部署和要求。这些都充分表明了党和国家对高校德育队伍建设的高度重视和对广大德育教师的殷切期待。

改革开放以来，由于党中央的高度重视及各高校的不断努力，高校德育工作产生了深刻的变化，开创了前所未有的良好局面，德育工作队伍建设受到极大的重视，地位有所提升，队伍不断充实，整体素质有所提高，获得了跨越式发展。但从经济社会发展对教育的要求和国家对人才培养的要求来看,高校德育工作依然任重道远,高校德育队伍建设也远远没有达到理想状态。所以,在当前和今后的工作中,建设高素质的高校德育队伍依然是高校德育工作的重头戏。

## 第二节 高校的学生管理工作

党的十九大报告明确指出,中国特色社会主义进入了新时代,要贯彻落实立德树人根本任务,培育德智体美全面发展的社会主义建设者和接班人。新时代对高校学生管理工作提出了新的要求,如何把握与迎接时代带来的机遇与挑战,培养社会主义合格接班人,是高校学生管理工作肩负的重要使命和责任。当代大学生是"00后"一代,已经成为我国高校大学生群体主力军。"00后"学生具有十分鲜明的个性特点,思维更加活跃、主动,思想也呈现出自我意识、独特个性,对新鲜事物具有较强的好奇心和接受力,思想价值观念更加多元化,这也对高校学生管理工作提出了新的要求。

### 一、高校学生管理工作概述

#### (一)高校学生管理工作的内容

高等学校应当以培养人才为中心开展各项工作,其中学生德育与管理工作是实现人才培养目标的重要保证。素质教育的全面推进给学生工作带来了新的挑战;办学规模的扩大对学生工作提出了新的要求;招生、就业制度改革的深化使学生管理工作面临新的考验,准确把握全国教育特别是高等教育的大局,科学地分析学生德育与管理工作面临的形势,突出特色,制定并完善落实措施,是确定学生管理工作目标、提高学生管理工作水平、保证人才培养质量的基本前提。

在高校各项管理工作中,学生管理工作是高校管理工作的核心与重点,加强对学生科学、有效管理,能够促进高校各项教育教学活动更好地开展与进行,促进高校各项管理工作有条不紊地运行。为了更好地开展管理工作,我们可根据具体事务性质或类型将高校学生管理工作分为六个方面:①辅导员管理;②德育教育管理;③规章制度管理;④学生权益管理;⑤公寓管理;⑥毕业生管理。这六个方面涵盖了学生学习生活、道德品质、日常生活、遵纪守法、就业趋向等各个方面。

### （二）什么是精细化管理

精细化管理作为一种管理理念和技术，就是运用程序化、标准化和数据化的方法，通过规则的系统化和精细化，使组织管理的各个单元精确、高效、协同和可持续运作。精细化管理的优点在于成本控制，可以以最小的成本获得最大的效益，达到事半功倍的效果；精细化管理模式主要"以尽责为中心"，对每个岗位、每个环节、每个工序都有详细的规范。精细化管理不同于以往的教育管理方式。以前的管理方法主要是根据学校的专业教育学科，将不同类型的专业进行分类，不同的专业有不同的教材。这虽然能避免各种教育之间的矛盾，但由于目前高校教育专业种类众多，传统的教育方式已不能适应学校发展的需要。为此，需要采用精细化管理的方法，将各高校的专业教育进行整合，对特色专业教育进行进一步系统整理，使其达到教育发展管理的要求，确保教学活动有序进行。

### （三）抓好学生管理队伍建设

#### 1.抓好教师队伍建设

教师是学生愿意效仿和学习的楷模，教师的一言一行都是对学生无声的教育。如果教师有良好的教风，精通业务，学术水平高，教学效果好，能为人师表，在学生中享有威信，那么他对学生所提的教育要求就能渗入学生的心灵和行动之中。教师也可以通过业务教学潜移默化地影响学生，把思想教育与专业知识传授有机结合起来，使学生在专业学习中受到思想教育。

#### 2.抓好高校学生工作部门管理人员队伍建设

高校学生工作部门管理人员在日常生活中与学生接触较多，打交道广，他们自身的言行也同样能够对学生产生潜移默化的影响。他们可以通过关心、爱护学生，以情感人，为学生办实事，帮助学生解决实际问题而赢得学生的信任与尊敬，从而令学生产生感激之情。只要后勤人员树立服务意识，秉承一切工作都是为学生服务的旨意来做好本职工作，就能使学生管理工作顺利地进行。否则就会为学生管理工作带来一些不必要的麻烦。

#### 3.抓好专职辅导员队伍建设

辅导员工作的一项特殊使命就是把思想政治教育深化、内化、具体化，通过经常性的一人一事的具体教育，把思想理论的灌输内化为人格、信仰，把社会道德规范内化为自重、自律的能力。辅导员是学校学生管理工作任务的具体实施者，他们的政策水平、理论素养、知识结构、品德行为和言行举止，在学生管理的具体过程中发挥着重要作用。事实说明，加强学生管理，必须加强辅导员队伍的自身建设，认真把好辅导员干部队伍的来源关。学校对现有辅导员要通过各种渠道、多种形式进行培训，提高其管理水平。辅导员要注重学生工作队伍的长远规划，注意建立和抓好学生思想教育的梯队建设。建立一支政治素质好、理论水平高、业务能力强、具有献身精神、懂得大学生心理活动的辅导员队伍，是实现高校学生管理目标的重要保证。

**（四）强化学生管理场所建设**

吃、住、学是学生最关心的三件事，因此高校要对学生的基本生活条件和学习条件高度重视，即对教室、宿舍、食堂、图书馆等场所的秩序要强化管理。

1. 强化学校食堂秩序的管理

学校食堂要严格执行国家市场监督管理总局《餐饮服务食品安全操作规范》（2018 年版），做到"八个确保""四个规范"：确保食品安全管理制度健全并落实，食堂场所及设施设备清洁，设施设备正常运转，食品原料安全，从业人员持证上岗，饮用水符合卫生标准，深入排查食品安全隐患，落实监管责任和主体责任；规范原料控制、加工制作、清洗消毒、留样管理。

2. 强化学生宿舍秩序的管理

学生宿舍往往是学生思想最活跃的地方，他们在这里往往无拘无束地说笑言谈，交流思想，表露感情。在此，他们暴露出的思想问题、学风问题一般不带任何隐瞒色彩。加强宿舍管理就是要加强宿舍文化建设，要以卫生为突破口，抓好表层宿舍文化建设，以"宿舍美化"为手段，创造良好的育人文化氛围，以"环境育人"为目标，建立约束机制、群体竞争机制、自我激励机制，多渠道开展深层次宿舍文化建设。加强学生宿舍秩序的管理，帮助大学生确立正确的政治信念、价值观念和生活态度，培养大学生的高尚情操、良好的精神面貌和健康的心理素质，也有利于安定团结，推动学生管理工作向前发展。

3. 强化学校图书馆秩序的管理

图书馆应创新服务内容，推动文化氛围形成。图书馆作为高校的文化传播中心，是一所高校文化氛围是否浓厚的体现。为了使学生更愿意到图书馆查阅资料，享受精神充电、文化熏陶的乐趣，图书馆管理人员应该在图书馆提供的服务内容上下功夫。除了给学生提供舒适的学习和阅读环境，还要在条件合适的时候在馆内开展讲座和读书节等活动。除此之外，图书馆还应该进一步争取财政预算，尽可能地增加馆藏书籍，为学生提供更加丰富的图书资源，满足学生的各种阅读需求。图书馆管理人员要虚心接受学生对图书馆提出的意见，并设立意见箱，鼓励学生对图书馆工作提出宝贵的建议，不断地改进图书馆的工作。

## 二、高校学生管理工作的现状和面临的挑战

### （一）高校学生管理工作的现状

高校学生管理工作涵盖内容广泛，工作流程化、具体化，应始终坚持以学生为本的工作理念和原则，深入研究当代大学生管理工作的新契机和切入点，保证学生管理工作贴近学生生活实际，培养学生良好的创新意识与实践能力，实现学生德智体美全面发展的目标。新时代，高校应按照国家和教育部提出的新要求，将稳固有序作为学生管理工作的基础，从多个维度着手，开创高校学生管理工作新局面。

当前，高校的辅导员以及其他教师在对学生进行管理时，由于管理模式、管理思维的局限与落后，很多大学生并不服从管教，这大大地增加了学生管理的难度，影响和阻碍了学校教育教学活动更好地开展，也制约了大学生更好、更全面地发展。基于此，高校学生管理工作者应在高校学生管理工作中融入德育，使二者之间得到更好的融合与渗透，积极地运用德育的内容来培养大学生优秀的思想道德素质与科学文化素养，引导大学生更好地树立正确的人生价值理念、坚定自己的政治立场、维护国家各项利益，从而促进高校大学生更加积极、全面地成长与发展。

在新时代背景下，高校学生管理工作呈现出诸多新问题，原有管理理念、管理模式及管理队伍均已无法适应时代发展，呈现出发展滞后的状态。特别是针对"00后"大学生的管理，显然难以取得理想化的成效。由胡睿所著的《新时代大学生管理工作的探索与实践路径》一书，从我国大学生管理工作实践出发，以学生管理基本理论为依据，从大学生管理理念的转变及经验借鉴、管理模式创新、管理队伍建设创新、管理制度创新及管理工作创新等方面进行了分析与研究。新时代高校学生管理工作必须与时俱进，加强当代大学生核心价值观的教育引导，充分发挥网络媒体渠道的优势，建设一支高素质、高质量的学生管理队伍，切实强化学生管理工作，促进大学生健康成长。

### （二）高校学生管理工作面临的挑战

#### 1.高校扩招给管理工作带来的负面影响

随着国家对高等教育重视程度的逐渐提高，各高等院校迎来了一股"扩招潮"，不但设置了纷繁复杂的专业条目，招收人数也大量增加，各高校纷纷招贤纳士，都争抢高层次人才建设这块大"蛋糕"。但随之而来的是学生整体质量的持续性下滑和学生管理工作业务量的日益加大，这两方面影响加剧了我国高校学生管理工作的复杂程度，管理改革势在必行。

#### 2.多元化文化渗透对象牙塔产生的影响

"文化大熔炉"是当今社会发展的一大特征，在多元化文化体系影响下，学生接受新鲜事物能力增强，但多样性文化对于辨别是非能力差、仍处于象牙塔中的学生的价值观的形成非常不利，学生思想易被腐化。高校学生接触社会时间短，心智仍处于发育阶段，多元文化对他们产生的作用有利有弊，要辩证地看待此类问题。

#### 3.教育体制变革与时代发展带来的影响

传统教育体制对学生约束性过强，不利于学生个性化发展；学分制、综合素质评价制度等的建立对学生管理工作提出了更高的要求，如何保证评价过程的公正、公平，以及学分分配的"因材施教"，高校管理者在管理工作中要不断总结经验，提升工作的系统性和规范性。

信息化时代发展为教育提供了新的技术手段，新型管理手段的引入必然要求管理者主动学习各类办公软件、管理软件，更新传统管理方式和内容，高校学生管理工作面临着全新的技术变革。

## 三、高校学生管理工作的出路

如何构建有效且高效的学生教育管理模式一直是高校教育管理工作者关注的热点与难点。面对日新月异的时代变化和教育改革的需要，推进学校学生德育管理创新势在必行，也是形势发展的迫切需要。在坚持学校基本管理和教育理念保持不变的前提下，各大高校应吸取其他学校学生管理创新成功的经验和失败的教训，对现有管理模式进行创新，更加有效地调动学校教师和学生的创造性和积极性。

### （一）加快管理体制改革，提升学生管理工作的系统性

体制改革是提升高校学生管理工作的根本保障。为提升管理工作的系统性，

高校管理者要从管理目标制定、管理方案设计、管理形式选择、管理理念转变等细节入手，结合当代学生的性格特点以及当前时代的特点，针对不同性格特点的学生采取不同的管理形式，实现针对化管理，为学生正确人生观、世界观、价值观的形成创造良好的学习和生活环境。针对化管理不但要求纵向上分层次，也要求横向上分组别，通过横纵交错的管理网络确保管理的系统性和全面性。

## （二）树立"以生为本"的理念，创新管理思路

在学生管理工作中，"以生为本"首先要认识和尊重人的主体性。每个人都有自我发展的动机和自我完善的能力，每个人都应该受到相应的对待和尊重。其次要注意培养学生个体的素养，发挥学生的潜能。教师和管理者积极乐观地对待学生有助于学生各种潜能的发挥。对于学生来说，教育管理模式的创新将直接影响到学生学习方法的改变和学习效率的提高，对学生的学习效果有着重大的影响。

高校管理者要针对高校学生管理工作中存在的问题，根据不同学生群体制定不同的管理制度，把学生视为最重要的资源和目标，综合考虑学生的特长、兴趣、能力、心理等因素，从实际出发，发掘学生潜力，有针对性地培养和指导，通过提升学生个人综合素质来推动学校管理和教育的整体发展。

## （三）当好学生的德育领路人，做学生的标杆和示范

高校管理者要着力加强学生管理工作队伍建设，尤其是对辅导员（班主任）的培训与管理。一方面，增加高校管理者的数量。按照教育部指示，各高校要配备足够的辅导员或班主任，以合理的整体规划和部署，明确其工作内容和职责，使之细化到学生管理工作的各个方面。另一方面，学生管理者自身素质必须与其工作相匹配。辅导员不但要热爱学生工作，具有高度的责任感、奉献精神和服务意识，而且要有足够的能力和优良的素质。高校要鼓励爱岗敬业的辅导员继续深造，加强自身学习，提高个人综合素质。

## （四）充分利用互联网的优势，切实促进学生发展

高校管理者可借此组建多元化平台，加强与学生的互动和交流，及时了解学生的思想动态，掌握学生切实的所需所想，利于对学生进行及时有效的指导，打造更加简洁有效的虚拟管理模式。与此同时，高校管理者应将引导和规范相结合，通过各种途径和案例让学生认清和辨别网络的虚拟性，对其上网行为加以适当的规范。

### （五）理论与实践相结合，实现管理升级

针对学生管理工作中缺乏理论指导的现状，应本着"摸着石头过河"与顶层设计相结合的原则进行改善。所谓"摸着石头过河"，即要求管理者进行管理模式创新，充分利用各种管理资源，如信息化管理平台、即时通信软件、座谈会等形式，深入地与学生沟通和交流，在管理实践中总结当前存在的问题，针对问题提出解决方案，然后再应用到管理工作中，在工作中不断完善和发展，通过这样多次"迭代"形成完整的管理流程。顶层设计即要求完善管理理论，通过理论指导管理工作，从中我们可以看出理论和实践二者是不可分离的，所以要坚持理论和实践相结合的原则，最终实现管理升级。

### （六）成立高校心理咨询中心，为学生的心理健康保驾护航

首先，学校开学之初，需对每一位新进校学生进行心理测试，对有心理问题的学生着重关注和指导，定期进行心理辅导。学校还可以建立相关网站，为学生提供在线咨询服务。其次，每一个班级有必要设置心理委员职位。对本班级有心理问题倾向的学生及时关注汇报，做好妥善处理。对学生心理存在的共性问题，学校可定期组织小组或集体讨论解决。

当前，我国经济已得到一定的发展，新鲜事物层出不穷，当代大学生的思想与理念、价值观和行为准则都与以前的学生大大不同。面对日益复杂多变的市场经济环境和严峻的高校管理现状，以及社会对创新精神和实践能力的高素质人才的高需求，高校管理者必须更新观念，与时俱进，思想超前，秉承"以学生为本"的工作理念，将被动的学生管理工作变为积极主动的学生培养目标。只有在新途径、新理念、新模式、新方法的指引下，管理者才能全身心地投入学生管理和思想政治教育工作中，真正成为学生人生的导师、思想教育的生力军以及职业规划启蒙老师，让每一位学生都能成为社会的合格人才和人生赢家。

## 第三节　高校德育引导与学生管理工作的关系

### 一、以德育人，以理服人

当代教育专家林格在《教育是一种大智慧》一书中指出，教育目标至少包括两个：教会学生做人与发掘人的潜在能量。教师是"人类灵魂的工程师"，对学生的成长和成才的作用不言而喻。古人将教师的职责概括为：传道、授业、解惑。这其实只指出了教师"教书育人"的职责中教书的一面，而"为人师表"

则对教师和教育工作者提出了更高的要求。

高等院校以培养人才为目标，服务于我国的经济社会建设。当前，社会对高校毕业生有了更高层次的要求。他们不仅要掌握本专业的技能知识，而且要有高水平的职业素养。遵循社会对人才的预期，提高校毕业生的竞争力，就要充分发挥高校德育工作的重要作用，而高校德育的有效实施则需要把握德育自身的规律特征。教师的职业是神圣的，担负着培养、教育下一代人的艰巨繁重的任务，教师应用知识的力量去激励学生求知的欲望，以严爱之心架起师生之间友谊的桥梁，做到以德育人，以理服人。

### （一）以德育人

所谓以德育人是指，教育者应当以强大的道德力量、高尚的人格魅力，去感化、带动学生养成优良品德。以德育人也是教育者管理者成功实现管理目标的必要条件和重要手段。中国古代教育家的德育思想中都非常重视以德育人。孔子指出："不教而杀谓之虐，不戒视成谓之暴。"这句话的意思是不注重以德育人，只讲求严厉处罚的行为是暴虐的行为。他还讲到"道之以政，齐之以刑，民免而无耻；道之以德，齐之以礼，有耻且格。"这就是说用刑罚逼人，虽然有可能使人民免除犯罪，但是却能使人民失去道德自觉；而以德育人则既能使人民"有耻"又"有格"，即既有道德的自律自觉，又能心甘情愿地遵守法律。以德育人的优越性不言而喻，德育必须坚持以德育人。在教育过程中做到以德育人首先要求教育者自身要严于律己、以身为范。孔子正是这一思想的坚定的践行者。他要求学生刻苦学习，首先自己"学而不厌"；要求教育者"诲人不倦"，首先自己"无隐乎尔"；要求别人勇于改过，首先自己"三省吾身""苟有过，人必知之"。正是由于孔子坚持以德育人的教育方式，注重用自身的道德力量感化别人终成圣人。其弟子在孔子去世后依然践行他的道德主张，宣扬其道德学说，可见以德育人是德育的重要手段。

### （二）以理服人

德育要想真正地说服人，首先要靠"理"，教育管理者的思想要符合客观实际，反映事物的本质和规律。

所谓以理服人，就是教育者应当通过摆事实、讲道理、说真话的教育方式来达到育人目的。以理服人的核心是通过道理、真理来劝服人，而不是以势压人、以权压人，通过受教育者对教育者德育思想的高度认同来实现教育目标。孔子非常重视以德服人的教育方式，他提出"当仁不让于师"的思想，主张在真理面前人人平等，反对以势压人，主张教育者要以理服人。在孔子的教育实践中，孔子也一直践行这一教育原则，从不以老师的权威无理地指责弟子，打击学生的积极性。《论语》中曾记载，有一次孔子与子路、冉有等弟子谈话，孔子问弟子们的志向。孔子认为"为国以礼"，而子路却表示"千乘之国，摄乎大国之间，加之以师旅，因之以饥馑；由也为之，比及三年，可使有勇，且知方也"，且"其言不让"。对此孔子也只是笑了一笑而已，并没有简单粗暴地批评弟子。类似的事情在孔子的教育过程中比比皆是。正是由于孔子坚持以理服人，才使得"性鄙，好勇力，志伉直，冠雄鸡……"的子路对孔子心悦诚服，成为孔子弟子中杰出的一个，终成一代贤人。

以理服人就是注重以真理的力量去说服人，而不是以所谓的"权威"去压服人。因此，要做到以理服人首先要破除对"权威"的盲从和迷信。正因如此，孟子才提出了"尽信书则不如无书"的观点。孟子本人也对《尚书·武城》中的一些观点提出了质疑，要求人们破除对书本的迷信。孟子鼓励受教育者不盲从权威，以质疑的态度去探求真理。孟子这一观点为阐述教育者不能对受教育者硬性地进行书本知识的灌输，应该以理服人，提供了鲜活的理论和例证。荀子将以理服人作为教育者必备的素质，他说："水深而回，树落则粪本，弟子通利则思师。"也就是说教育者只有以理服人才能有效地启发受教育者的思想和心智，才能赢得受教育者的尊敬。庄子也非常重视以理服人，他的书中用了大量的比喻、例证和说理式辩论，其出发点正是试图用以理服人的方式去让人们接受他的观点。德育是整个教育中的重点和难点，当代教育者应当把以理服人的教育方式贯穿于整个德育过程中才能起到良好教育效果。

高校管理者不好当，尤其是辅导员不好当，而且是越来越不好当。但是，既然选择了做辅导员，就必须要竭尽全力扮演好辅导员这一平凡而又必不可少的角色，辅导员的道德水平和自身修养也在很大程度上影响着班级学生的成长。随着社会的不断进步，不同时期对辅导员的要求也随之变化。在新时期，要成为一名合格的辅导员，需要的不仅仅是自身的专业技术水平高，还要求思想道德素质美、思维语言能力强，更要求辅导员是一名懂得倾听、爱护学生的好教师。

辅导员首先要有一颗为班级学生事事着想的责任心，既然担任辅导员的工作，就要以一种学生责任人的态度来管理引导学生。现在的学生虽然在思想上有一定的自我意识，但是其世界观、人生观和价值观还不成熟，还处于塑造的过程中。特别是在现代信息发达的社会，在校学生已经不可避免地或多或少受到社会上的不良风气影响，这对大学生的思想塑造有一定的负面作用。作为辅导员，需要以负责任的态度积极主动地了解学生的生活、学习状态和心理状态，确保每位学生都是以积极向上的健康心态学习、生活、成长的。

面对个性鲜明的"00后"大学生，一味地严格要求并不能达到理想的管理效果。这就要求辅导员一方面要放下"老师"的姿态，加强与学生的交流，让自己融入学生中间，跟学生打成一片。在学习上，辅导员要积极引导学生树立正确的学习态度，制定长远的学习目标，以自己的经历开阔学生的视野，让他们早日明确自己的学习方向，端正学习心态。在生活上和情感上，要细心观察学生的思想动态，对于有思想波动的学生进行及时的关心和引导。同时也要经常和学生互动，了解他们的需求并适时给予帮助。另外，与学生的交流过程中，辅导员也要及时总结经验教训，从学生身上看到自己的不足，加强对自身素质的提升。在指导学生过程中，既要能和学打成一片，同时也要树立老师的威信，而威信何来，并不是以老师的身份去压学生，而是要以自身的良好素养去感染学生，这也要求辅导员要严于律己，不断提升自己各方面的能力，为学生树立榜样。

高等教育阶段是人生最美好的阶段，也是人成长的关键阶段，同时也是人生的分化阶段。辅导员的适时有效的引导会对大学生的成长起到很大作用。所以这也要求高校辅导员要严于律己，给学生做榜样，在引导学生的同时，更要本着认真负责、教书育人的心理，把自己做到最好。

## 二、加强德育引导，提高高校学生管理工作水平

高校学生管理工作是一项复杂的"技术"工作，而这项工作的基础是"德育"。高校管理者必须改变过去只片面停留在"管理"层面上或虽然强调"德育"但流于形式的做法，要从根源上找出管理工作中的漏洞，提高大学生的道德水准。

### （一）"制度规范"与"道德引导"

从社会整体意义或深层意义上讲，仅仅用"法律"或"规章制度"来要求大学生，标准未免太低了，因为，"道德的底线是法律的常规"。法律与道德的关系，既是法理学、法哲学中的基本问题之一，也是市场经济条件下，治国安邦所要关注的重大实际问题，从学理上讲，二者有联系也有区别。法律是道德的具体化、外在化，法律对道德有创建作用，但是法律是最低层面上的道德，即在一个法治社会中，法治观念应是最基本的道德。而道德则是法治的人文基础，一个法治化的社会，必然是一个有道德的社会，因为民主、文明的法治社会最基本的特征就是具有一种尊重他人、热爱正义、克己奉公、廉明清正、遵纪守法的道德精神。道德应是现代文明社会的最高法律。

高校学生行为准则等规章制度从某种意义上讲就是学校的"法律"，是对

高校学生的基本要求，就像法律是对社会公民的基本要求一样。这些规章制度只能规范学生的基本行为，使之符合学校、社会和国家的基本要求，但对学生向更高的层面发展和如何向更高的层面发展没有更多具体要求，因此在教育管理中就出现了部分老师在工作中只"堵"不"导"、只"管"不"教"，而大学生则"只求无过，不求上进"的尴尬局面。这种情势的持续存在和发展必然导致大学生整体道德素质的退化和诚信理念的缺失，而这种局面的进一步发展又只能导致"有法不遵""有规不守"。在某些大学生中间存在的颓废现象，无不透露出当代大学生精神和道德空虚、不思进取的一面。从另一个角度来讲，当代大学生本身的高智商和学校对他们的低要求的巨大反差，就造成了实际学习生活中的道德退化、诚信缺失和智力浪费。这需要每一个教育工作者进行反思和研究。法律意在禁恶，而道德旨在扬善；法律抑制人的损人利己行为，而道德则激励人的利他行为；法律抑制人的非理性，而道德则激扬人的理性。这是法律与道德的最基本的功能，也是二者最根本的区别。换句话说就是"法律是最低的道德要求"。大力弘扬社会道德，提高大学生的道德水准是高校学生管理工作的根本所在，其不应仅仅停留在用规章制度约束和规范学生的行为这一低级层面上。

现代中国社会是一个市场经济趋于完善的社会，是一个各种价值观多元并存与冲突的社会，也是一个法治社会、一个讲究规则的社会。在我国目前的情况下，一方面强调个人的自主性，另一方面又特别强调个人对他人、对社会的责任。"自主与责任"构成了当代大学生教育的两大主旋律。大学生应该学会辨别和选择各种不同的价值观，而社会公德既是价值选择的根本标准，又具有约束社会成员的行为的价值。如果连在社会中立足必须具备的起码的社会公德意识都没有，谈大学生素质的提高只能是一纸空文。因此，提高当代大学生的道德水准成为当务之急，须动员各方面的力量，运用各种手段和措施，大力提高当代大学生的思想道德素质。

根据以上分析可以得出，"制度规范"是社会管理也是学校管理的前提，但仅仅依靠"制度规范"却可能导致道德退化、诚信缺失和智力浪费，这与社会主义的教育目标是相违背的；只有把"制度规范"和"道德引导"结合起来，并适时地有步骤地加强德育功能，才能从根本上提升高校学生管理水平。

**（二）进一步具体明确德育引导目标**

德育引导目标是德育工作的依据，必须从实际出发，明确培养对象的层次、具体目标。高校德育引导目标应该是使受教育者做到爱国、唯物、敬业、自律。

爱国，即政治方向坚定，热爱社会主义祖国，拥护中国共产党在社会主义初级阶段的基本路线及方针政策，关心国家大事，树立正确的世界观、人生观和以集体主义为核心的价值观，正确处理个人和国家、集体之间的利益关系，对错误思潮和极端个人主义、拜金主义、享乐主义等腐朽思想的侵蚀有辨别和抵制能力。

唯物，即思想方法科学，掌握辩证唯物主义和历史唯物主义的立场、观点、方法，正确认识和处理学习、工作、生活等方面的问题，坚持实事求是，解放思想，勇于开拓进取，增强竞争意识。

敬业，即热爱自己所学专业，发扬敬业精神，立志为自己所学专业贡献毕生精力，增强成才的光荣感、使命感和责任感，坚持为人民服务的方针，勤于职守、乐于奉献，提高服务意识、效益意识，遵守职业道德，严守学校纪律。

自律，即自觉严于律己，树立社会主义公民道德观念和法制意识，养成良好的品德行为，自尊、自信、自立、自强，遵纪守法，发扬艰苦创业、勤俭朴实、奋发向上、团结互利的精神。

把握德育引导目标，要突出高校特性和专业特点的要求，强化专业意识和职业心理的培养，突出社会主义市场经济的需求，加强竞争意识、效益意识、服务意识的培养；要遵循大学生思想品德形成和身心发展规律的要求，注重综合能力与开发性思维的培养。同时在总的德育培养目标下，高校应以培养大学生正确的人生观、价值观、世界观、社会主义思想信念、职业道德和行为的自律能力为德育引导的重点。

### （三）大胆地改进和充实德育引导的内容

#### 1.把改革开放带来的优秀精神成果纳入德育引导

经济是社会的基础，没有经济的迅速发展，任何社会道德都会因此失去物质依托而得不到应有的效果。我国社会主义市场经济体制的形成和发展激发了人们的进取意识和创造热情，为探索学校德育工作的新路子开创了新局面。现阶段以建设有中国特色的社会主义理论、习近平新时代中国特色社会主义思想做指导，构筑符合社会发展需要的新的大德育体系，已成为德育工作者的一项重大的使命。过去在高校中存在的管束式、灌输式、单一式的管理方法以及一些与现实脱离关系的"空""假"大道理应当减少或取缔，实行适合学生的心理、生理、思维发展规律的有效的教育方法和内容。

## 2. 把传统文化中的优秀思想成果充实到德育引导中去

德育作为社会形态的一种，它具有继承性的特点。历史上那些符合社会发展要求和人民利益的积极思想，仍具有永恒的生命力，把它们充实进德育内容，可以超越市场意识来遏制个人私欲的无限制膨胀，阻止拜金主义、极端利己主义的恶性泛滥，使德育工作向着健康向上的方向发展。我国有优秀的文化传统，"己所不欲，勿施于人""鞠躬尽瘁，死而后已""先天下之忧而忧，后天下之乐而乐""以礼待人""助人为乐"等。赋予它们以时代新内容，都可以砥砺人们的行为，培养高尚的道德情操。中华民族的勤劳勇敢、艰苦奋斗、谦虚谨慎是举世闻名的。所以弘扬传统文化中的优秀思想成果，仍然是德育引导不可缺少的重要内容之一。

## 3. 解放思想，充实拓展德育引导内容

各高校应大胆地借鉴吸收国外在德育方面取得的先进成果和成功经验。国外发达国家发展市场经济的历史早，在德育方面也取得了一些好的经验。发达国家强调对学生的品行教育，强调向学生传授做人之道，世界先进发达的国家都把加强学生的品德教育称为"德育投资"，认为它可以带来巨大的经济效益和社会效益。日本学者认为："轻视德育投资的思想是值得反省的。"美国、英国、法国、德国及其他一些国家都在学校开设了道德课程，加强道德实践的指导。美国一些学校的德育目标很明确，就是培养合格的"美国公民"。另外，东欧一些国家也把加强德育纳入教学改革方案，提高道德教育在学校中的地位，强调学生品行教育和作为一代新人应具备的素质。学习国外的成功经验，对我国高校现阶段的德育工作极有帮助。

## 4. 德育引导内容要更加贴近时代，贴近现实，贴近当代青年学生的思想实际

我国高校德育要在遵循马克思主义基本原理的基础上，注意吸取当代的最新研究成果，反映时代发展的潮流和趋势，使之能很好地剖析和解释种种复杂的社会现象；应紧密结合当前改革开放和社会主义现代化建设的丰富实践以及形势、任务、专业特点等，从学生的思想实际出发，回答他们普遍关心的热点、难点问题，指导他们运用正确的立场、观点分析现实生活中的政治、经济、文化、道德现象，评价各种社会思潮，真正做到把马克思主义的革命性、科学性和现实性统一到德育实践中。高校管理者应该善于引导学生了解、掌握、熟知并运用市场经济自身的一些基本道德和规范，如利益导向、经济优先，各自独立、自负盈亏，平等竞争、优胜劣汰，等价交换、注重实效，诚信守约、依靠法制，

等等。这些道德和规范既是经济规律的必然要求，也是人们在新时期的经济活动中创造的。作为培养人才的首要环节——德育，应该把这些新知识、新理论、新观念、新政策，新的经济法规贯穿到课堂教学与日常教育管理中去，使在校大学生能跟上社会、经济、时代发展的脚步，能在社会实践的海洋中畅游驰骋。

### 三、高校德育引导与学生管理工作的统一性、必要性和可能性

#### （一）高校德育引导与学生管理工作的统一性

德育引导与学生管理都是我国高等学校管理工作的重要内容，在实际实施过程中，二者具有统一性，主要包括以下几点内容。

1. 指导思想统一

德育引导与学生管理的指导思想是一致的，我国高校创新教育和德育都是以马列主义、毛泽东思想、邓小平理论、"三个代表"重要思想、科学发展观和习近平新时代中国特色社会主义思想为指导的，全面贯彻党的教育方针，落实立德树人根本任务，坚持创新人才培养，推进素质教育改革，提高人才培养质量。

2. 教育对象统一

德育引导与学生管理的教育对象都是学生，这就决定了二者的教育对象的各种性格特点是统一的。

3. 教育目标统一

德育引导与学生管理的目标都是培养合格的社会主义建设者和可靠接班人，为实现"两个一百年"奋斗目标和中华民族伟大复兴的中国梦提供强大的人才和智力支撑。

#### （二）高校德育引导与学生管理工作契合的必要性和可能性

高校德育引导与学生管理工作的统一性就决定了二者契合的必要性和可能性，二者是相互促进的关系。

1. 高校德育引导推进学生管理工作

高校德育是重视思想、重视道德的高等教育，是大学生自身不断完善与提升的内在需求。人类的实践活动规模和范围日益增长，这就导致了人类新的思想、新的矛盾的产生，其中也夹杂着一些不良思想和意识。人们的社会身份和个人利益关系逐渐复杂化，思想观念、价值定位、处事方式、追求目标等也呈

现出多元化。因此，德育要与时俱进，在创新上下功夫。只有通过德育，社会主义精神文明建设和法制建设才能在高校落地生根，国家的科学技术水平才能进一步提高，国家才能强大，大学生的自信才能被激发，从而减少高校学生管理工作的阻碍，推动高校学生管理工作在此基础上顺利进行。

2. 高校德育引导为学生管理工作提供重要指导

高校德育是对人的思想道德方面的要求，而思想道德方面的建设对学生管理工作有非常重要的指导作用。学生管理工作者在对学生进行引导教育的过程中，除了要对错误的行为予以纠正，还要对学生进行理想信念教育，让学生对自己的每一个选择与决定充满信心。理想信念教育恰恰是德育的重要内容。大学生的关键品质就在于不安于现状，不循规蹈矩，不甘落后，充满激情，能积极投身到创造新事物的实践中去。高校德育从思想观念层面培养大学生敢于突破、开拓进取的创新精神。

# 第二章 高校德育引导与学生管理创新的理论基础和主要实践

在素质教育体系中，德育占据着首要位置，是促进学生素质综合全面发展的必要途径。特别是在社会多元化发展时期，学校德育效果对大学生的道德水平有着直接的影响，因此，高校不仅要注重知识、技能等方面的教学，更要重视德育，引导学生树立正确的思想观念。传统的德育模式难以满足现代人才培养的要求，如何创新高校德育模式成为当前高校面临的一个重要问题。本章从高校德育引导与学生管理创新的理论基础与主要实践出发，对高校德育的有效开展进行探究，主要内容包括：以"三个倡导"引领高校德育深化发展；以"三个倡导"引领高校德育内容的组织实施；立德树人引领高校德育工作创新；分阶段指导理论；知行统一，凸显实践育人功能；抓教风，促学风，创新综合措施；德育为先，全面实施素质教育；等等。

## 第一节 高校德育引导与学生管理创新的理论基础

### 一、以"三个倡导"引领高校德育深化发展

党的十八大站在坚持和发展中国特色社会主义的高度，提出了倡导"富强、民主、文明、和谐"的国家发展愿景，倡导"自由、平等、公正、法治"的社会价值导向，倡导"爱国、敬业、诚信、友善"的个人道德准则，提出了积极培育和践行社会主义核心价值观的重大战略任务，鲜明地回应了在新的历史条件下中华民族以什么样的精神面貌屹立于世界民族之林的问题，同时明确了当代中国国民教育育什么样的"德"，立什么样的"人"这一教育根本问题。高校管理者应深刻领会"三个倡导"的重要价值，将这一集"政治勇气、政治魄力、理论自信和价值观自信"的智慧结晶作为现阶段高校德育改革与发展的一种理

念、一个标杆，这对于当前的高校德育工作有着重要的意义。

教育发展的价值取向是调和教育发展过程中各种矛盾关系的基本准则。学校教育的根本使命在于培养人才、传承文化和服务社会，三者的和谐发展是学校教育发展过程中的核心问题。德育同样如此，德育的价值取向是调和德育主客体间矛盾的基本原则。深入领会社会主义核心价值观中"三个倡导"的内在联系，对于明确高校德育深化发展的价值取向具有积极意义。

### （一）坚持"以人为本"，凸显学生作为高校德育价值主体的地位

就"三个倡导"的内在关系而言，国家发展、民族复兴和社会进步都离不开人的发展，归根结底也是为了人的发展。从根本上来讲，国家的富强、民主、文明、和谐与社会的自由、平等、公正、法治，既有赖于个体道德素质的不断提升，同时又以促进人的自由和全面发展为主要目标。据此，高校德育在价值取向上应坚持"以人为本"，本着基于学生、通过学生、为了学生的基本思路，依据学生认知发展和情感发展规律，着力于促进个体道德意识的觉醒，确立个体道德发展的主体地位，使学生在日常学习与生活中，积极主动地践行"三个倡导"中关于个体道德准则的要求，使其成为促进个体发展的不竭动力。

### （二）领会"三个倡导"的层次性目标体系的思维价值

"三个倡导"是富有层次性的有机整体："富强、民主、文明、和谐是国家层次的核心价值观，自由、平等、公正、法治是社会层面的核心价值观，爱国、敬业、诚信、友善则是个人层次的核心价值观。"三个层面的逻辑关系相互贯通，实现了国家、集体和个人在价值总目标上的统一，也体现了不同层面、不同主体间的价值追求。从动态发展来看，大学生的道德发展要先后经过自发阶段、自觉阶段和自由阶段；从静态生成来看，大学生的道德发展则要经历从低到高的三个水平，即依从水平、认同水平和信奉水平。"三个倡导"的层次性思维理念符合个体认知和道德发展从具体到抽象、从基本规范到高尚道德境界的一般规律。作为高校德育来讲，其整体逻辑设计也应当具备这样的层次性特点。在德育目标的确立上，既要引领大学生从基础道德向高尚道德发展的方向，又要完成大学生道德发展从个人道德到社会道德的衔接。在德育内容的选择上"既应有最基础的规范训练的内容，同时又必须包括'对社会的道德'与'对自然的道德'这两大范畴，以及对理想道德境界的追求"。

## 二、以"三个倡导"引领高校德育内容的组织实施

学校教育内容是学校对学生实施教育影响的主要承载，是学校教育价值取

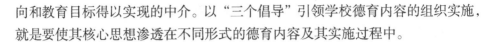 

向和教育目标得以实现的中介。以"三个倡导"引领学校德育内容的组织实施，就是要使其核心思想渗透在不同形式的德育内容及其实施过程中。

### （一）德育内容的选择与组织

当前社会的价值多元与社会思潮的相互激荡已经是不争的事实，大学生在思想认识上的个性差异也在日渐增强，高校德育需要面对并整合这些多样化的社会思潮，调适来自不同阶层家庭、不同认知水平的大学生的道德发展需求。"三个倡导"之所以能够起到引领社会思潮，团结和凝聚不同阶层、不同认识水平的人们的作用，就在于它具备开放和包容的特点。因此，高校德育在内容选择和组织上应该依据学生认知与情感发展的基本规律，以社会主义核心价值观为主线，整体规划高校德育课程的内容，体现显性与隐性并重、课程与活动互补的特点，不仅要重视各科课程和教材中蕴含的德育资源的建设与挖掘，更要沟通学科与生活，使德育内容与学生的实际生活相联系，切实保障高校德育的实效性。

### （二）德育途径和德育方法的选择

"三个倡导"囊括了影响个体社会主义核心价值观形成的宏观、中观和微观要素，形成了从微观逐渐升华到宏观、宏观引领微观的渐进式培育途径思维，对于高校德育在德育内容的实施途径与实施方法选择上有着重要的概括作用。因此在德育内容的实施途径上，要重视家庭、学校和社会多种途径的有效整合，积极发挥学校教育在三者整合中的承启作用。家庭教育是道德教育的起点，对于个体价值认同、情感认同具有不可替代的作用，是学校教育的基础与前提；社会教育是个体道德发展的重要组成，是学校教育的强化与补充。这就要求高校德育在德育的实施过程中，积极沟通、融合、联系家庭与社会，致力于调节家庭、学校、社会对于大学生施加的不同道德影响，并且尽可能调适、发展三者的合力作用。

### （三）德育内容的实施方法创新

高校应重视社会实践活动的开展，注重德育方法的民主、开放。社会实践活动是大学生认识社会、了解社会、服务社会的初期体验，也是体验道德、感悟生命的重要途径。充分发挥高校已有的社会实践活动经验，鼓励大学生以个人和社团的方式开展形式丰富的社会活动，使其在实践过程中，切实感受道德的生命力与重要性。高校德育工作者应注重改变传统的单向性、植入式、说教型的灌输方法，以民主的、可相互理解的、对话性的德育方法，让学生在生命沟通、生命相遇和生命感应的实践过程中，自觉内化、提高其道德认识和道德水平。

### 三、立德树人引领高校德育工作创新

党的十八大以来，以习近平同志为核心的党中央高度重视高等教育，高度重视人才培养。2018年5月，习近平总书记在北京大学师生座谈会上讲话时强调，高校要"真正做到以文化人、以德育人，不断提高学生的思想水平、政治觉悟、道德品质、文化素养，让学生成为德才兼备、全面发展的人才，做到明大德、守公德、严私德"。2018年9月，习近平总书记在全国教育大会上强调，"要在加强品德修养上下功夫，教育引导学生培育和践行社会主义核心价值观，踏踏实实修好品德，成为有大爱大德大情怀的人"。2019年3月，习近平总书记主持召开学校思想政治理论课教师座谈会并发表重要讲话，他指出："青少年阶段是人生的'拔节孕穗期'，最需要精心引导和栽培。"

#### （一）坚持立德树人

高等教育发展水平是一个国家发展水平和发展潜力的重要标志。习近平总书记在2016年12月召开的全国高校思想政治教育工作会议上强调："高校立身之本在于立德树人。"加强对大学生的道德教育是立德树人的首要任务。利用多种要素构建德育场对大学生进行道德教育，是一种行之有效的良好途径。所谓德育场，是指高校充分依靠自身的要素资源，发挥道德教育各方优势，对学生进行系统的、全方位的、全过程的道德教育，营造"人人是教师，处处是课堂，事事是教材，时时教育人"的教育氛围。

立德树人是高等学校的根本任务，而德育为先是重中之重。我国高等教育办学规模和年毕业人数已居世界首位，但规模扩张并不意味着质量和效益增长，走内涵式发展道路是我国高等教育发展的必由之路。因此，高校要在人才培养过程中树立"德育为基、内涵为要"的育人理念。突出德育的先导作用、根基作用、引领作用，构建以社会主义核心价值观为引领的德育体系；同时，要通过德育推动智育、体育、美育工作的相互促进、相互补充。更要在育人过程中突出质量、提炼特色、彰显成效，紧扣提高教育质量、实现内涵式发展这个关键要义，全力推进高水平人才培养体系建设。

各高校应立足于"立德树人落实机制"的创新驱动，不断健全人才培养体制。习近平总书记在全国教育大会上强调，要深化教育体制机制改革，健全立德树人落实机制，扭转不科学的教育评价导向，坚决克服唯分数、唯升学、唯文凭、

唯论文、唯帽子的顽瘴痼疾，从根本上解决教育评价指挥棒问题。要深化办学体制和教育管理改革，充分激发教育事业发展的生机与活力。

当前，高等教育进入提高质量、结构调整的内涵式发展新阶段。在横向层面上，重点要抓好人才培养制度改革、科研体制机制改革、人事制度改革、高校与社会耦合机制改革。要将立德树人内化到这些改革的各领域、各方面、各环节，进一步明确改革领域的内在逻辑、标准体系、评价导向和价值取向，牢牢抓住"全面提高人才培养能力"这个核心点，并以此来带动其他工作；要把立德树人的成效作为检验学校一切工作的根本标准，"双一流"建设高校更要注重结构布局优化协调、注重人才培养模式创新、注重资源有效集成配置，着眼于深层次、全方位的体制改革，着眼于各层次、各环节的系统推进，着眼于各项制度的创新聚合。只有将这些改革举措与立德树人落实机制有机衔接，在体制机制改革的统筹性、系统性、集成性、创新性上下功夫，使诸多改革和立德树人的"双引擎"齐头并进、全面发力，才能真正为人才培养这个中心工作注入强大的内生动力和力量源泉。

从纵向层面看，人才培养体系涉及学科体系、教学体系、教材体系、管理体系等，而贯穿其中的是思想政治工作体系。因此，高校要以创新思维和创新手段推动思想政治工作体系与学科、教学、教材、管理体系的贯通融合、立体架构，努力搭建起彰显学校特色优势、遵循学生成长规律、突出一体化构建的育人体系，真正形成"用知识体系教、价值体系育、创新体系做"的工作格局。

### （二）培育和践行社会主义核心价值

国内外环境发展的复杂性，中国特色社会主义事业现代化建设的需要，当代大学生实现自我价值与社会价值相统一的需要，都呼吁着社会主义核心价值观的"出世"。随着互联网成长起来的"00后"高校大学生有着新一代人的特质，他们的价值观现状表现出了新的特征：价值取向多元化、功利化，价值实现功利化，价值观充满矛盾性，价值观具有不稳定性。因此，从国家、社会、学校、大学生微观个体本身探索当代大学生社会主义核心价值观的培育和践行路径选择，对大学生群体明辨是非、全面发展具有重要意义；也有助于在青年大学生的引领下，形成人人践行社会主义核心价值观的热潮，构建和谐社会；更有助于为"十四五"规划的胜利和全面小康社会的建成凝聚精神力量。

党的十八大把社会主义核心价值观凝练为24个字，即"富强、民主、文明、和谐、自由、平等、公正、法治、爱国、敬业、诚信、友善"。此后，习近平总书记多次对其进行了一系列深刻的阐发，他在北大师生座谈会上提出："我为什么要对青年讲讲社会主义核心价值观这个问题？是因为青年的价值取向决定了未来整个社会的价值取向，而青年又处在价值观形成和确立的时期，抓好这一时期的价值观养成十分重要。这就像穿衣服扣扣子一样，人生的扣子从一开始就要扣好。青年要从现在做起、从自己做起，使社会主义核心价值观成为自己的基本遵循，并身体力行将其推广到全社会去。"

高校应将培育学生的社会主义核心价值观落实到教育教学和管理服务的各个环节，形成课堂教学、社会实践、校园文化等多位一体的育人平台，帮助学生坚定正确的理想信念，树立正确的价值观，提升综合素质，力争成为社会主义事业的合格建设者和可靠接班人。

### （三）加强新时代青年的理想信念教育

习近平总书记指出："心有所信，方能行远。面向未来，走好新时代的长征路，我们更需要坚定理想信念，矢志拼搏奋斗。"习近平总书记的重要论述指明了坚定理想信念对于走好新时代长征路的重要意义。加强青年理想信念教育，就要引导广大青年用初心砥砺信仰、用理论坚定信念、用实践增强信心，努力成为担当民族复兴大任的时代新人。

#### 1. 用初心砥砺信仰

习近平总书记强调："党的初心和使命是党的性质宗旨、理想信念、奋斗目标的集中体现，激励着我们党永远坚守，砥砺着我们党坚毅前行。"中国共产党是用马克思主义武装起来的政党，一经成立就肩负起为中国人民谋幸福、为中华民族谋复兴的初心和使命。长期以来，我们党始终坚定马克思主义信仰，取得革命、建设和改革的伟大胜利，带领中华民族从站起来、富起来走向强起来。一切向前走，都不能忘记走过的路；走得再远、走到再光辉的未来，也不能忘记走过的过去，不能忘记为什么出发。开展好新时代理想信念教育，需要把"回望过去"和"展望未来"结合起来，把用初心砥砺信仰与用信仰守护初心结合起来，不断从党史、新中国史、改革开放史、社会主义发展史中汲取思想之光、精神之钙、力量之源，教育引导广大青年坚持共产主义远大理想和中国特色社会主义共同理想，用心用情为党和人民事业不懈奋斗。

#### 2. 用理论坚定信念

党的十九届五中全会通过的《中共中央关于制定国民经济和社会发展第十四个五年规划和二〇三五年远景目标的建议》指出："深入开展习近平新时代中国特色社会主义思想学习教育，推进马克思主义理论研究和建设工程。"坚定的理想信念源于对科学理论的笃信笃行。习近平新时代中国特色社会主思想是引领中国、影响世界的当代中国马克思主义、21 世纪马克思主义。这一重要思想紧紧围绕实现中华民族伟大复兴中国梦的宏伟目标，把人民福祉、党的使命和国家前途贯通起来，为人民谋幸福、为民族谋复兴、为世界谋大同，成为指引当代中国一切发展进步的强大思想武器。

强化新时代青年的理想信念教育，必须坚持用习近平新时代中国特色社会主义思想武装头脑、指导实践、推动工作，教育引导青年增强"四个意识"，坚定"四个自信"，做到"两个维护"，自觉在思想上政治上行动上同以习近平同志为核心的党中央保持高度一致，为乘势而上开启全面建设社会主义现代化国家新征程、向第二个百年奋斗目标进军汇聚强大青春力量。

3. 用实践增强信心

社会主义是干出来的，幸福是奋斗出来的。实践性是马克思主义区别于其他理论的显著特征，也是习近平新时代中国特色社会主义思想的鲜明品格。党的十八大以来，面对错综复杂的国际形势、艰巨繁重的国内改革发展稳定任务，以习近平同志为核心的党中央统筹推进"五位一体"总体布局、协调推进"四个全面"战略布局，坚定不移贯彻新发展理念，推动高质量发展，沉着有力应对各种风险挑战，我国经济社会发展取得重大成就。

加强新时代青年的理想信念教育，重在用事实说明问题，用实践证明真理。一方面，向青年全景展示、立体呈现改革开放以来我国经济社会发展取得的巨大成就，增强新时代青年的自信心和自豪感；另一方面，引导青年积极投身新时代中国特色社会主义伟大实践，让他们加强思想淬炼、政治历练、实践锻炼、专业训练，在想干事、能干事、干成事中实现人生价值，为实现中华民族伟大复兴中国梦贡献聪明才智。

### （四）培养高校学生的社会责任感、创新精神和实践能力

1999 年国务院下发的《关于深化教育改革，全面推进素质教育的决定》中就已提出"培养学生的社会责任感、创新精神和实践能力"。2010 年 2 月 9 日国务委员刘延东在教育会议上讲话时再次强调"要创新培养模式。这是创新教育改革的核心和重点。其根本目的是更好地培养学生的社会责任感、创新精神和实践能力"。在 2019 年两会期间，全国政协委员在讨论《国家中长期教育改革和发展规划纲要》时，就如何促进学生成长成才也提出"培养富有社会责任感的创新人才"。

"社会责任感、创新精神和实践能力"是素质教育的两大目标之一（第一个目标：教育面向全体学生）。

社会责任感指的是在一个特定的社会里，每个人在心里和感觉上对其他人的伦理关怀和义务，也就是对社会负责、对其他人负责的责任感。培养学生的创新精神，就是培养学生的创新志向和顽强的开拓进取精神，激发学生强烈的创新欲望，使学生在大脑中形成一种创新的意识。实践能力的培养就是让学生通过实践活动培养学生解决问题的能力的过程。《国家中长期教育改革和发展纲要》提出"着力提出服务国家人民的社会责任感，勇于探索的创新精神和善于解决问题的实践能力"。社会责任感、创新精神、实践能力三者之间是不可分割的，互为整体，而且要实现培养的目标，必须以实践活动为载体。

### （五）加强思想道德考核

大学生思想道德素质考核评定是高校德育工作的重要环节，是实现高校德育目标的必要保证，各高校应加强对学生的思想政治素质与品德考核，内容包括学生的政治态度、思想表现、道德品质、遵纪守法、诚实守信等方面。新形势下做好学生思想道德素质考核，就是要不断完善考核制度，科学设计考核标准，严格规范操作流程，不断突出考核时效，真正做到制度联动，通过思想道德素质考核评定，全面了解和衡量学生的思想道德素质表现及其发展水平。

大学生思想道德素质考核定量评定要以学生思想道德素质的全面、协调发展为目标，既要体现大学生的共性，更要关心学生个体间的差异，从而体现人文关怀；既要考察其与培养目标的符合度，同时也要考虑学生的个性特点和创新发展。评价要反映学生学习和发展的各个层面，贯穿于学生学习、活动、社会交往的全过程。学生思想道德素质的定量考核通常以满分100分计，由学生本人、学生干部、学生组织、辅导员、任课教师组织实施。一般情况班级干部评定占20分，学生会、公寓管理委员会占25分，学校团委、社团联合会占25分，辅导员评定占20分，学生互评占10分。当然各自情况不同，可结合实际酌情确定。

各高校还要结合学生的实际，确定符合学生思想道德素质发展规律的加减分细则。加分细则主要包括：寝室评比中，获得甲级寝室者和寝室长的加分情况。军训时，被评为优秀寝室者、被评为优秀标兵者和被评为优秀学员者的加分情况。早操出全勤者的加分情况。上课出全勤者的加分情况。积极参加志愿者服务的加分情况。获得如计算机国家等级证书、外语等级证书、专业过级证书，职业资格证书等的加分情况。获得市级以上、校级荣誉称号的个人和集体加分情况。积极参加社会实践（包括寒暑假社会实践活动、与专业学习和就业相关的实践活动、社会兼职）者的加分情况。参加学生社团，并积极参加活动的加分情况。积极参加学校、班级组织的集体活动者的加分情况。积极参加学校组

织的市级以上、校级、班级竞赛者的加分情况。献血及参加大学生运动会等市级以上大型活动者的加分情况。为学校做出特殊贡献者的加分情况。减分细则主要包括：学生违纪扣分（旷课、事假、迟到或早退的情况；不参加集体组织的公益活动和老师、班级、团委、学生会等组织会议的情况）。以上各扣分项达到纪律处分程度，则按纪律处分扣分标准实行，不累计处罚。

### （六）强调恪守学术道德

"坚持马克思主义的指导地位，坚持用习近平新时代中国特色社会主义思想武装头脑，确保正确的政治方向、学术导向、价值取向。坚持国家至上、民族至上、人民至上，始终胸怀大局、心有大我，立志做'大学问'、做'真学问'。"2019年11月27日召开的第二届全国哲学社会科学道德和学风建设论坛向全国哲学社会科学工作者发出《恪守学术道德、弘扬优良学风》倡议书。

学术道德和学术规范是科学研究工作者应遵循的基本规范，也是学术正常交流、提高学术水平、实现学术创新的重要保障。各高校要重视学生的科学道德教育，通过入学教育、博议论坛等形式不断提高学生的学术道德意识，持续加强学生的学风建设和思想引领，让学生不断夯实自身科研水平，争做德才兼备的优秀学子。大学生要敬畏学术，恪守学术道德，坚守学术诚信。作为学生，不但要在心中时刻警醒自己遵守学术道德，而且要加强学习，遵守学术规范。

### （七）开展诚信教育

诚实守信是中华民族的传统美德，是做人之本、立德之源，是大学生道德规范的基本要求。开展大学生诚信教育，是加强和改进大学生德育的主要内容，是开展大学生社会主义核心价值观教育的基石。大学生诚信教育，需要整合社会多方面的力量，通过多种渠道，采用多种教育方式，将课堂教学与社会实践活动相结合，实施全方位、系统性的教育工作。各高校应大力推进大学生诚信教育，增强在校青年学生的诚信意识和责任意识，主要包括以下几个方面的工作。

#### 1. 丰富教育内容

各高校可出台加强大学生诚信教育实施意见、大学生诚信基金实施办法等制度，建立全员、全方位、全过程诚信养成教育体系；还应将培养法制观念作为大学生素质培养的重要内容，使诚信成为学生的自觉意识和行为规范；还可以利用宣传栏、校园广播、校报、校园网等校园媒体，营造良好的诚信道德教育氛围。

#### 2. 完善实施机制

各高校应将诚信行为养成教育纳入学校人才培养方案，开设多种以诚信职业道德教育为主要内容的专业课程，从教学计划上确保学时、学分，并规范教材选用，同时把诚信教育贯穿到思想政治理论课教学全过程。鼓励各部门、各班级开展诚信征文、主题班会、诚信家书、签订诚信承诺书（学生诚信承诺书范例，如图 2-1 所示）等诚信行为养成教育活动和社会实践活动，构建具有学校特色的诚信行为养成教育模式。

学生诚信承诺书

诚实守信是中华民族的传统美德，是做人之本、立德之源，是大学生道德规范的基本要求。为进一步增强自身的诚信意识，树立大学生的良好形象，使自己成为社会主义合格建设者和接班人，我庄严做出如下承诺。

一、学习诚信：态度端正，严谨求实

努力学习，刻苦钻研；不迟到，不早退，不旷课；按时独立完成作业、实验，不伪造实验数据，不抄袭他人作业；不剽窃他人学术成果；遵守考场纪律，自觉抵制各种考场违纪行为。

二、经济诚信：以信立人，履约践诺

严格遵守执行学校交纳学费、住宿费等费用的有关规定，按时交纳学费、住宿费、书费等费用；不谎报家庭经济情况，不恶意拖欠学杂费；在申请国家助学贷款和各项资助过程中，如实填写申请资料，不弄虚作假，不编造和提供虚假的证明材料骗取国家助学贷款和各类奖助学金，毕业后如期偿还国家助学贷款；不恶意透支信用卡、电话卡等贷记卡；不偷窃、诈骗他人财物；不盗用他人手机、互联网等信息获取利益。

三、生活诚信：遵纪守法，弘扬正气

在与人交往中诚信待人，遵守诺言，言行一致；勤俭节约，不铺张浪费，自觉约束与自己经济实力不符的消费行为；讲话负责任，按照学校规定的渠道与方式客观、公正地反映问题，不夸大其词，坚决抵制谣言蛊惑和故意制造混乱的行为；坚决抵制从事不正当生意，推销虚假商业信息和假冒伪劣产品等行为；不发布和传播有害、污秽、造谣信息；不在校园网或其他网站网页上散发恶意攻击信息或垃圾信息；不盗用他人账号密码、窃取和泄露他人隐私。

四、就业诚信：自尊自爱，修身明礼

不向用人单位提供虚假的成绩单、获奖证明和资格证书；不编造虚假的在校任职记录与社会实践经历；慎重签署劳动就业合同，不恶意违约。

为将自己塑造成诚实守信的大学生，我将按照以上承诺严格要求自己，自愿接受学校及各方的管理与监督。

承诺人：<br>承诺时间：

**图 2-1　学生诚信承诺书范例**

3. 加强监督评价

各高校可制定大学生诚信管理奖惩细则，作为奖学金评比、评优等工作的重要依据。各高校还应颁布大学生诚信档案管理办法，为新生建立诚信档案，对学生在校期间的诚信记录予以记载，在学生毕业时随学生人事档案一并转接。

## 四、分阶段指导理论

依据大学生的心智发展规律，辅导员需要有针对性地进行分阶指导：对新入学的学生要耐心引导，对入学第二年的学生要严格要求、鼓励督促；对临近毕业实习的学生要加强指导，引导学生树立正确的世界观、人生观、价值观。立德教育要贯穿高校教育的始终，辅导员应在言传身教、修身立德的基础上，根据大学生不同阶段的特点有针对性地进行拔草、中耕、灌溉、施肥，用欣赏增强学生的信心，用信任树立学生的自尊，最终收获金灿灿的庄稼，品尝收获的喜悦。

### （一）耐心引导

入学第一年是大学生的过渡期，辅导员需要点亮一盏明灯，驱散学生心中的迷雾，帮助学生快速适应，让他们尽快弄清高等教育阶段的特点，对专业有宏观的认识，把握高校的特点，掌握高校的学习方法，不断提高个人的交际能力。

高校辅导员可以精心组织相关的主题班会、讲座、报告会、校友座谈会等，让学生清楚这是人生的又一新起点，在这个阶段品尝的是"自助餐"而非中学时期的"配餐"，高校教师教授的是一个个知识框架，需要学生自己去打造一个个有血有肉的丰满形象。高校的图书资料和各种信息极其丰富，获取知识的渠道更加多样化，新入学的学生要熟练地掌握利用图书馆和互联网搜集资料、获取信息这一必备的学习技能。

入学伊始，辅导员就要向学生解读专业和人才培养方案，告诉学生所学专业的人才培养目标、培养规格要求、毕业条件、主干学科、核心课程、教学计划进程、实践教学环节、社会对该专业人才的需求状况、发展前途、就业前景等。

总之，在入学第一年辅导员要立好规矩，让学生在充分认识自我的基础上做好在熔炉中千锤百炼的准备，引导学生珍惜学习时光，心无旁骛，求知问学，教育学生学会独立思考、自主学习、大胆尝试、勇于挑战、愈战愈勇。

### （二）严格要求、鼓励督促

入学第二年是学生全面发展的阶段，辅导员在导航的同时务必严格要求学生，教育学生要德智体美全面发展，充分挖掘个人学习潜力，不断提高个人的审美和人文素养。应要求学生做好人生职业规划，明确人生方向，将图书馆作为最好的伙伴，每天努力做最好的自己。要让学生明白细节决定成败，全面提升个人的综合素质，学会对自己负责，为未来的人生掌舵。要让学生在合理安排时间的前提下做一些兼职工作来接触社会，广交朋友。

这一年是关键时期，需要学生广泛接触社会，不断完善知识结构和自身人格。这一年又是学生快速积淀、加速成长的时期，因此这一年辅导员要不断鼓励学生培养勇于奋斗的精神、乐观向上的人生态度，时时督促学生为毕业后的出路做好铺垫。要不断深化学生对真、善、美的认知、感悟和体验，鼓励学生多多参加社会实践，暑假时可进行顶岗实习，在各种实践中强化专业知识，不断提高自身分析问题和解决问题的能力。

**（三）毕业实习前加强指导**

毕业实习是学生的快速成长期，辅导员要教育引导学生树立高远志向，针对就业进行强化训练，帮助学生在人生的关键路口做出适合自己的选择。要教育学生扎扎实实干事，踏踏实实做人，提高竞争意识，增强合作精神，进一步全面提高自己的综合素质，用劳动和汗水创造幸福，坚信付出终有回报。

## 第二节　高校德育引导与学生管理创新的主要实践

### 一、知行统一，凸显实践育人功能

道德是一种"实践精神"。完整的道德过程包括知、情、意、行等环节，一定的道德知识和规范只有内化为受教育者的道德情感和道德信念，并外化为道德实践，形成稳定的道德习惯，才意味着个体道德修养的提高。这一"内化"和"外化"的过程即"知行统一"。"知行统一"是个体品德形成的基本规律和德育目标的最终体现。

知行统一也是中国传统文化的重要命题。然而由于种种原因，当前的德育还存在着"知识本位"的倾向，重理论轻实践，重认知轻行为，德育异化为道德知识的讲解和道德辞令的记忆，大大降低了德育实效。德育不仅是道德知识的传授，更重要的在于寓学于行、躬亲践履。因此，实现由"知识本位"向"行为本位"的德育转型，将抽象的道德规范和要求转化为个体自觉的道德行动，是高校德育的必然取向。

实践出真知。道德教育离不开生动活泼的实践。为此，各高校应积极拓宽实践育人领域，充分发挥学生的主体性，鼓励学生在参加志愿服务、公益劳动和勤工助学等活动中确立主体意识，塑造自由人格，增强社会责任感，努力做到知与行的统一，在社会实践中引导学生自我发展、自我完善和自我超越。遵循这一规律，高校可组织、引导学生参与社会实践活动来提升学生的文化素质，提高人才培养质量，打造一系列德育创新品牌，培养一系列优秀德育实践团队，建设一大批德育基地，努力将"无形"的思想教育转化为"有形"的具体活动。

面临严峻的就业形势，高校应注重对学生进行创业教育，并将其融入德育全过程。如通过创业实践，逐步建立完善以"五个一"（一本书、一支队伍、一份报纸、一套网络、一批基地）为中心的创业教育体系，形成科技创新、创业教育和创业扶持三位一体的创业教育模式，为大学生创业提供坚实的理论基础和实践保障。高校在德育实践中应高度重视发挥优秀校园文化的功能，努力寻求"润物细无声"的德育效果，通过"三百"（百花争艳、百年基业、百尺竿头）建设工程和"三特"（特色社团、特长学生、特色载体）塑造行动，有力地推动校园文化建设。

德育的实施途径可以分为正式和非正式两种，前者是通过学校、政府等正式机构实现的，后者是通过社区、同辈群体等非正式机构和群体实现的。做好大学生的德育工作必须立足于整个社会，全员育人。只有将两种途径有机结合，形成合力，才能提高德育实效。

就高校来说，德育也应是全体教职员工的共同责任。但现实中，德育时常成为学工部门"孤军奋战"的事情，因而收效甚微。高校应确立大德育观念，形成以学工部门和学工干部为主体，全校各部门和全体教职工共同参与的全员育人格局。如可实行专任教师、管理干部兼任班主任制度，并制定一系列办法，构建全员育人的制度体系，形成全员育人的工作氛围。

## 二、以思想政治教育为主线，改进德育和管理工作

首先，要以深入贯彻落实《中共中央关于加强和改进思想政治工作的若干意见》为契机，加大"两课"教学改革力度，增强"两课"教学对学生思想教育的针对性和吸引力，充分发挥"两课"教学在德育中的主渠道、主阵地作用。要利用形势任务课、党校、团校、理论学习小组等，进一步把学习习近平新时代中国特色社会主义思想活动引向深入，从而使习近平新时代中国特色社会主义思想成为学生树立正确理想信念的强大思想武器和精神支柱，使学生在运用习近平新时代中国特色社会主义思想的立场、观点和方法研究分析新情况，解决新问题上有新的提高。同时还要与学习党的方针政策结合起来，与贯彻高等教育有关法律法规结合起来，与反对唯心主义、开展唯物论和无神论教育结合起来，与落实高校德育目标结合起来，真正把提高学生的思想政治素质贯穿于学生工作始终。

其次，要改进教育内容与形式，用先进思想引导大学生。面对新形势对学生德育与管理工作提出的新的更高的要求，我们必须结合学生特点和学生工作实际，从培养建设者和接班人的高度，着眼于学生综合素质的提高，着眼于有创新精神和实践能力人才的培养，及时增加教育新内容，改进教育方式方法，不断提高思想教育水平。要根据时代性，利用信息技术抓好教育；要按照阶段性，分年级抓好教育；要增强针对性，区分层次抓好教育；要突出主题性，利用纪念日抓好教育；要注重导向性，通过树立典型抓好教育。

最后，要在严格管理中增强活力，用科学管理方法规范大学生的言行。教化、示范、养成缺一不可，我们要严格要求，但不是限制学生个性发展，而是约束不利于个性有效发挥的行为，约束危害他人与集体的行为。在开展学生工作时，一要坚持学生工作制度，严格学生日常管理，以"系统管理和网络检查"为依托，在加强薄弱环节上下功夫，在提高水平上投精力，在形成自身特色上求突破，切实为学生创造良好的学习、生活环境。二要处理好教育与管理的关系，做到"以教领先，以管保教，教管结合"。如果我们重管理轻教育，必然导致学生工作无法适应学生思想变化，反之学生也会感到不适应。德育管理者要做好深入细致的思想工作，做学生的良师益友，防止以管代教。我们的学生工作模式是在总结以往经验教训的基础上研究形成的，其突出特点是德育与管理结合好，并被实践证明，有利于学生思想道德的培养，有利于人才培养质量的提高。三要加强班团集体建设，在严格管理中搞活班集体建设。要按照班团建设条例，持之以恒地抓好班委会、团支部建设，使其真正发挥"自我教育、自我管理、自我服务"的作用；要搞好网络检查，提高文明建设水平；要以班、团为主开展各种活动，增强学生自我解决问题的能力。四要建立健全激励机制，增强做好学生工作的自觉性。人的内在潜能的发挥、积极因素的调动，靠的是合适的规范、严格的要求、分明的奖惩。五要超前研究分析新问题，增强教育管理的针对性。高等教育改革的深化使学生管理工作面临全新的内外环境，高校德育管理工作者必须有预见性地研究制定对学生进行教育管理的具体措施与方案，否则，我们的教育管理工作就会很被动。

当代大学生被称为"网上新一代"，高校德育工作如果不改进形式、手段和方法，不注意增强时代性，势必在青年大学生中失去吸引力。因此，我们要从争夺思想政治阵地的高度出发，树立网络战略意识和网络意识形态观念，紧密结合工作实际和大学生的成长现实，研究信息网络化的特点和规律，努力把校园网络建设成思想教育的新平台，使之成为高校德育的新渠道、新阵地。

### 三、抓教风，促学风，创新综合措施

学风建设的好坏既是衡量学校办学水平高低的标志，也是检验人才培养质量的尺度。要建设良好的教风、学风，应做到以下三点。

#### （一）加强师德教育，增强学风建设的感染力

要研究制定"抓教风、促学风"的综合措施，开展教风优良系部和教研室、学风优良班级、为教学和学生工作服务优良单位评比活动。要在教职工中抓好职业道德教育，特别是广大教师要以成为"教书育人专家"为准绳和努力方向，把"面向学生，依靠学生，为了学生"作为自己工作的出发点和归宿，既要教学生知识，又要教学生做人；既要注重提高业务水平，又要加强师德修养，为人师表。

#### （二）改进教学内容和方法，增强学风建设的吸引力

以德为先，高校全体师生应培养美德情怀，履行美德操守，丰富见识，养成良好智慧，在"德识双馨、做人做事并举"中提升学习、工作与生活的品位。环境育人，内涵发展，面对教育激烈的竞争洪流，唯有创新才能立于不败之地。高校应完善过去的教育教学管理模式，倾力打造激情校园，为提升文化层次、拓展教育内涵进行不懈努力。高校应制定翔实可行的实施方案，全力打造"生态校园""文化校园""文明校园"，通过科学实施绿化、美化、净化和诗化工程，尽力营造一种品位高、创意新、时代性强的校园环境。通过合理种植花草树木，竖立以名人名言为主的书画牌匾，书写大方醒目的办学目标，通过教职工高尚的道德品质、高雅的气质风度、文明的举止行为、周到的优质服务，给学生以享受、以警示、以激励、以醒悟、以勇气。大力提升校园文化，强力推进学生社团建设，开展丰富多彩的社团活动，如设立文学社、吉他社、舞蹈社、书画社、篮球社等社团，每年举行为期一周的校园文化艺术节等。励志与活动经纬交织，力争培养内美与修能并重的青年才俊。

#### （三）创新宣传形式，提高高校德育的影响力

校园快闪具有生动展现德育内容、巧妙潜隐德育目的、浓郁渲染德育场景、有效塑造德育场域的思想政治教育功能，既能够缓解网络空间虚拟化导致的高校德育异化困境，又可以弥补面对面交流的时空限制。新媒体时代，作为行动载体、文化载体、活动载体的校园快闪，对提高高校校风建设的传播力起着不可替代的作用。作为意识形态前沿阵地的高校，其快闪活动从2019年初便蔚然成风。面对这样一种行为艺术，我们应认真研究、把握规律、加强引导，凸显校园快闪作为载体对高校德育工作的正面效应。

作为当下最流行的校园活动方式，快闪要想获得积极而持久的发展，首先要以做大做强主流舆论为依托。马克思主义理论为快闪的设计指引了方向，让我们充分认识到高校作为意识形态的前沿阵地，不仅要创新工作方式，而且要守住阵地建设，这关乎教育的成败。校园快闪的设计首先要注意把握主旋律，限制背离和偏离主流意识形态的活动，弘扬主旋律，传递正能量，发散好声音。其次要以正确的政治方向为指引。活动设计要坚持党的领导，坚持正确的政治方向，能够反映社会主义核心价值观，从而形成积极健康的价值取向、昂扬向上的思想导向，在活动中促进大学生的交流、沟通和互动。

高校德育工作要顺势而为，依托各种媒体特点，搭建校园快闪的传播平台：可以通过微信、今日头条等主流自媒体写作平台用于活动发起，促使校园快闪在宣传方式和途径上吸引受众；还要创新校园快闪的运作方式，实现全媒体运行，将时下流行的新媒体技术运用于活动中；还可以在微博、微信等全媒体领域进行宣传来形成良好的媒体合力。

校园快闪也能运用到高校德育理论课实践教学中：我国丰富的风土人情、革命素材和地理资源，悠久的历史文化对校园快闪的正能量主题具有很好的催化作用；其他哲学社会科学类课程的实践环节设置同样也可以采用校园快闪的方式。对于同样具有育人效果的主题党日、主题团日、微党课、微团课、暑期社会实践"三下乡"等活动，同样可以采用校园快闪作为活动方式。校园快闪让参与者在活动中既能获得真实的体验，又能完成思想引领的任务，促进感性认识和理性认识的有机结合，达到润物无声的活动效果。

另外，各高校可以联合校园主要工作力量，建设一支政治可靠、热情敏锐、熟悉快闪、本领高强的管理团队，配备人员和经费，借爆款快闪传播社会主义核心价值观，展现高校德育教育者的正面形象，使官方快闪成为有温度、有深度、有广度的高校德育新载体。同时，要加强青年大学生参与校园快闪的策划、组织、激励和引导的积极性，通过开展内容丰富、形式多样的校园快闪，调动大学生在活动中的积极性、主动性和创造性，使大学生在参与中释放、分享和获得正能量。高校辅导员可以利用校园快闪打破主题班会的地域限制，通过宣传运作、班团协同，加强师生线下交流，助推校园快闪的引导力和影响力。

## 四、德育为先，全面实施素质教育

素质是指人在先天生理基础上，受后天环境和教育的影响，通过个体自身的认识和社会实践养成的比较稳定的基本品质。人的素质可以通过后天的教育来形成，可以通过知识的"内化"来养成并不断提高。

**（一）实施素质教育的必要性**

文化素质教育是大学生整体素质提高的重要基础。人才的素质包括思想道德素质、文化素质、专业业务素质和身体心理素质四个方面。在这些素质中，文化素质是其他素质的基础，它作用于人才整体素质的各个方面。首先，文化素质教育对专业素质的提高起着重要的作用。众所周知，科学文化素养是学习专业的重要基础，没有这个基础，专业教育就像空中楼阁。只有这个基础夯实了，才可能有较高的专业、业务水平，才可能更好地掌握从事专业工作所必需的职业技能，才能提高专业教育的质量。其次，文化素质教育有利于学生思想品德素养的提高。文化素质教育包括人文社会科学、自然科学、艺术等方面的教育，这些是形成社会价值取向的基础，对于培养学生的辩证唯物主义和历史唯物主义思想有着重要的作用。同时，文化素质教育的内容又为德育拓展了新的领域。因此，没有文化素质教育就不可能有较高的道德修养。最后，文化素质教育也是学生身心发展的基础。一方面，学生通过学习人文社会科学和自然科学知识，学会正确认识和处理人与自然、人与社会、人与人之间的关系，懂得生命的价值，从而爱惜生命、自觉注意自己的身心健康；另一方面，文化素质教育提高了学生的精神境界，培养学生健康的心理品质，使他们能正确认识和处理各种矛盾，产生实现理想的顽强毅力和坚韧不拔的奋斗精神。

文化素质教育是培养大学生创新精神和实践能力的基本保证。高等教育实施素质教育的重点是创新精神和实践能力的培养，这是新世纪社会经济发展对高级专门人才提出的新的要求。而创新精神和实践能力的培养又离不开文化素质教育。一方面，文化素质教育为学生创新思维的培养提供了广博的文化根底。科学发展的实践证明，创新思维不仅来源于对问题的深入钻研，也得益于深厚的基础和宽广的知识面。有丰富的知识才能产生联想和综合，才会有新的思想产生。尤其是在现代，科学的发展呈现出综合化、整体化的趋势，许多新的发现往往在交叉学科之间产生，这就要求创新必须具备多学科的丰富的知识。因此，创新思维和创新能力必须有广博的知识基础，这个基础主要靠文化素质教育来完成。另一方面，文化素质教育又为实践能力的提高打下坚实的基础。实践动手能力是大学生的一项十分重要的能力，这种能力的培养需要较好的科学文化素养做基础。显而易见，没有一定的语言文学素养，连一篇调查报告、实践总结、设计方案也写不好，实践能力就无从谈起；缺乏一定的自然科学知识，连基本的用电常识、数字进位等知识都不懂，又如何进行电脑操作？由此可见，文化素质教育不仅对于创新思维的培养，而且对于实践能力的增强均起着重要的作用。

### （二）处理好全面发展与个性发展的关系，抓好素质教育

个性发展是全面发展的一个方面，也是为了更好的全面发展。全面发展理念要求既要给学生更多自由的空间，又要严格要求；既要强调个性发展，使优秀人才脱颖而出，也不能抛开全面发展这一主旋律，片面地、孤立地强调个性发展。否则，不利于培养全面发展的高素质创新人才。在工作思路上，要处理好学院抓尖子与系里抓骨干、班团抓全员的关系。在实施素质教育时，要坚持"以崇高理想塑造大学生，以高尚精神鼓舞大学生，以高品位文化陶冶大学生，以精品活动引导大学生"的宗旨，形成自下而上层层抓，院、系、班明确分工重点抓的良好教育氛围，既使学生的特长得到充分发展，又为广大学生提供锻炼能力与提高素质的空间与舞台。在实施途径上，要处理好第一课堂与第二课堂的关系。第一课堂与第二课堂相结合，是提高大学生文化素质的重要途径。要发挥好第一课堂的主导作用，把文化素质教育贯穿人才培养的始终。要依托学生会、社团组织、班团集体，利用各类球队、合唱团等，围绕加强学风建设和提高学生文化素质，广泛开展校园文化活动、艺术体育活动，倡导积极向上的价值取向，创造和谐的人际关系，培养健康的舆论导向，形成既突出主旋律又生动活泼的校园文化氛围，使广大学生在潜移默化中陶冶情操，增长知识，锻炼能力，提高素质。

### （三）德育为先是全面实施素质教育的首要任务

*1. 德育在素质教育中发挥着导向、动力和保证作用*

只有树立了远大的理想，学习才会有强大而持久的动力；只有树立了正确的人生观、价值观、世界观，大学生的科学文化素质和身体心理素质才能沿着正确的方向发展；只有具备了良好的道德品质，能正确处理好各种人际关系，大学生才能在学习、生活、工作中顺利前进。就一所高校而言，只有搞好德育工作，端正办学思想，形成良好的校风和学风，教学工作、学生管理工作和其他各方面的工作才能顺利开展。

*2. 德育到位是实施素质教育的重要标志*

近年来，各级教育行政部门和各级各类学校为加强和改进德育工作做了大量的工作。但在有些学校，德育工作并没有真正到位，除了社会环境发生变化的外部原因外，一个重要的原因就是"应试教育"，片面追求升学率严重冲击着德育工作。因此，德育工作能否到位、能否落实，是衡量"应试教育"和素质教育的一个重要标志。

### （四）新时代教育工作者如何"坚持德育为先，全面实施素质教育"

1. 充分发挥思想政治理论课主阵地的作用

思想政治理论是对学生进行马克思主义基本原理和中国特色社会主义创新理论教育的主阵地，是教育培养学生树立正确世界观、人生观和价值观的主渠道。因此，思想政治理论课要紧密结合国际国内发展的形势，用马克思主义中国化的最新成果，回答学生普遍关心的热点、难点问题，解除他们在思想上的困惑，激发他们的学习热情和主动性。教育工作者要不断改进思想政治理论课的教学方法和手段，开展讨论式教学，进行平等对话交流，尊重学生的主体地位和人格尊严，启发引导他们客观地认识和解决问题。另外，教育工作者要加强思想政治理论课的实践教学，组织学生参加社会服务、社会实践和社会调查，全面了解国情、民情和改革开放四十多年来我国取得的巨大成就，从而激发他们的爱国之情和报国之志，坚定走中国特色社会主义道路的决心和信心。

2. 充分发挥专业课的育人功能

专业课教学占据了学生大量的时间、精力和活动空间，而且每门专业课都蕴含育人内容和属性。因此，在各门专业课教学中，教师应该充分发掘教材中蕴含的思想政治教育的内涵，把育人科学而巧妙地贯穿于专业课教学之中，在传授知识的过程中潜移默化地实施思想政治教育，把知识育人和思想育人紧密结合起来，使教书育人经常化、制度化，并成为教师的自觉行动。

3. 充分发挥教师的表率作用

德育为先的教育理念不仅要体现在管理者、服务者身上，更重要的是要体现在专业课教师的身上。他们与学生接触的时间最多，也最直接、更容易掌握和了解学生的思想情感和心理状态。因此，教师的一言一行、一举一动，对学生都有深刻的潜移默化的影响，是其他任何一种方式所不能代替的。教师要起到表率作用，首先应爱岗敬业，关心和爱护学生，以学生为本，尊重他们的独立人格、自身价值和思想感情，并以耐心说服、示范引导、热情服务的方式，感化他们的心灵，激发他们的正义感，唤醒他们自我教育、自我管理、自我省悟的成才意识。新时代的教师要刻苦钻研、严谨治学，重视教学方法的改革与创新，在提高教学水平上下力气、练内功，给学生提供优质的教学服务，用严谨的治学态度和刻苦的钻研精神去激励和影响学生，用高尚的人格和师德去感化和熏陶学生。教师还要有良好的职业道德，不断加强师德修养。不仅要继承"学而不厌、诲人不倦、以身作则、为人师表"等优良师德传统，而且要在新的历史条件下，用社会主义核心价值体系和科学发展观着眼于教育人、引导人，以身立教，以德育人，用精湛的学术、高尚的品德，践行教师的神圣职责，努力做受学生爱戴、让人民满意的教师。

**（五）素质教育的新形式——融合式网络素养教育**

网络素养教育就是提升网络使用者网络素养的教育。2017 年，中共中央、国务院印发的《中长期青年发展规划（2016—2025 年）》中指出，要在青年群体中广泛开展网络素养教育，把互联网作为开展青年思想政治教育的重要阵地。大学生网络素养教育需要个人、家庭、社会、高校和政府多方协力、共同推进。调查显示，学校开设网络素养教育相关课程、教师使用多媒体的频率与学生的网络素养水平呈正相关。

1. 网络素养教育的课程方式

在国外的网络素养教育实践中有几种常见的课程方式。一种是以单独科目形式存在的独立式课程，比如，新加坡在中小学阶段就开设了网络素养教育课程，教导学生在网络中也要尊重自己和他人，要负责任地使用网络，注重网络安全。在澳大利亚，网络素养教育不仅是学生的必修课，还被立法纳入常规教育。另一种课程方式是将网络素养教育作为某一科目中的一个组成部分，比如，英国将网络素养教育作为媒介素养课程、媒介研究课程的一部分。还有一种就是最为普遍的融合式课程，即将网络素养教育的内容融入其他课程之中，比如，美国的中小学将网络素养教育的内容融入营养健康和消费类、人文和社会研究类、语言和传播艺术类、历史和公民素养类以及媒介类等课程中。

当前，我国的网络素养教育实践尚未全面普及。在课程方面，在中国高校 MOOC 上，已开设的和网络素养教育相关的独立式课程有国家精品课程"新媒体素养"和"信息素养通识教程"。据了解，目前仅有少数高校开设了网络素养教育相关的独立式课程，比如，清华大学新闻与传播学院开设了由美国访问学者主讲的"网络素养"课，复旦大学开设了公共选修课"新闻媒介与社会"，中山大学开设了"新媒体素养"课，中国计量大学开设了公共选修课"大学生网络素养"。教材方面，南昌大学、北京交通大学编写了《网络道德》等网络素养教育方面的书籍，其他已出版发行的相关教材和读本有《青少年网络素养大讲堂》和《青少年网络素养读本》等。一般而言，独立式课程拥有明确的课程目标、专业的师资、相应的教材和完整的课时，是一种较为理想的课程方式。但鉴于我国当前的网络素养教育仍在起步阶段，全国性的网络素养教育体系尚未形成，大学生网络素养教育存在偏活动化、单一化、偶尔化现象，不仅相关课程开设较少、专业教师缺乏，而且市场上相关教材也很少，教学相关实践可借鉴的案例几乎没有，所以目前要大范围普及大学生网络素养教育的独立式课程存在较大的难度。相较而言，将网络素养教育融入"大学生计算机基础""思想道德修养与法律基础"和"大学生心理健康教育"等公共课程中，在不改变原有公共课程设置的基础上增加网络素养教育的内容，这样的融合式课程具有较高的普及性和可操作性。

2.融合式网络素养教育

（1）将网络素养教育的技能知识模块融入"大学生计算机基础"课程

"大学生计算机基础"课主要讲授计算机和网络的基础知识和基本操作，让大学生了解信息处理技术和网络技术，掌握基本的网络使用技能，提高计算机应用能力，拓宽知识面。教师可以将网络素养教育的技能知识模块融入该门课程中。网络素养教育和"大学生计算机基础"课都涉及网络的基本知识和操作技能。"大学生计算机基础"课偏重于数据库、多媒体、程序设计、信息安全和网络方面的技术知识和操作应用，但是对与学生密切相关的自媒体认知和运用，以及如何预防网络攻击、进行网络防御等关注较少。具体而言，可以在"大学生计算机基础"课中增加以下几个方面的内容。

第一，网络信息的获取、理解和再创造。网络信息是对客观事实的多次加工和重新建构。教师可以从信息传播的角度教导大学生学习如何对网络信息进行采集、编辑和加工，如何设计和制作网页、规划网站、发布和维护网络信息。

第二，自媒体等新兴媒体的制作、传播和运营。自媒体是一种普通大众用以发布与分享信息的载体，如抖音、微博、微信等。据统计，当前我国的自媒体飞速发展，网络直播用户有 5.62 亿，短视频用户有 8.18 亿。总体而言，大学生更偏向于使用自媒体的休闲娱乐功能。教导大学生如何利用自媒体制作出有品质的产品、如何正确传播和运营自媒体产品，应成为"大学生计算机基础课"的教学重点。

第三，预防网络攻击、进行网络防御等信息安全技术。以加强大学生网络安全意识为例，教师可以开展"如何保护个人账号隐私""防范网上兼职中的诈骗套路""防范网络中与色情视频相关的诈骗"等主题教学，帮助大学生增强防范网络欺诈的意识，提升自我保护能力，进而主动思考如何为净化网络空间、传播网上正能量发挥作用。

（2）将网络素养教育的道德法律模块融入"思想道德修养与法律基础"课程

"思想道德修养与法律基础"是大学生的必修课，也是高校思想政治理论课的核心课程，其目标是提升大学生的思想道德品质和法治素养。网络素养教育中可以融入该门课程的内容比较多。比如在"领悟人生真谛，创造有价值的人生"这一部分的教学中，可以结合典型案例给大学生讲解如何利用网络提升自身修养和能力、创造社会价值；在"加强道德修养，锤炼道德品质"这一部分的教学中，可以引导大学生不仅要在现实生活中做一个有道德底线的好公民，还要在网络生活中恪守公民基本道德规范，做到文明守信、以诚待人。另外，可以结合"公共生活中的相关法律规范"和"网络生活中的道德要求"这些知识点，让大学生深刻理解网络世界不是法外之地，必须树立网络公德意识、严守网络秩序。要激发大学生自我教育、自我管理的意识和能力，始终把国家和公众利益放在首位，自觉做到文明上网、自律上网。要让大学生了解与网络相关的法律知识，增强法律意识，知晓网络生活中哪些行为属于违法行为及其后果，从而在网络中遵守规范、不踩红线，自觉抵制不健康的网络行为，并勇于举报网络中各种违法违规和犯罪的行为。在"树立正确的恋爱婚姻观"的教学中也可以融入网络素养教育的内容，引导大学生正确对待网络交往。教师可以针对时下流行的网恋现象展开主题讨论，辩证地看待网恋给大学生带来的正面影响和负面影响，教育大学生清醒理智地对待网恋。

（3）将网络素养教育的心理模块融入"大学生心理健康教育"课程

大学生心理健康教育旨在让大学生学习和了解心理健康相关知识，掌握和应用自我心理调节的技能和方法，提升自身心理健康水平。网络素养教育的心理模块可以融入该门课程中。当前，青少年沉迷于智能手机的情况非常普遍，调查显示，65%的青少年希望能约束自己的智能手机使用量。手机成瘾容易让部分大学生迷失自我，忽视人与人之间真情实感的交流，脱离现实生活和集体活动，过分依赖虚拟社交而抗拒现实生活和人际交往，导致他们出现对人冷漠、缺乏爱心、不善于与人沟通、情绪低落、性格孤僻、对学习丧失兴趣等问题，甚至出现社会适应性障碍和人格障碍。因此，在"大学生心理健康教育"课程中，要让大学生明白手机成瘾的表现、危害、解决办法以及预防措施，让大学生学会区分虚拟网络和现实生活的界限，不把网络当成避难所和娱乐场，合理使用网络资源，有效管理时间，平衡好学习和休闲娱乐的关系，正确面对挫折和困难，提升心理健康水平。

除了上述融合范例，网络素养教育还可以从更多方面进行拓展：①和专业课、职业生涯规划课、安全教育课以及其他思想政治理论课等进行融合；②配合融合式课程开展社团活动、素质拓展和社会实践等，弥补课堂教育的不足；

③选择部分有条件的综合性高校，将网络素养教育纳入通识课程，试点先行，逐步推广。

### 五、以德育为核心的高校班级建设

辅导员作为开展大学生思想政治教育工作的骨干，既是学生成长成才的人生导师，又是学生健康生活的知心朋友。辅导员的理念就是努力付出，坚持下去，站在学生的角度考虑问题，让学生感受到真诚，感受到尊重和理解，尽全力做好大学生健康成长的引路人。为实现高校不同阶段的育人目标，辅导员可以在班级建设中做以下几个方面的尝试。

#### （一）开好主题班会

班会的主角是学生而非辅导员，因此在班会中辅导员要成为倾听者、启发者和引导者。主题班会要结合班级整体和学生个人实际，围绕各学习阶段大学生成长与发展的要点，结合社会主义核心价值观，抓好班风、学风建设。学生可以讲自己的故事、找问题、找差距、定目标、定方向。班会的形式可以多样化，可以在户外或实践场所，也可以搞演讲、辩论、做游戏，不应当拘泥于教室。总之，辅导员要坚持做到以情动人，做好价值引领，在学生心中播下真善美的种子。

#### （二）充分利用网络

信息化时代，网络已经成为人们生活中不可或缺的一部分，人们利用网络获取信息、择业购物、娱乐消遣等。大学生喜欢接受新事物，他们喜欢在虚拟的空间获得关注和认同感，通过网络能充分发挥他们的个性与特长。但网络上鱼龙混杂，各种思潮纷繁复杂，大学生涉世未深，经常接触网络碎片化的浅阅读，很容易使其被不同或非主流的价值文化所迷惑和影响，而且容易沉迷于虚拟世界，迷失方向而无法自拔。

但是，网络也可以变为辅导员管理学生、进行思想政治教育的利器。辅导员可以借助网络优势，利用微信、微博等平台来启迪学生，掌握话语权，利用网络平台围绕习近平新时代中国特色社会主义思想、社会主义核心价值观等相关内容发布要闻时事、心灵鸡汤、人生感悟等。引导学生树立正确的世界观、人生观、价值观，理智对待网络，正视社会万象，学会辨是非、明事理。

#### （三）创新谈心谈话方式

当代大学生大多以自我为中心，外表张扬但内心敏感脆弱，个性独立但依赖性强，思维活跃但内心空虚，情感强烈但易情绪化。面对学业、情感、职业选择时，难免会产生疑惑、迷茫、彷徨、失落，这是正常的人生经历。因此，辅导员要随时关注学生的心理健康状况，运用好谈心谈话这个武器，引导学生及时摆正方向，缓解并释放压力。

传统的谈心谈话采用的是面对面交流的方式，可要保证每周和每位学生进行这种沟通还是很困难的，而且很多大学生不愿意袒露心扉。辅导员可采用下面的方式了解学生：建议学生每周进行一次反思，记录本周的所做所思所悟，不一定非常全面，围绕一点展开即可，写好后通过网络发给辅导员。学生每周都可以和辅导员通过文字交流，一方面方式灵活，节省了时间；另一方面辅导员可以及时了解每位学生的近况，时时给学生以鼓励鞭策，随时发现问题，及时解决问题。久而久之，便能真正走到每位学生的心里。

谈心谈话时辅导员要学会倾听，先让学生宣泄情绪，弄清楚学生为什么这么做，有针对性地给予教育和指导，而不能理所当然地将自己的想法和意愿强加给学生，那样只能取得适得其反的效果。

### （四）放手让学生自主管理

充分发挥学生干部的作用，每月至少召开一次班委会，班委会上辅导员带头进行批评与自我批评，汇报近期工作进展的同时，正视自身的不足，制定下一阶段的工作方案，相互督促提醒，不断提高工作能力、组织能力、协调能力、管理能力等，增强服务意识。

### （五）做好班级成长历程大事记

充分发挥全班学生的聪明智慧，用美文、视频、照片记录每次的班级活动，一次次学习生活中的趣事、一次次值得留念的小事、师生及生生间的情谊等，珍藏美好的回忆。比如记录值得纪念的军训瞬间、主题班会场景、社会实践活动细节、外出游玩画面、节日美好回忆、一张张灿烂的笑脸、一个个拼搏的身影等。这些美好的瞬间通过适当的平台进行发布，成为永久的记忆，随时让人收获感动。

总之，高校辅导员必须树立"以学生为本"的思想，把"一切为学生、为一切学生、为学生一切"作为工作的出发点，用心去经营，用爱去陪伴，做好大学生思想政治的教育者、大学生日常事务的管理者和大学生发展的指导者。

# 第三章 高校德育引导与学生管理工作创新的必要

德育是高校教育的灵魂，是培养社会主义合格建设者和可靠接班人的保证。然而，由于历史和现实的原因，当下高校德育的一些现状堪忧。站在新的历史起点上，探索德育创新实践，增强德育的针对性和实效性，是时代发展的必然要求，也是高等教育的神圣使命。本章分为高校德育引导的要求、高校德育引导在学生管理工作中的重要理念及手段、中西方高校德育的比较与启示，内容主要包括明确高校德育引导的要求、大胆改进和充实德育引导的内容、探索和突破高校德育引导的形式、探求创新高校德育引导的途径和方法、高校学生管理工作中立德树人理念的渗透、构建系统的高校德育课程体系来以课促德、建立以学生为中心的德育支持体系等。

## 第一节 高校德育引导的要求

### 一、明确高校德育引导的要求

#### （一）德育引导的基本原则

1. 导向性原则

导向性原则是指德育要有一定的理想性和方向性，以指导学生向正确的方向发展。导向性原则是德育的一条重要原则，因为大学生正处在道德品质迅速发展的关键时期，一方面他们的可塑性大，另一方面他们又年轻，缺乏社会经验与识别力，易受外界社会的影响。高校德育要坚持导向性原则，为大学生的道德品质健康发展指明方向。

贯彻导向性原则的基本要求：①坚定正确的政治方向；②德育目标必须符合新时期的方针、政策和总任务的要求；③要把德育的理想性和现实性结合起来。

2. 疏导原则

进行德育要循循善诱、以理服人,从提高学生认识入手,调动学生的主动性,使他们积极向上。

贯彻疏导原则的基本要求:①讲明道理,疏导思想;②因势利导,循循善诱;③以表扬激励为主,坚持正面教育。

3. 结合原则

进行德育要把对学生的思想和行为的严格要求与对他们个人的尊重和信赖结合起来,使教育者对学生的影响与要求易于转化为学生的道德品质。

贯彻尊重学生与严格要求学生相结合原则的基本要求:①爱护、尊重和信赖学生;②教育者对学生提出的要求要合理正确、明确具体、宽严适度;③教育者对学生提出的要求要认真执行。

4. 连贯性原则

进行德育应当有目的、有计划地把来自各方面的对学生的教育影响加以组织、调节,使其互相配合、协调一致、前后连贯地进行,以保障大学生的道德品质能按教育目的的要求发展。

贯彻教育的一致性与连贯性原则的基本要求:①要统一学校内部各方面的教育力量;②要统一社会各方面的教育影响;③要有计划、有系统地进行德育。

5. 因材施教原则

进行德育要从大学生的思想认识和道德品质发展的实际出发,根据他们的年龄特征和个性差异进行不同的教育,使每个大学生的道德品质都能得到最好的发展。

贯彻因材施教原则的基本要求:①针对学生的特征进行有区别的教学;②采取有效措施使有才能的学生得到充分的发展。

6. 因素原则

进行德育要调动学生自我教育的积极性,依靠和发扬他们自身的积极因素去克服他们品德上的消极因素,实现品德发展内部矛盾的转化。

贯彻发扬积极因素、克服消极因素原则的基本要求:①"一分为二"地看待学生;②长善救失,通过发扬优点来克服缺点;③引导学生自觉评价自己、提高自我修养。

## （二）德育的规范性要求的表现

### 1.德育目标上要体现出规范性的要求

德育目标是指一定社会所要培养的人在思想道德上的质量和规格的规定，也是对德育活动结果的具体要求，因此德育目标不可避免地要体现社会的规范性要求，它必然要体现社会对所培养的人在政治、思想、道德等方面的基本要求，并受到一定社会的思想文化传统和教育思想及教育传统的影响。在确定德育目标时，这种规范性要求主要体现在：第一，要考虑道德规范。也就是体现在当今社会基本行为方式和交往方式中稳定的、长期形成的行为规范和准则。第二，要考虑社会规范。也就是维护和发展一定社会、生活秩序所必需的制度、规范、准则。第三，要考虑民族和国家的特点。要从本国本民族的特点和利益出发，提出对公民的要求，确定德育目标。第四，要考虑科学技术发展提出的伦理道德要求。当代科技的发展和应用向某些传统的道德观念提出了挑战，如安乐死的问题、克隆人的问题等都需要伦理学给予回答。在确定德育目标时，这些要求都应有所体现。

### 2.德育内容上的阶级性和对社会基本道德规范的要求

学校德育的内容规定了德育所涉及的范围和性质，它是实现德育目标、完成德育任务的主要载体。离开了德育的内容，德育就无从谈起。纵观历史，可以看到，中外各国学校德育内容的确定归根结底是由一定社会的政治、经济制度决定的，它总是从不同的方面反映一定社会政治、经济制度的要求，学校德育的内容成为各个阶级用以培养本阶级需要的人才的重要载体。因此，德育内容的阶级性是一个不以人的意志为转移的客观存在，因为正如马克思主义所说的那样"道德始终是阶级的道德"。当下我们面对的是一个日益多元化的社会，必须承认，价值观的多样化是社会发展进步的表现，我们要允许多种价值观的存在，但还要控制多种价值观的冲突，这就要求在价值导向上坚持一元性，在高校德育中要坚持社会主导价值观的引导和教育。同时，笔者以为，在德育内容的确立上还应当改变以往"理想泛滥、规则贫乏"的局面，将社会基本道德规范作为德育的核心内容。社会基本道德规范是指社会生活中最简单、最起码的公共生活准则，也就是做人的基本道理，如尊重社会公德、遵守社会公共秩序、良好的个性品质（如善良、正直、同情心……）等，它们是社会生活所提出的最基本的底线的要求，是德性培养的基础。

### 3.德育手段上要体现出一定的规范性，符合科学的规律

当强调主体性德育的同时，我们也必须看到，只有符合一定规律的规范性的手段才能实现这个目的。大学生处于青春期后期，正是心理急剧发展的动荡时期，他们的认知、抽象思维能力处于发展的最高峰，但情感发展却极不稳定，忽而高峰，忽而低谷，具有较大的两极性和可塑性。在急剧变革的社会生活面前，学生心理发展的不成熟性表现得更加突出，如在情感上缺乏控制能力，在生活上缺乏自理能力，在心理上缺乏调适能力，在行为上缺乏自主能力，这种不完善的心理素质使得大学生极易受到社会环境的影响，道德认识出现偏差，道德情感、道德意志缺乏应有的定向作用和调控能力，道德行为易变、无序。有学者指出："相当数量的社会成员（18岁以上）在关于人的自由和权利问题上，都还没有明确地属于自己的深刻认识和稳定观念，容易产生基于盲从基础上的非理性个人崇拜思潮和趋众冲动。在某种非理性社会思潮盛行的时候，就很容易成为某种社会思潮的工具。"主动性、创造性是大学生的个性特征，受动性、盲目性、依附性同样也是大学生个性素质的一个组成部分。高校德育绝不能无视学生身心发展的规律而采取没有任何规范的完全自由放任的德育教学手段。

总之，德育的本质是造就道德主体，所以，主体性的培养应该是德育的最终追求。当前，由于受传统的影响，高校德育忽视主体性的弊端仍然存在，在这样的情况下，强调主体性是非常必要的，但矫枉不能过正，对主体性的弘扬决不能成为排斥德育的规范性的理由。道德的本质中规范性的特点、德育无法回避的社会性功能都说明在强调德育主体性的同时，我们也必须注重德育的规范性问题，只有把主体性和规范性有机统一起来的高校德育才能培养出真正符合社会需要的道德主体。

## 二、大胆改进和充实高校德育引导的内容

### （一）高校德育内容的发展现状

高校的德育内容是党、国家和社会对大学生思想道德、科学文化、意志品质等素质要求的载体。具体而言，高校德育的内容主要包含政治观、道德观、法制观、人生观、价值观等。改革开放前，高校德育的内容主要是突出政治意识教育。改革开放以后，高校德育内容的领域有所拓宽，增加了人生观、价值观、法制观的教育。可见，高校一般是根据社会发展和时代的需要来安排、调整德育内容的，但这些内容究竟能在多大程度上满足大学生的心理需求和实际需要呢？通过调查研究可知，当代大学生所需要的德育内容主要是思想品质、道德

观、人生观、价值观的教育，但目前这些教育缺乏深度，效果还不尽如人意。这一方面表明当代大学生的需要在很大程度上受到社会与时代潮流的影响和制约，如思想品质、人生观、价值观的教育既是时代的要求，又是学生的需要；另一方面又表明道德教育是高校德育内容的永恒主题，是任何时候都不可忽视的。这就给我们一种启示：高校德育内容的设置既要充分体现党和国家的要求，又要根据社会和时代发展的需要，还要满足大学生的精神需求和实际需要。近年来，高校的德育工作虽然取得了可喜的成绩，但德育工作者的德育投入与效果之间仍有明显反差，这一直是时时困扰着高校领导和德育工作者的难题。出现这种难题的因素较多，情况也较复杂。就高校本身而言，德育内容与新形势发展的需要和当代大学生的特点不相适应是重要的原因之一，应当引起我们的高度重视。

### （二）高校德育内容与新形势发展的不适应性

高校德育内容与新形势发展的不适应性主要有如下几个方面的表现：①空洞、枯燥，即抽象、笼统、共性化、形式化的要求多，不具体、直观，欠生动，缺乏针对性和实践性，难以操作。②狭窄、覆盖面有限，即许多体现市场经济的要求、21世纪社会发展需要的内容和当代大学生思想、心理发展需要以及对大学生目前和今后有具体指导意义的知识未纳入德育内容体系中。③无序、主观随意性大，即尚未形成集科学性、规范性、系统性为一体的相对稳定的德育内容体系。④相互倒挂，即有些应在小学、中学阶段重点进行的内容，如行为规范、基础文明教育等，却在高校德育教材中占相当大的比重，而应在高校德育教材中重点讲授的内容，如政治观、党的基本路线教育等，却在中小学阶段随处可见。⑤简单重复、更新不够，即政治理论课、思想教育课的有些内容与中学雷同，多次重复，无新鲜感。⑥观点老化、知识陈旧，即一些内容不敢突破已经不适用的传统观念，结果造成理论滞后于实践，对一些热点、疑点和难点问题做不出应有的回答，缺乏说服力和实效性。

高校现行的德育内容将对若干年后国家的面貌产生极其重大的影响。而改进和充实高校的德育内容，则是提高德育实效和强化国家健康面貌的关键举措之一。我们要努力克服弊端，进一步转变德育功能观，从狭隘、片面的德育功能观的束缚中解放出来，理顺思路，一切从实际出发，将党和国家的要求、新时代的需要、大学生的精神需求结合起来考虑，依据高校德育的目标、规格和大学生思想道德发展变化的规律，在克服弊端的基础上构建德育内容的科学体系，从不同年级和不同层次科学规划各阶段的具体内容。在具体选择、确定、改进、充实德育内容时，应遵循下列四个原则。

1. 坚持把坚定正确的政治方向摆在首位的原则

当代大学生文化层次高，思想敏锐，他们的政治态度如何直接关系到党和国家的前途和命运。事实已经证明，一个大学生如果没有明确的理想和信念，没有正确的政治方向，就很难掌握本领，也不能用学到的本领为祖国、社会和人民很好地服务。我们应理直气壮、坚定不移、持之以恒地宣传马列主义、毛泽东思想、邓小平理论、"三个代表"重要思想、科学发展观和习近平新时代中国特色社会主义思想等党的路线、方针、政策，帮助大学生树立坚定正确的政治方向，指导他们逐步学会运用辩证唯物主义和历史唯物主义的立场、观点、方法，分析、评价现实社会中的政治、经济、文化、道德现象，使他们能承受各种社会思潮、观念的撞击，经受住各种考验，适应市场经济的需要，立场坚定，旗帜鲜明，做献身于中国特色社会主义事业的建设者和可靠接班人。

2. 突出解决实际问题

实际问题是大学生共同关心的问题，把实际问题作为重要的德育内容之一，并使之具备切实解决的可行性，促使德育理论与实际进一步紧密结合，做好释疑解惑工作，这对于提高高校德育工作的时效性非常重要。

3. 重点强化"做人"教育的原则

只有使大学生懂得做一个什么样的人和学会如何做人，他们才能成长为新一代爱国、报国的堂堂正正的中国人，继而才能成长为有理想、有道德、有文化、有纪律的社会主义现代化建设的栋梁之材。

4. 坚持既要相对稳定又要不断发展创新的原则

德育活动是塑造青年大学生心灵的工作，它在内容上不仅需要相对稳定，而且需要根据大学生的特点和社会的发展变化不断创新，要有较大的时空跨度，要能及时回答不断出现的新问题，要适应当前深化改革、扩大开放和加快社会主义现代化建设步伐的新形势的要求。

### 三、探索和突破高校德育引导的形式

#### （一）在高校德育工作中要注意舆论引导的现实要求

高校德育工作的舆论引导机制是德育运行机制中的重要环节。高校历来是社会上各种思潮斗争的晴雨表。在这块舆论阵地上，不以正确的、先进的、新鲜的舆论去占领，就会被错误的、落后的、腐朽的舆论占领。我们必须重视舆论引导在高校德育工作中的重要作用。

舆论对高校德育引导的总体要求是要坚持社会主义办学方向，坚持社会主义道德准则，坚持社会主义人才标准，主要包括以下几个方面的内容。

### 1. 把握引导原则

高校德育工作舆论引导的运行机制要特别注意把握以下四项基本原则：①舆论引导的真实性原则。真实性是各种舆论的生命所在，力量所在。在道德类的新闻舆论中，应坚决严格地反对"新闻策划"，反对不认真调查的道听途说。我们要以真心求真实，以真实取真导，以真导扬真德，以真德育真才，以真才展伟业——实现中华民族的伟大复兴。②舆论引导的主流性原则。在高校德育工作的舆论引导中，德育工作者也必须注意看到事物发展的主要倾向、主流方面，要注意一分为二地分析德育工作的主流与支流、德育对象的主流与支流。③舆论引导的有党性原则。有党性原则是相对于无党性原则而言的，就是通常我们所讲的党性原则。社会主义高校德育工作的舆论引导过程是一点也不能离开党性原则的。④舆论引导的民主性原则。高校德育工作的舆论引导虽有其党性原则的要求，但也有民主性原则的要求。在共产党领导的社会主义高校中，舆论引导的有党性原则和民主性原则也是统一的。

### 2. 注意理论宣传

在高校德育工作舆论引导的运行机制中，理论的宣传、理论的教育、理论的武装是非常重要的。我们知道，道德观的背后是人们的世界观、人生观和价值观。引导大学生确立正确的道德观念，就要注意理论的宣传、教育和学习，促进青年大学生学会运用马克思主义的立场、观点、方法去观察、分析、处理自己和他人的以至社会的各种道德问题和道德现象，从而使大学生更加坚定社会主义信念，树立全心全意为人民服务的道德思想。理论宣传在舆论工作中有很强的意识形态性质，它左右着舆论的政治方向，因而也代表着一段时期内社会道德建设与高校德育工作的方向和重点。

### 3. 加强正面导向

无论是在社会上还是在高校中，舆论的正面导向都是应该加强的。正面导向，主要是多多宣传历史上的新时期的各类先进典型的先进事迹、优秀思想、高尚情操。让先进典型的事迹都上升为一种精神，诸如雷锋精神、铁人精神、徐虎精神等。这些典型人物的精神都充分地展示了社会主义道德的巨大力量，是为人民服务和集体主义精神的生动体现，已经和正在为社会主义市场经济条件下的道德建设注入新的活力、开拓新的空间。舆论引导机制必须加强正面导向，以取得更多的正效应。

4. 净化舆论环境

在日常的生活中，错误的舆论往往会造成人们的思想混乱，甚至会使人们误入歧途。因此，我们务必注意不断清除各种精神垃圾，净化国内舆论环境。这既是全社会应该关注的问题，更是各高校必须关注的问题，各高校要把好关、定好向，以使校园小环境得以全面治理，营造健康向上、积极进取的氛围。

**（二）将共享意识纳入高校德育的重要内容中**

共享意识是指一种愿意将物品或信息的使用权或知情权与他人共同拥有的意愿者所拥有的意识。当今，无论是从个人的社会化角度，还是从社会的良好发展角度，共享意识的培育都非常重要。同时，高校是个人社会化的重要场所和道德教育的重要机构，将共享意识纳入高校德育内容中，重视高校共享意识的培育，具有非常重要的意义。

1. 高校共享意识培育是对培育人的基本道德品质的要求

由于个体的社会性，个体的生存与发展离不开他人，这自然导致合格的社会成员必须具备共享的道德意识。同时，共享的道德意识的培育具有长期性，这就要求重视个体在各个德育阶段的共享意识培育，自然，重视高校德育中的共享意识培育也就顺理成章了。个体的存在具有社会性，这一特性决定了共享是每个合格的社会成员所必须具备的基本道德品质。"我们越往前追溯，个人，从而也是进行生产的个人，就越表现为不独立，从属于一个较大的整体……人是最名副其实的政治动物，不仅是一种合群动物，而且是只有在社会中才能独立存在的动物。孤立的一个人在社会之外进行生产——这是罕见的事，在已经内在地具有社会力量的文明人偶然落到荒野时，可能会发生这种事情——就像许多个不在一起生活和彼此交谈而竟有语言发展一样，是不可思议的。"正如马克思所强调的，人是一种社会性存在，个人的生存与发展离不开社会其他成员，正是在与其他社会成员的互动和交往过程中，个体形成了自身的"存在感"，也正是这种社会性的特质使个人认识到其他社会成员的不可或缺性，明白了在个人之上还有一个社会其他成员组成的整体。由于人的存在的社会性使得个人的"自我"与"他者"处于一个利益共同体，人们也逐渐明白必须尊重与承认他人的利益，即必须具有共享意识。如果只是一味强调自我利益而忽视他人或集体，妨碍个体之外的良好社会环境的形成，最终将使个人存在与发展受限，因此共享自然成为合格的社会成员所必须具备的基本道德品质。

道德品质的形成过程实质上是外在社会要求内化的过程，这体现了德育的必要性。正如涂尔干所说："有一种社会体系似乎必然会把这些社会利益带给个体的心灵，迫使个体尊重它们，这种体系就是道德纪律……只有这样，才不会破坏他本人也参与构成的社会。"包括共享意识在内的道德品质的形成，对于个体来说，并不可能是先天所具备的内在品质，而是个体在社会化过程中，通过自我认知和接受道德教育，将外在的道德要求（纪律）内化的结果，由此也凸显了德育的重要性。

高校德育是人的长期性德育过程中的重要阶段，高校德育必须重视共享意识的培育。在人的发展及趋向于完善的过程中，德育是使人融入集体、社会的必要条件，是成为一名合格的社会人不可或缺的方式和途径。正因为如此，我们从小到大都会受到来自家庭、学校和社会各方面的包括家庭美德、个人品德、社会公德、职业道德等各种内容的德育熏陶。可以说，德育伴随人的一生，具有终生性的特性。从共享意识的德育过程来看，我们不难发现，在个体婴幼儿时期，学前教育阶段或小学低年级阶段，当儿童刚刚学会认知并区分"我"与"他"时，学校或家庭会比较重视共享意识的教育，重视培育儿童学会共享的理念及相关行为的培训。但随着个体的逐渐成长，在学校、家庭、社会中，有意识的共享意识的培育大幅减少，尤其是作为正式教育机构的高校教育中，长期以来也缺乏相关的道德教育内容。正如西方道德教育中价值澄清学派的代表人物拉思斯所说："不同的经验会导致不同的价值观，而任何个人的价值观将随其经验的积累和改变而更改"。个体的经验认识会严重影响到个体的价值观，不难想象，如果缺乏成人阶段的共享意识培育，仅仅依靠婴幼时期的教育，在处于一个新的人生阶段、知识背景、时代特征等条件下，去认知与体会早年接受的共享意识时，个体对共享意识的认同很有可能受到冲击。因此，重视高校德育过程中的共享意识内容既符合道德教育长期性与持续性的规律，也符合培育公民基本道德品质的要求。

2. 高校共享意识培育是对社会主义本质要求的应对

当前，中国是社会主义国家，与资本主义社会相比，社会主义社会具有使其成员共享社会发展成果与社会财富的内在要求，因此不同于资本主义社会，社会主义社会的内在要求便包含着对共享意识的追求和对共享意识培育的重视。资本主义社会取代封建社会后一段时间内促进了社会生产力的发展，造就了大量的社会财富，但与此同时，生产资料的私人占有导致了资产阶级与雇佣劳动者在财富占有比例上的严重不均。

马克思就曾对资本主义缺乏共享精神的制度进行了批判。他认为在这种非共享制度下，资产者把无产者不是看作人，而是看作创造财富的力量，资产者还可以把这种力量同其他的生产力——牲畜、机器——进行比较，这是一种对人贬低的制度，并且由于这种建立在私有制基础上的社会矛盾不可调和，最终必然导致更加平等的新社会形态的出现。在《共产党宣言》中，马克思、恩格斯第一次向全世界具体描绘了后资本主义社会——共产主义社会形态："代替那存在着阶级和阶级对立的资产阶级旧社会的将是这样一个联合体，在那里，每个人的自由发展是一切人自由发展的条件"。这里马克思、恩格斯所说的"每个人的自由发展"主要是指人的各种能力和潜能充分发挥，人的多样性需求不断得到满足，人的社会关系日益丰富，人与自然和谐共生，人的自由个性充分发展。在马克思等人看来，未来新的社会形态就是在"自由人"的全面与自由的发展中，实现个人与他人之间、个人与社会之间、个人与自然之间的和谐共生，共享发展的成果，而这本质上正是一种共享社会，所以马克思、恩格斯早就强调了后资本主义社会形态的重要特征，就是共享意识的真正实现。

中国共产党是在马克思主义思想的指导下领导中国人民建成了社会主义社会，因此当前社会主义中国在本质上也是强调共享意识的，在 20 世纪 80 年代我国改革开放初期，为通过调动劳动者积极性而实现经济发展，执行了允许一部分人先富裕起来的政策，当时邓小平同志就提醒到，"社会主义财富属于人民，社会主义的致富是全民共同致富。社会主义原则，第一是发展生产，第二是共同致富"。共同致富正是共享精神的体现，由此不难看出，改革开放初期党和国家领导人在发展经济的同时，仍然注重强调社会主义的共享理念。20 世纪 90 年代初，邓小平进一步强调"社会主义不是少数人富起来、大多数人穷，不是那个样子。社会主义最大的优越性就是共同富裕，这是体现社会主义本质的一个东西"。邓小平在 1992 年南方谈话中明确指出："社会主义本质，是解放生产力，发展生产力，消灭剥削，消除两极分化，最终达到共同富裕。"这明确地从社会主义本质的角度界定了"共同富裕"，从事实上肯定了社会主义本质与共享精神的必然联系，凸显了共享是社会主义的本质体现。

当中国的发展进入 21 世纪，社会主义改革开放进入攻坚克难的时期，社会主义社会共享的本质精神仍然得到充分体现。在 21 世纪的第一个 10 年中，党的十六届六中全会《关于构建社会主义和谐社会若干重大问题的决定》中就指出："我们要构建的社会主义和谐社会，是在中国特色社会主义道路上，中国共产党领导全体人民共同建设、共同享有的和谐社会。"和谐社会的"共建共享"正体现了社会主义共享的本质要求。当我国的改革进入以习近平同志为核心的新一届领导集体时代，党的十八届三中全会通过的《中共中央关于全面深化改革若干重大问题的决定》也强调："必须健全体制机制，形成以工促农、以城带乡、工农互惠、城乡一体的新型工农城乡关系，让广大农民平等参与现代化进程、共同分享现代化成果"，必须"实现发展成果更多更公平惠及全体人民。"

综上所述，不管是从马克思、恩格斯等人的早期理论，还是中国共产党在社会主义现实建设中的认知与政策制定里，都强调了社会主义社会的本质就是共享发展的社会，也就是说，共享既体现了社会主义本质特征，又是社会主义的本质要求。高校是为社会主义中国培育合格的接班人的重要场所，高校的教育必须瞄准社会主义的本质要求。因此，重视高校德育工作，将共享意识的培育纳入高校德育的内容，也自然是高校教育应对社会主义本质要求的必然之举。

3. 高校共享意识培育是对完善当前经济发展形态的回应

近年来，在社会主义市场经济体制下，共享经济在中国的兴起与发展，不仅带来中国经济新的增长点，改变着人们的生产生活方式，共享经济也对人们提出了更高的共享意识，因此将共享意识纳入当前高校德育内容，正是对完善共享经济这一新事物的回应。

在西方发达国家，随着资源浪费的趋势和社会消费的不公平现象越来越严重，再加上社会发展的停滞和经济的低迷，人们开始寻求一种新的经济运行和消费方式。于是以互联网与智能手机等领域的技术发展为依托，以协同共享为理念的"共享经济"（Share Economy，也被称为协同消费）应运而生。简而言之，共享经济通常是指人们利用互联网平台有偿公平地共享物力人力等社会资源，彼此以不同的方式付出和受益，从而共同享受经济红利的一种商业模式。受共享经济全球盛行影响，我国共享经济的发展也初具规模，并深深地影响到许多个体的日常生活。国内已在交通、房屋、饮食、服饰、金融服务等诸多方面形成了多家共享网络公司，"滴滴出行""小猪短租"大家已不陌生；"共享单车"更是为公众所熟悉，甚至改变了许多人的出行方式，而P2P融资服务也曾爆发增长。总之，共享经济正在中国兴起与快速发展。

共享经济的运行包含着一种对共享意识的诉求，甚至可以说共享意识是共享经济顺利运行的前提条件。共享经济三个最基本特征分别是，以现代传媒为主要的信息平台、以物品的重复交易和高效利用为表现形式、以闲置资源使用权的暂时性转移为本质。不难看出，上述三个特点分别从平台构建、表现形式、实质内容等角度或明或暗地包含着共享理念，因此共享经济的核心理念就是"共享"，共享经济涉及的人员必须拥有诸如"我的就是我们的""我的就是你的""我帮助你，别人帮助我"等蕴含着共享原则的朴素理念，如果社会成员中没有浓厚的共享意识，共享经济的发展很容易陷入困境。

共享经济发展又离不开市场经济的大环境，而市场经济本身并不是一个对共享意识理念的产生与盛行有利的环境。市场经济追求的是在投入等量活动条件下能够获得最大量的产出，因而效率便是经济活动的最高准则，"效率就是生命""时间就是金钱"之类的口号不绝于耳。但效率作为经济活动的最高准则时，其本身又包含了两个层面的内容：一是从个体或小团体角度看的效率，另一个是从公共角度看的效率。这两个层面的效率往往并不相同。诚然，有些行为无论从个体角度看还是从公共角度看，都是有效率、有价值的，但也有许多行为只有从特定的角度看才是有效率、有价值的。如假冒伪劣、搭便车等行为，从个体的角度看是有效率和有价值的，但从社会或公共角度看，则完全是负价值。所以在市场经济条件下，以效率为活动的最高准则有可能产生道德风险与个体主义至上的价值标准。与此同时，市场经济又是以分工和专业化为前提的，分工与重视个体的私人利益使得人们在促进生产力提高的同时，将私人利益与社会生产紧密结合，正如马克思所说："私人利益本身已经是社会所决定的利益，而且只有在社会所创造的条件下并使用社会的手段，才能达到；也就是说，私人利益是与这些条件的再生产相联系的"，生产中私人利益凸显，最终导致生产不知不觉出现了这样一幅图景——"每个人追求自己的私人利益，而且仅仅是自己的私人利益"。总之，原本的生产活动中效率作为最高准则，容易产生个体主义意识盛行的风险，再加上生产中私人利益的凸显，最终使得市场经济下的行为往往是在个体意识考量下产生的行为，这会对社会领域中共享意识的存在与发展产生巨大冲击。

因此，共享经济发展对共享意识的需求与市场经济下盛行的个体主义意识，形成了一对矛盾，并且这对矛盾如果得不到切实的解决，必将严重影响到共享经济自身的发展。如在共享单车运营中，乱停乱放、乱占道、单车上加装私人锁具、故意损毁或破坏单车等现象频频发生。这些不良现象的出现看似是管理上的漏洞或不足，但在更深层次上，正是共享意识的需求和个体主义意识盛行这对矛盾的现实体现。也就是说，市场经济体制下共享经济的发展必然产生内在的意识需求与意识现状间的矛盾。这也表明，要提升当前社会中共享意识的氛围以促进共享经济的发展，还必须重视共享意识的培育。共享经济作为新生事物，其运营与网络紧密结合，所以其参与者和涉及的消费群体以年轻人为主，因缺乏共享意识，在共享经济运营中产生一些不良行为的也基本是年轻人，因此加强对年轻人的共享意识的培育，成为当前促进共享经济健康发展的重要条件。高校德育针对的群体正是年轻人，且高校德育又是年轻人形成良好共享意识的重要方式和有效手段，所以加强高校德育中共享意识的培育，是促进共享经济健康发展的必然选择，也是对当前经济发展新形态的及时回应。

总而言之，高校是年轻人经历社会化过程的重要场所，更是对年轻人进行德育的主阵地，高校德育工作至关重要。不管是培育合格的社会公民，或是应对社会主义本质要求，还是适应当前经济发展中共享经济发展的需求，都必须重视共享意识的培育，将其纳入高校德育内容中，以应对现实的需求与变化。

### （三）高校德育工作应增加"孝亲"内容

教育的目的在于塑造人、培养人，使学生成为拥有较高知识水平、健全人格和创新能力的合格人才。由此，知识的教育和人文素质的教育应放在同等重要的位置。高校德育工作是高等院校推进大学生人文素质教育的阵地，其重要性不言而喻。然而目前在中国的许多高等院校中，德育工作没有取得理想的成效。要改变这种状况，必须转向大学生的实际，因此我们认为德育工作应增加"孝亲"内容，着眼于父母子女这种最亲密的关系，从"孝亲"入手培养大学生的责任和义务意识，促进其整体素质的提高。

中国是一个伦理型社会，"孝"在中国人心中占据着重要地位，我们提出要在高等院校中增设"孝亲"教育，主要是针对目前中国高等教育中出现的德育偏差和大学生自身的状况而言的。为了更好地开展"孝亲"教育，提高德育工作的成效，我们在对传统孝道梳理的基础上提出现代"孝亲"意识的要求，并倡导我们的高等院校借助一定的方式督促大学生把现代"孝亲"意识落实到行动中。

#### 1."孝亲"教育的提出

大学生的现状要求我们要进行"孝亲"教育。"孝亲"教育的提出源于中国大学生的现状，目前，中国高等院校的教育对象大多为"00后"，又绝大部分是独生子女。他们自小生活在四加一甚至六加一的家庭环境中，即父母、祖父母、外祖父母以他们为中心的圈子中，使得他们在"溺爱"中成长，由此导致了他们"单边责任和义务"的意识和心理，即只有父母对他们的"责任和义务"，而没有他们对父母的"责任和义务"的意识；他们又大都受现代文化媒体的影响，"自我意识"较为强烈，强调个性与自我，由此所形成的后果就是"自我中心"意识和心理。在这种意识和心理状态下，与父母在"亲情"方面就出现"隔离"状态，一旦父母不能满足他们某些方面要求，就会从"自我"出发，与父母对抗，产生很多极端的状况。而在通常情况下，则表现为三个方面：①因要求不能满足而"埋怨"父母。在他们的生活环境中，通常是四个大人甚至六个大人围绕其一人,对他们提出的要求基本上是有求必应,特别是在物质上给予了极大的满足。父母及亲人的这种做法一方面是缘于生活水平的提高,使得家庭有能力满足子女的要求;另一方面则是很多父母、祖父母辈对孩子非常溺爱,认为无论如何不能苦了孩子,更不能让自己的孩子输给别人。我们的学生在这种家庭环境中成长,习惯于提出要求并得到满足,养成了"单边责任和义务"的意识和心理。随着年龄的增长、视野的拓宽,其要求也必然越来越高,当家庭不能满足其要求时,他们心理上就会很难接受,进而对父母心生埋怨,认为父母没有尽到责任。如有的学生进入高校之前就要求父母为其购买手机、电脑及一些电子产品,当父母不能或者不愿满足其要求时就心生不满,与父母产生矛盾。②只从"自我"出发而不体谅父母的感受。当代大学生通常以自我为中心,遇事强调自我的感受,忽视或者很少考虑到父母的感受。当他们和父母发生矛盾摩擦时,往往会认为父母不能理解自己,父母思想陈旧,自己无法而且不愿与其沟通。这使得父母担心、忧惧,不知如何与子女沟通,有些父母为了了解子女的思想动态,采用一些非正常手段,如偷窥子女日记、偷听子女电话、查看子女上网记录等。这种情况一旦被子女发现又会使父母子女间的矛盾升级,摩擦加剧,父母子女皆陷入痛苦的境地:父母为不能深入子女的内心领地而痛苦,子女为自我受到侵犯而痛苦。此种结果固然有代沟的影响、有父母处理方式的影响,但很大程度上和我们的大学生过于注重自我的感受、强调自我意识,不能站在父母的立场上换位思考不无关系。③很少考虑父母的"难处"。由于上述两方面的原因,即在家庭中养成"单边责任和义务"的意识和心理以及强调自我的感受,导致一些大学生的要求不能满足或者与父母发生矛盾争执时,很少考虑到父母的情况,一味地认为父母有责任有义务为子女奉献,父母之所以没有满足自己的要求是不肯尽力、太"自私"或者没本事,有的学生甚至因此埋怨父母、轻视父母。所以才会有一时找不到工作的高校毕业生要求父母给予生活费,得不到满足便将父母告上法庭的事例。

针对以上情况,我们发现要解决学生的"自我中心"问题,"孝亲"教育就成了不可或缺的内容。同时,德育中孝亲教育的缺位也要求我们及时引进孝亲教育。

2. 德育过程中出现的偏差要求我们要引进"孝亲"教育

现在的德育中亦有"责任和义务"的内容,但主要集中在对社会、国家应尽的责任和义务方面,在道德层面来说,离学生实际较远,易于成为抽象的教条,很难成为学生的"自觉意识"。而从"孝亲"入手培养学生的"责任和义务"

意识会取得较好的效果：①"孝亲"意识贴近学生实际，易于引起学生的"共鸣"。两代人之间的摩擦和矛盾对父母和子女都造成了很大困扰，大学生虽然强调"自我意识"，但也希望有一个和谐融洽的家庭，能享受到可贵的亲情。因此，"孝道"教育容易引起学生情感上的响应。②易于通过实践改善学生与父母的"紧张"关系，产生对社会的"责任和义务"意识。我们在课堂上曾向学生发放一份调查问卷，主要涉及父母的生日、父母的喜好、作为子女为父母做过什么等问题，调查下来许多学生面带愧色，意识到自己没有很好地去了解父母、关心父母。教师再加以引导，能够有效地树立起学生对父母家庭的责任感，并进而扩充到对社会、对国家的责任感。古代的由"孝"而"忠"即此意。③学生易于接受"孝亲"教育。"孝"是中国的传统观念，至今仍在人们的心目中占有重要位置，虽然大学生强调自我，但由于受传统观念的影响，内心深处仍然认为孝敬父母理所应当。当我们说某个学生缺少社会责任感时，他可能并不在乎，如说他"不孝"，就会有强烈反应。从这个意义上说，"孝亲"教育不仅能培养学生对父母的亲情，对父母承担"责任和义务"，从而营造和谐家庭氛围，同时也是培养学生担当社会"责任和义务"的重要手段，是德育的重要补充。

当然德育涵盖的内容非常广泛，"孝亲"教育仅仅是整个德育的一种手段、环节或补充，不能取而代之。

### 3.孝亲的古今内涵

"孝道"是中国传统道德的核心，对于家庭的和谐、社会的稳定起着积极作用，对国人的影响较大。中国传统孝道的内涵主要集中于三个方面：能养、无违、传宗接代。

（1）"能养"

能养即物质赡养，这是传统孝道的基本要求。《孝经》中说"谨身节用，以养父母，此庶人之孝也。"即作为子女要尽己所能满足父母在物质生活方面的需要，让父母衣食无忧。《孝经》还进一步阐释人们赡养父母是"天之经也，地之义也，民之行也"。中国古代典籍中同时还强调侍奉父母要"敬"，但却被世人忽略，对此现象孔子提出批评："今之孝者，是谓能养。至于犬马，皆能有养。不敬，何以别乎！"指出对待父母要恭敬，但也同时反映出当时的人们对孝的理解更多地停留在了物质供养的层面上，所以孔子才会有"今之孝者，是谓能养"的感慨。

（2）"无违"

孟懿子曾问孝于孔子，孔子答曰"无违"，并进一步向他的学生樊迟解释：

"生，事之以礼；死，葬之以礼，祭之以礼。"可见，"无违"首先包含侍奉父母要以孝为本、以礼为节，父母在时要依礼奉养，父母去世要依礼而葬、依礼而祭；其次"无违"还含有听从父母之命，不能违背之意，如《论语》中记载："子曰：'父在观其志，父没观其行，三年无改于父之道，可谓孝矣。'"这里孔子对子女应秉承的父母之命给出了一个标准，即要"合于道"。对父母不合于道的言行要委婉地劝谏，"见志不从，又敬不违，劳而不怨"。但在后来的发展中统治者为了愚化百姓，巩固统治，强调子女对父母的绝对顺从，进而强调臣民对君主的绝对忠诚。

（3）传宗接代

孟子曰："不孝有三，无后为大。"东汉赵岐在《孟子章句》中将其解释为"于礼有不孝者三事，谓阿意曲从，陷亲不义，一不孝也；家贫亲老，不为禄仕，二不孝也；不娶无子，绝先祖祀，三不孝也。"可见，在古人心中，不能传宗接代、延续香火为大不孝，为人子女者必须保证香火的传续，自己如没有儿子，可以采取"过继"的方式延续香火。

从传统孝道的内容可以看出，中国的传统孝道有很大的局限性，它束缚了人的个性发展与自由，甚至在某种程度上成为封建统治者维护其权力的精神武器。当然，传统孝道也有其积极的一面，它强调个人对家族、对社会、对国家的责任意识，这对家庭的和谐、对社会的稳定和国家的发展都有着很大的作用。因此，发展现代孝亲意识就需要对中国传统孝道有破除，有弘扬，有发展。

4. 现代"孝亲"意识的内涵

现在所说的"孝亲"与传统孝道在精神上有相通之处，在内容上有原则区别。所谓在精神上有相通之处，主要是指子女对父母和家庭应尽"责任和义务"，进而担当社会的"责任和义务"，即古代所说的"在家孝"，才有"为国忠"，这是古今都强调的精神，但在内容上是不同的。古代是小农社会，因此有了根植于农耕社会的传统"孝道"；今天的社会是公民社会，经济上的"能养"，已不再是主要问题，传宗接代也已逐渐淡出人们的思想。

现代社会更注重以亲情为依托，树立新型的现代"孝亲"意识，其内容如下：一是子女对父母应尽的责任、义务，主要是精神上的抚慰。子女对父母的责任和义务是古今都强调的内容，但在现代社会，由于经济的发展，国家财富的累积，社会保障体系的逐步发展、完善，物质上的养老将逐渐由社会承担。在此前提下，子女对父母的责任更多地表现为精神上的关心照顾。人到老年，在思想上经过积淀，逐步走向成熟，但在心理上则是最脆弱的时候，此时比衣食住行等物质需求更重要的就是精神上的安慰和愉悦。因此，孝敬父母就要求子女能够站在父母的角度，理解父母、尊重父母，维护父母在家庭中的核心地位，顺从父母多年的生活习惯，主动关心体贴父母，经常和父母沟通交流，让他们了解自己的近况，并虚心听取他们的意见，鼓励支持他们积极参加有益的社会活动，帮助他们找到精神寄托，使他们保持愉悦的心境和情绪，真正做到颐养天年。二是贯穿父母和子女之间的亲情是天然的情感联系。中国社会是一个关系型社会，每一个人都处在各种各样的关系中，同时通过这种关系把人们联系在一起。中国著名学者费孝通曾用"差序格局"描述这种关系，他说，"中国社会的格局就好像是把一块石头丢在水面上所发生的一圈圈推出去的波纹，社会中最重要的亲属关系就是这种丢石头形成的同心圆波纹的性质。从生育和婚姻所结成的网络，可以一直推出去，包括无穷的人，过去的和现在的人。"父母子女的关系无疑处于最核心的位置，而这种核心地位来源于血缘联系。正是因为父母子女间的血亲关系，才有了父母对子女的抚育、慈爱，子女对父母的责任、敬爱，即父母子女间的责任义务关系的确立、深厚情感的存在皆源于血缘的联系，这是人之本性所然，也是孝的开始。这种情感的巩固除了先天本性的生发，还需要后天的维护。这就要求为人父母者能放下身段，不摆家长的架子，耐心教育子女、引导子女，与子女多沟通、交流；为人子女者能感知父母的养育之恩，尊重父母、理解父母，做到尊亲、养亲、爱亲。这不仅有利于人们情感的深化、家庭的和谐稳定，还有利于人们特别是当代大学生责任意识的培养。三是父母和子女之间的联系纽带——孝。孝敬父母是人类基本的道德准则，是对父母赐予生命、抚育生命的感恩与回报。虽然中国的社会保障机制在不断发展与完善，社会养老必将发挥其重要功能，但其主要作用将是经济、物质上的替代。孝敬父母、与父母共同享受生活、共享天伦之乐等对老人的精神满足和心灵抚慰的功能是任何社会赡养都取代不了的，这对于亲情的维系、家庭的和谐，甚至是人们自身人格的完善都有着重要的作用。孝敬父母也是中国法律规定的公民应尽的义务，中国宪法规定：父母有抚养未成年子女的义务，成年子女有赡养扶助父母的义务。法律的外在强制性能够有效地解决在道德缺位的情况下出现的道德滑坡现象。道德和法律这两种手段，借助"孝亲意识"把父母与子女紧密地联系在一起。

5. 对高校学生如何践行孝亲意识的建议

为了敦促学生实践孝亲意识，学校应采取有力措施，如利用大型的入学教育、课堂内容的跟进和一定的奖励手段等。

（1）入学初的"孝亲"教育和责任意识教育

新生入学的场面一直是非常壮阔的，几乎每个学生都会有家人陪同来校，做父母的无一例外地都提着大包小包，而有些学生则双手空空，自在悠闲地跟随在父母身后。对此种情形无论是学生还是家长都习以为常。我们可以利用这样的机会，采集父母送子女入学的场景，制成教学视频让学生观看，并组织学生进行讨论，从而引发学生对孝亲的思考。组织学生观看、讨论的时间可以安排在高校开设的《思想道德修养与法律基础》首次授课上，这无论是在内容上还是在时间上都非常适宜。时间上距离新生入学已近一个月，大多数学生都是首次远离父母，对父母的思念非常强烈，此时向学生强调对父母应尽的孝心，在感情上容易引起他们的共鸣；内容上由对父母应尽责任的探讨，帮助学生树立起对社会、对他人应有的责任意识，合情合理，学生容易接受，对他们今后的学习与生活都大有裨益。这种全校性的教育活动，最好是由学校组织，以思想政治课老师为主体来开展。

（2）孝亲教育进教材、进课堂

笔者认为，"孝亲"内容在德育教材中应设专章讲述，如"孝道"的内涵、"孝道"的历史发展、现代"孝亲"意识等内容都要有所体现；为了增强教材的生动性，还可以将古今孝子的典型案例编入教材。"进课堂"要求学校领导从思想上重视德育工作，能够保证充足的课时，给相关教师创造良好的授课条件和环境；要求教师在讲授课程时要花一定的课时讲述有关"孝亲"的内容，讲述时不能照本宣科，要结合学生实际和现代社会发展的需要，最好是由具备相关专业背景的教师讲授。

（3）实践孝行，设立奖励措施

"孝亲"教育不能止于思想层面，更应该落实到实际行动上。如学校可以在放假前给学生布置任务，让他们在假期里为父母做几件事；学校还可以利用有特殊意义的节假日（像中秋节、重阳节），让学生向父母写封感恩信，感念父母的养育之恩。除此之外，学校还可以借助有力的奖励手段引导学生践行"孝道"。如，学校对孝敬父母、友爱家人的学生给予及时的奖励，表现突出的同学可以在全校范围内树立为典范，在学期成绩考核中适当加分，并列为学期评优评先的考虑对象。通过这类奖励手段可以在学生中起到较好的引导、规范作用。

## 四、探求创新高校德育引导的途径和方法

### （一）构建系统化的德育工作新体系

高校是高层次应用型、实用型、创新型人才的培养的主要阵地，高校的职能就是为社会培养和输送高素质的专业人才。所有的学科教学都是德育工作的有机组成部分，各个学校部门也都承担着德育工作的职责，我们强调学科教育育人，但同时也不能忽视了学校管理部门、服务部门在德育工作中的重要性，也要注重管理育人、服务育人。因此，高校在新时期、新形势下的德育工作中要以全方位素质能力培养为中心，在培养和提升学生各方面能力的同时也要关注对于学生良好思想道德品质的培养以及高尚人格的塑造，以促进学生的全面发展。基于此，新时期高校德育工作模式的创新要构建科学的、系统的德育工作新体系，在发挥学科教学育人功能的同时使学校各个职能部门也可以在德育工作中展现出自身独特的优越性，进而培养出更多的社会需要的高素质专业人才。

### （二）搭建网络德育工作平台，抢占网络德育工作新阵地

现如今，科技发展日新月异，网络已经成了现代社会大众生活和学习中不可缺少的一部分，对于当代大学生而言更是如此。互联网具有显著的优越性，可以给学生的学习和生活带来极大的便利与帮助，但与此同时也存在着一定的消极影响。一些不良信息或者娱乐方式也充斥在网络之中，给学生的思想行为教育带来了前所未有的挑战，部分学生受不良网络文化的影响迷失了方向，部分学生沉迷网络游戏和虚拟世界不能自拔，"网络成瘾症""网络孤独症"不断出现，网络在积极地影响学生学习和生活的同时也带来了许多消极影响，使网络时代下的高校德育工作面临着极大的挑战。网络时代下的高校德育工作不能一味地只是采取"堵"的方式，要以互联网为依托，搭建高校网络德育工作平台，抢占高校网络德育工作新阵地，为新时期的高校德育工作开辟新的通道，进而提升高校德育工作的质量和效果。网络时代下的德育工作要紧密结合学生热衷网络的特点，充分借助网络所具有的优越性构建网络德育工作平台，并开展丰富多彩的思想行为教育活动，进而促进高校德育工作模式的创新，提升德育工作的实效性。例如可以有效利用校园网建立心理、思想交流网络平台，通过教师和学生之间良好的心理和思想交流更好地了解学生的思想和精神状态，进而在德育工作中采取有针对性的教育和引导，提升德育工作效果。

### （三）建立教师和家长的有效互动渠道，学校德育和家庭德育相结合

在新时期的高校德育工作中要构建学校教育为主、家庭教育为辅的德育工作新机制，建立教师和家长及时有效的互动渠道，促进学校德育和家庭德育的有机结合，进而实现新时期高校德育工作模式的创新，提升德育工作的实效性。高校可以积极探索学校和家长良好互动的多种方式，建立家校联系制度，让家长积极广泛地参与到学生德育工作中来。比如可以通过开通咨询热线、辅导员邮箱、学校网站等方式架起学校和家长的联系桥梁，在良好的互动和沟通中促进学校德育和家庭德育的有机结合。学校也可以通过用手机短信或者微信向家长报告成绩的方式，让家长了解学生的思想、心理、行为表现以及学习情况，进而使家长加强对于子女的教育和疏导，通过学校德育和家庭德育的融合努力做到家校共同关注学生身心的健康成长，提升德育工作的实效性。当然，家长也不能忽视家庭教育的重要性，要给予子女必要的关心和爱护，关注其在高校中生活和学习的思想、心理变化，加强和子女之间的有效交流和互动，及时了解子女在学习和生活中出现的思想、心理、经济等问题，并进行有效的教育和引导。

### （四）突破僵化模式，以人为本，倡导个性化模式

不同学生之间存在着个体差异性，不同学生的个性也各不相同。在新时期的高校德育工作中，德育工作者要对此有清楚的了解和认识，并以此为基点制定科学合理的德育目标，体现出德育工作的层次性和个性化。同时德育工作方法的采用也要充分认识到学生个体差异性的存在，给予每一位学生应有的尊重，尽可能避免依赖制度约束的教育以及训斥性的教育。另外，对于所谓"后进生"在出现一些小错误时也要在批评的同时给予一定的鼓励、引导和点化，尽可能地实现"因材施教"，突出德育工作中"以人为本"的教育理念，倡导个性化的教育模式，进而提升德育工作的针对性和实效性。

总之，高校德育工作是高校教育体系的重要内容，在新时期的高等教育发展中，德育工作者要积极地创新德育工作模式，以使德育工作可以更好地适应新时期的德育工作需求，在高等人才培养中发挥出越来越重要的作用，促进高等教育质量的提升。德育工作也是一项长期性、复杂性、系统性的工程，在新时期、新形势下，高校要积极地探索德育工作新模式，创新德育工作新方法、新途径，进而在新时期的德育工作中取得更好的成绩。

## 第二节　高校德育引导在学生管理工作中的重要理念及手段

### 一、高校学生管理工作中立德树人理念的渗透

立德树人是对人之存在的回应与超越。立德提供了一种作为自然存在的人超越死亡、时空的最高存在样态，而树人则让作为政治存在或社会存在的人在当下现实生活中获得最大程度的实现。立德树人作为大数据时代高校德育的根本目标，其根本性在于它能够缓解大数据时代高校德育所面临的"技术与人"的根本张力，超越大数据时代高校德育"德与才"的内在困境，在古今中西的冲突中夯实大数据时代高校德育的文化根基。立德树人指导下的大数据时代高校德育应是"立大德""树全人"，并坚持立德与树人之间的融通性。

#### （一）立德树人理念具有深厚的历史文化底蕴

1."立德"即确立德行

"大上有立德，其次有立功，其次有立言，虽久不废，此之谓不朽。"这句话是穆叔在襄公二十四年春季到了晋国后，与范宣子谈论"死而不朽"时得出的结论，表明立德是实现人之不朽的最高层次。这就意味着立德的出发点是关涉人之存在的根本问题，即对生死问题的回应。死是一个人们无法避免的现实境遇，人们所考虑的往往并不是如何避免死，而是试图把死作为可接受的前提，关注死后是否还能在现实生活中留下些许痕迹来使自身的存在获得绵延。正因如此，立德与人的存在紧密关联，它提供了一种人能够超越死亡、时空的最高存在样态。

2."树人"即培育人才

"一年之计，莫如树谷；十年之计，莫如树木；终身之计，莫如树人。"这句话将种植谷物、种植树木和培养人才放在一起比较来凸显培养人才的重要性，其基本的意思如下：做一年的打算，最好是种植粮食谷物；做十年的打算，最好是种植树木；做终身的打算，最好是培养人才。如果我们将这句话置于原文中，就会发现它的语境是基于管子论述齐国如何能够在政治角逐中变得繁荣强大以至于成为"春秋五霸"之首。那么，树人其实是将人置于国家这一人之现实的存在背景中来谈论的，人的生命、生活都是在国家中得以展开的，国家必然会对人提出政治性或社会性的要求来使自身得到发展和壮大，这也就意味着"树人"在某种意义上带有政治手段的意味，但同时启示我们树人提供了人直面现实的或当下的存在样态——人是政治存在或社会存在。

3. 立德树人在本源性上立足于人的存在

立德树人完整概括了人之存在的两种样态，一种是指人作为自然本体性的存在，另一种是指人作为政治性或社会性的存在。前者通过"立德"来达成超越当下、超越时空的永存，后者通过"树人"来达成个体在当下现实政治或社会中的切实存在。正是这样，立德树人在纵向上能够激发个体朝向更高事物的欲求，从而能够给个体生命向上生长提供持续的动力；在横向上能够激发个体积极融入当下的社会或政治生活，从而能够让个体的才能和生命在深厚的人与人、人与社会和人与世界的广泛联系中得到历练，进而避免个体才能和生命的单薄。两者结合，便勾勒出一个完整的人的形象，即一个具有才能、真切热情地活在人世间，且又在这样活着的过程中呈现出一种试图通过欲求德性来超越此世、达至永存的人的形象。

**（二）立德树人理念在高校学生管理工作中的原则及价值所在**

高校教育开展的目的是为国家和社会培养具备一定专业知识和技能的高素质人才，要达成这一目标，高校在学生管理工作当中必须要加强立德树人理念的渗透，除了要教授学生专业知识技能之外，更要加强"德"的培育。现如今在高校的学生管理工作当中，立德树人理念的渗透程度还远远不足，尚待加强。我们先通过剖析高校学生管理工作当中立德树人的重要程度，使渗透现状与实际渗透需求形成明显反差，并以此为依据提出相应的改进建议，以期为我国高校育人功能的提升提供助力。

1. 立德树人在高校学生管理工作中的运行原则

一为科学性原则。科学性是高校开展学生学习生活管理工作的基础原则，主要包括两个方面：第一，理论内容必须要有科学性，学生管理工作必须要借助正确的立德树人理念作为指导基础和核心理念，对其他相关理论需要谨慎筛选、反复研究、严格选择，使制定的管理措施与实际管理需求相符；第二，实践过程必须要有科学性，即以科学正确的理论为指导，且通过大量有效的实践管理作为验证，不能脱离学生实际，要结合高校实际情况，以学生为本推进高校管理工作。

二为以人为本原则。大学生是重点培养对象和社会建设的人才来源，学生管理工作的有效性直接决定着人才培养的基本质量，具体工作可参照以下几个方面：第一，深入了解学生的深层需求，有针对性地开展学生校内管理工作，积极倡导和传播核心理念和价值观点，推动学生的有效配合，打造更优良的高校成长环境；第二，高校对学生的管理工作要广泛且细致，不能局限于学习管理，还应该涉及学生生活，结合学生日常行为给予关心、鼓励、引导，全方位观察、了解并引导学生的品质塑造，以"立德"为标杆，致力于"树人"目标的达成。

2. 立德树人在高校学生管理工作中的渗透价值

首先，立德树人是高校加强学生管理行政工作的有效前提。一方面，高等学校作为高素质人才的培养基地，仍需以学生需求作为管理工作的基础进行全面科学化管理，从学生的学习需求、工作需求和生活需求等多个方面切入。在此过程中，立德树人理念的渗透将直接拔高学生管理工作的意识层次，使育人功能得到更为高效的发挥，有助于行政管理效能的提升。另一方面，高校学生管理工作有序运行需以学生高度配合为前提，在此基础上，立足于立德树人视角，将这一理念作为管理工作运行的指导思想，能够有效提高校内思想道德素质水平，在一定程度上约束和限制不良行为，从而全面促进学生管理工作效果的提升。

其次，立德树人能够切实贴合学生的发展需求。我国现阶段的市场经济高速发展，社会和企业不断提高对人才素质和能力的要求，高校教育部门必须要紧跟时代变化不断地改革、完善、创新教育体系。通过引入立德树人理念，学生发展的客观诉求能够更加清晰明确，便于在学生管理工作中进一步予以满足。第一，学生具有个人品质塑造需求，立德树人理念要求学生管理工作必须以人才培养目标为指导，以思想道德修养为主要培养内容，能够发挥学生品质塑造的标杆作用。第二，学生具有精神文明塑造诉求，基于社会环境和就业市场对道德素质的评价，立德树人理念倡导在学生管理工作中加强素质的培养与精神文明的建设，校方可在此指导下进一步规范学生行为，强化精神引导作用，从而在根源上发挥学生管理的作用。

同时，立德树人能够成为高素质人才培养的助力。社会现阶段对人才趋向于德、智、体、美、劳等的综合评价、全面考量，这也成为高校衡量人才培养目标的重要内容。以德育人、立德树人是高校管理工作的基础，对于管理行为有着精神层面的指导作用：第一，高校教师和管理人员在人才的培养过程中，把"德"作为培养学生的首要内容，这是立德树人理念的重要体现，也是培养高素质道德人才的需求。第二，高校以立德树人作为开展教育和管理工作的精神要素，不仅可以利于学生管理，还可以促进其他工作的顺利完成，推动学校及教师的人才培育使命的实现，为高素质人才的培养提供新的助力。

### （三）立德树人理念在当前高校学生管理工作中的渗透现状

#### 1. 立德树人意识不足，缺乏驱动力量

现阶段，尽管国家和社会对于人才品德的重视程度日趋加深，但现实高校学生管理工作当中仍存在对学生的培养侧重于知识技能传授层面的现象，即"重智而轻德"，这类教育方向偏倚现象可导致学生难以由内在形成精神驱动力量，多以机械状态参与学习，不利于个人意识的形成。产生这种状况的原因有二：一是全体师生没有对立德树人提起足够的重视，缺乏内在理解，随之陷入教育误区；二是制度不够完善，无论教育方法还是考核手段都缺乏成熟度，外在动力不足。

#### 2. 管理模式滞后，实际效率低下

立德树人理念是高校教学和日常管理工作的指南，但一些高校在配套管理模式的建立上依然处于滞后状态，如更多地沿用、照搬传统管理方案，或直接借鉴其他高校管理框架，使得实际管理工作空洞而缺乏独立性，学生参与度和配合度低。此外，部分学生管理人员由科研技术型专业类教师教授兼任，他们普遍缺乏管理经验和管理思维，且存在混淆学生主体地位的现象，以执权者和管理者的身份独断专行，对学生意见缺乏尊重，管理工作的践行以"发号施令"形式为主，极易引起学生的叛逆情绪和不满心理，使得管理行为产生反效果。

#### 3. 信息传输渠道扩大，良莠难辨

如今互联网覆盖层面日益扩大，对于热衷接触新事物的大学生群体而言，网络俨然已经成为信息传输的一大载体，与生活、学习均有着密不可分的联系。但从意识层面看，高校学生仍处在环境与人际关系相对单一的校园之中，日常面对的人事物构成简单，难以建立起成熟的独立判断能力和思辨能力，缺少社会经验。在此情况下，互联网环境中的负面消极信息和偏激极端性言论的冲击可能煽动学生的负面情绪，或者引起学生的盲目崇拜或模仿，进一步腐蚀学生的思想，并影响学生的行为，学生难以从中有效辨别良莠，而立德树人理念的套路化渗透也难以在实际上产生明确的引导作用，学生极易受到思想层面的侵蚀。

### （四）高校学生管理工作中渗透立德树人理念的有效路径

#### 1. 加强意识形态构建，完善顶层设计框架

健康意识形态的构建是立德树人理念趋向的重点目标之一，也是高校学生

管理工作应重点规划的关键环节。

第一，高校学生管理者可从学生管理工作的全局规划着手，做好由顶层到基层工作框架的设计，明确学生管理工作的侧重点，以端正的立德树人态度来落实基层管理工作。同时基于高校管理层对于学生管理工作的把控作用，必须将以德育人、立德树人作为重要的工作职责，加强推进校内的工作部署和德育研究，不断地增加人力资源和经费资源的投入建设，将立德树人的工作提升到高校精神文明建设的首位，倡导全体师生员工共同学习和贯彻。

第二，高校必须明确把握立德树人的核心管理人物和发展方向，有效且合理地规划和管理人才培养工作，并做出进一步的立德育人的战略布局；还应构建系统化的理论学习体系，加强高校政治文化管理，并积极引导、组织学习活动，有效提高校内师生的核心价值观。此外，高校还可通过校企合作形式，引导教学与管理人员与企业生产的实际密切联系，推动双方相辅相成和共同进步，并将思想道德、文化素养等纳入考核内容，从而强化实践的作用。

2. 革新现行管理模式，强化素养意识渗透

高校根据立德树人的思想指导和理念指引，需要系统部署和规划调整，建立校内立德树人工作的联动机制，根据要求由党委牵头领导工作，与党政工学团共同协管，主要包括以下几个方面的工作。第一，校内立德树人工作队伍组成包括专任和兼职人员，需要互相配合工作，进一步构建和成立学校立德树人工作领导部门，在教学课程、科学研究、学术建设等多个方面落实立德树人的理念，探索和发展现代大学生管理工作的创新模式。第二，强化立德树人理念对学生管理模式的改革指导作用，推进教育模式的探索和创新工作，开设与学生紧密相关的社会人文发展、就业指导、大学生精神文化建设等课程，形成以"立德""育人"为中心价值的知识体系。同时还可以开放以社会实践为主的活动性课程，使学生在亲身参与过程中能深入感受人文素养精神。例如，高校可组织师生参与社会体验、下乡帮扶、企业走访等活动，增加学生的社会经历和生活技能，培养学生的民族情怀与社会责任感。

3. 丰富校园文化建设，抵御不良思想的侵蚀

对于高校学生而言，除常规教学体系外，深层接触的校园文化也是一大精神意识影响介质，同时也可作为强化教育形态的重点渠道。首先，可打造健全的校内文化育人的体系结构，扩大人文精神传播范围，如通过在校内宣传各种与精神品德相关的故事、解读校史校训等，使其形成核心文化价值，深植于学生心中，形成正向价值观。同时还可以深化精神文明建设，打造校园人文关怀

和互助平台，利用优秀杰出的校友作为榜样资源，组织开展分享会和学习会，并利用丰富多样的学生社团活动，增加学生的合作交流与互动，重点培养集体精神。在实践层面，高校可积极组织开展公益性社会活动，提倡学生参与生活实践和探访社会，填补理论层面的短板，深化精神文明思想认识。

综上所述，立德树人是高等学校开展工作、服务学生教学、管理学生的指导理念，不仅有利于学生专业上的技能提升，同时也是学生思想道德品质发展的重要渠道。在后期学生管理工作中，高校还应坚持服务育人的本质基础，将"立德"作为育人的重要标杆，致力于高校管理重点与教育质量的全面革新。

## 二、敞开高校"尚德崇善"的德育文化场域来以文化德

### （一）德育场与高校文化

所谓德育场，是指高校充分依靠自身的要素资源，发挥道德教育各方优势，对学生进行系统的、全方位的、全过程的道德教育，营造"人人是教师，处处是课堂，事事是教材，时时教育人"的教育氛围。高校德育场以马列主义政治理论教育为根本，以思想品德教育为核心，以专业教育为途径，以校园文化活动为载体，是道德教育的一种"合力"。高校德育不能局限于思想政治理论课，而是要通过全面、系统的道德教育，帮助大学生树立正确的世界观、人生观、价值观，促使学生在实践中磨炼意志，自觉把个人理想同国家命运、民族前途结合起来。

一般而言，高校文化可分为物质文化、制度文化和精神文化。这是依据高校文化的具体内容的不同层次划分出的三种类型，也是对高校文化之"质"的静态描述。"大学之道，在明明德，在亲民，在止于至善"，我们可以将"崇德向善"的德育理念作为高校文化的终极指向，以此来统合物质文化、制度文化和精神文化，使之在学校这个空间里相互配合、形成合力，将学校创建成一个充满德育意涵的场域，进而能够对个体的道德养成和全面发展产生潜移默化的作用。新时代这种德育文化场域要注意以下几个方面的要求。

首先，要向虚拟世界敞开。在虚拟世界中渗透高校的物质文化、制度文化和精神文化，并增加丰富的文化互动形式，形成以"数文化"为特色的德育文化场域。我们可将高校德育涉及的课程、教学、教师、学生、管理等要素全部拓展至虚拟世界中，但是高校德育文化在虚拟世界中的拓展远远不够，这使得个体所接受的教育似乎正简化为一种知识的传输而难以转化成浸润生命的德性和教养。

其次，要向现实世界敞开。高校德育工作者应鼓励和引导师生在日常生活中积极参与关怀他人、服务社区、保护自然等"崇德向善"的社会活动，将静态的高校德育文化通过自身生命活化出来，使之变得鲜活、亲近和富有生命力，进而让高校德育文化在现实世界中扩大自身场域的广度，能够真正连接社会和融入师生的生活。

最后，要向历史世界敞开。我们不仅要从高校自身在长期的办学历史中所积淀下的经验里反思、总结和凝练出高校独特的德育文化，还需要从中西历史文化中汲取养分来增强自身文化场域的深度。在这个过程中，尤其要重视扎根中国的优秀历史文化，因为中国人的精神需要中国的历史文化来激活和滋养，中国历史文化的精髓彰显了"崇德向善"的道德追求。

### （二）构建德育场是高校德育发展的有效途径

高等教育发展水平是一个国家发展水平和发展潜力的重要标志。加强对大学生的道德教育是立德树人的首要任务。利用多种要素构建德育场对大学生进行道德教育，是一种行之有效的途径。

对大学生进行马列主义、毛泽东思想和中国特色社会主义理论体系教育，特别是进行习近平新时代中国特色社会主义思想的教育，是保证实现"四有"培养目标的重要措施。学生在课堂上可以了解马克思主义基本原理及其发展历程，了解中国人民革命斗争的历史，了解我国以经济建设为中心的社会主义现代化建设的基本问题和青年一代的历史责任。这有助于学生开阔视野，坚定马克思主义立场，提升运用马克思主义观点和方法分析国内外复杂问题的能力，并能更好地为社会主义事业奋斗。

思想道德教育是德育场的核心，其中包括个人修养、职业道德、形势政策、法律基础等内容。思想道德教育不能仅仅局限于思想政治理论课，更要通过全面、系统的道德教育，帮助大学生树立正确的世界观、人生观、价值观，促使学生在实践中磨炼意志，自觉把个人理想同国家命运、民族前途结合起来。当前，在思想道德教育中，教育者应力求做到"四结合"，即系统性与针对性相结合，稳定性与灵活性相结合，思想性与知识性相结合，哲理性与趣味性相结合。教师要善于抓住学生最关心的问题，给予有说服力的回答，深入浅出地为学生释疑、排难、解忧，用具体的、形象的、实实在在的东西打动学生，启发他们自觉加强思想道德修养。

### 三、构建系统的高校德育课程体系来以课促德

课程是高校德育落实立德树人的重要载体。因为它呈现了经过仔细筛选、组织后具有原则性、逻辑性和系统性的知识，而这些知识不仅有助于个体成为具有专业知识技能的"全人"，还能在"美德即知识"的关照下促成个体道德的养成。长期以来，高校德育工作主要依托于高校思政课来开展。但是思政课和借助于其他学科课程来开展高校德育的教育形式，都是一种"间接性"的高校德育，我们还需要一种"直接性"的高校德育，即开设专门的高校德育课程。这种专门的高校德育课程主要是帮助个体深入辨析道德观念，使得他们至少在理论或者概念层面知道爱国、勇敢、正义、节制等道德观念的更深层次内涵和表现形式，以便其在社会流俗、多元的道德偏见中具备一定的道德辨识力。高德胜指出，"杜威曾断言'直接的道德教学'所教的是对行为没有作用的'关于道德的观念'，德育课程的研发、开设始终有一个合法性危机"。如今，高校德育没有系统的、专门的德育课程体系，只是间接地借助于思政课程或者其他学科课程。我们反对道德灌输或道德说教的教学方式，但是直接讲授道德观念的课程却必不可少。当我们尝试将"知"作为批判的靶子，然后强调"行"的重要性，用以解决高校德育"知—行"断裂问题时，却不可避免地造成"轻知重行"的德育现象。现在，部分学生恰恰是"知"的太少，或者是没有针对性的"知"，才造成"知—行"断裂。因此，高校德育应该构建包含思政课程、课程思政和专门德育课程三个维度的高校德育课程体系，实现德育课程的大中小一体化建设和德育课程"直接性"与"间接性"的配合统一，进而为个体提供更为全面和更有针对性的德育知识来促成个体的全面发展和道德养成。

结合专业课教学特点对大学生进行思想道德教育，既是国家的要求和学校德育的显著特点，同时也是帮助大学生形成良好道德品质的最基本途径。在教学过程中，教师可以有目的、有针对性地进行专业思想、治学态度、学习方法、创造精神、职业道德、学风等多方面的教育。首先，教师要把道德教育自觉渗透到业务教学中去，明确教学目的，设计教学方案，检查教育效果，发挥专业教学的独特作用，使道德教育始终贯穿于教育的全过程。其次，教师要注重言传身教。从政治立场、治学态度到道德品质，每位教师都有向学生进行示范和教育的责任。教师在教学过程中的立场、观点和思想、言行都会对学生产生消极或积极的作用。最后，教师要利用专业特点，采取多种形式，灵活地对学生进行道德教育，做到有的放矢。

专业教育是德育的途径，校园文化活动是德育的载体。德育还要以第二课

堂——校园文化活动为依托，注重以文化人、以文育人，开展形式多样、健康向上、格调高雅的校园文化活动。校园文化活动是专业教育和学校组织的集中教育之必要补充，也是不可忽视的重要的道德教育阵地。由于校园文化活动不受教学计划和教学大纲的限制，可以让学生培养和发展自己的兴趣和特长，陶冶情操，对学生的健康成长有着非常重要的意义。校园文化活动内容多种多样而形式不拘一格，大致可分以下几种。一是政治性活动。这类活动主要是围绕国际、国内重大政治事件，贯彻党的路线、方针、政策所开展的一系列活动，旨在使学生了解国内外政治形势，开拓国际视野。二是思想教育活动。如召开思想学习报告会、英雄模范人物事迹报告会、参观革命遗址和爱国主义基地等。三是科学研究活动。这类活动既可以结合学生所学专业，也可以跨学科，鼓励和支持学生进行学术探讨和研究。如组织学术报告、学术讨论会，激发学生的兴趣和求知欲，使其养成勇于钻研的良好习惯。四是文体活动。这类活动可以丰富学校的文化生活，发展学生特长，有利于培养全面发展的人才。

社会实践是提高学生能力的重要平台。总体来看，大学生在校期间学习的基本是理论知识，而对社会实践参与相对较少。目前，社会实践对于促进大学生健康成长的作用越来越为人们所认可，因此高校德育应促使大学生全面客观地认识当代中国、看待外部世界，了解国情、民情，开阔视野，促进理论和实际相结合，激励学生自觉把个人理想追求融入国家和民族的事业中，把远大抱负落实到实际行动中，让勤奋学习成为青春飞扬的动力，让增长本领成为青春搏击的能量。

引导大学生树立正确的价值观，需要用社会主义先进文化对学生进行潜移默化的思想教育，用健康高尚的文化生活陶冶学生的情操，使其拥有理性、平和、健康的心态。高校应当坚持不懈地抓好马克思主义理论教育，为学生的健康成长奠定思想基础。加强对青年大学生的思想道德教育，是高校的职责与使命。思想道德教育的根本任务是为社会主义现代化建设事业培养合格的建设者和可靠的接班人，高校德育场所提供的道德教育，就是要综合各种教育因素，对大学生进行正确的思想教育与培养，使他们成为有理想、有本领、有担当的新一代青年，拥有坚定的政治立场和远大的奋斗目标，能坚定不移地克服困难，自觉为实现中华民族伟大复兴的中国梦而努力奋斗。

## 四、建立以学生为中心的德育支持体系

教育就是生成，以人为本的理念引导学校治理体系的转型，学校管理的视觉必须投向以学生为中心，建立以学生为中心的治理体系，更好地服务学生。

学校治理是学校运作的一种制度构架，是引领学校发展方向的一种基本安排。而学校管理是在这种基本的构架和安排下，通过计划、组织、控制、指挥、协调和评价等功能的具体实施来实现学校的目标。

"以人为本"的现代管理理念使尽一切可能关注人的需求成为学校管理工作的精髓，学生的主体地位得到了全面的强调。"一切为了每一位学生的发展"成为我国新一轮教育改革的最高宗旨和核心理念，其立足点在于每一位学生都是生动活泼的人、发展的人、有尊严的人，他们都是教师应该关注的对象。作为教师，要相信学生所具有的发展潜力，给予他们每一个人以最大的期望，让他们主动地、有个性地学习，使他们每一个人都能自由发展，健康成长。所以，建立以学生为中心的德育支持体系成为学校思考的重心。

### （一）"三全育人"工作机制

"三全育人"是指德育工作要做到"全面育人、全员育人、全程育人"。"三全育人"是做好学生德育工作的有效机制，从学生的各个方面、各个环节对其进行有效的管理和教育，强调了学校、教师、管理人员在学生德育工作中的作用。为此，各高校应认真实践校领导及行政系统为主的德育工作机制，把德育工作列入党政工作日程，校领导要定期或不定期地召开德育工作会议，严抓德育工作落实。学校还应制定和完善校领导联系教学单位制度，每一个党政领导成员联系两个或两个以上教学单位，定期深入基层了解师生的工作、学习、生活情况和思想动态。学校各职能部门应分工具体，密切配合，认真履行工作职责，突出德育功能，把德育工作落实在教学、管理、后勤服务等各个环节。这样，在全校就形成了"全面育人、全员育人，全程育人"的德育工作网络、机制和良好的德育工作氛围。

各高校党委、行政人员应注重德育工作制度建设，靠制度作保证，用制度来规范德育工作的内容、形式、方法；还可制定高校德育工作规划、高校德育工作实施细则、"三全育人"工作条例等规章制度，有力地推动德育工作的开展。

### （二）以党建为核心的大学生思想政治教育机制

党的建设是高校做好思想政治工作的核心，抓住了党建这一环，就抓住了学校思想政治工作的总纲。所以，在开展德育工作的过程中，高校党委要高度重视学生党建工作，坚持以党建为核心，以发展学生党员、加强学生党组织建设为主要手段，进行大学生思想政治教育。各高校应坚持"入党自愿、个别吸收、成熟一个、发展一个"的发展学生党员的工作思路，在搞好学生入党积极分子培养教育的基础上，着重把好入党积极分子的培养、选拔"关"，把好教育、发展、使用"关"，把好思想入党"关"，把好发展党员质量"关"，切实加强基层党组织建设。各党总支也要全面贯彻全国、全省高校党建工作会议精神，按照党委的部署和要求，建立健全学生党支部，做到了高年级有学生党支部，低年级有学生党员，形成一支以学生党员和入党积极分子为主的学生骨干队伍，充分发挥学生党员和入党积极分子在德育工作中的主力军作用。

### （三）以奖学金为主导的学生管理与成才激励机制

建立以奖学金为主导的学生管理机制和学生学习奖励机制，就是在全体学生中积极倡导优学上进、奋发成才的良好风气，将学生的注意力集中到主动学习上来，引导到更好地吸收和消费学校教育资源、主动成才上来，把过去单纯靠说教开展思想政治教育的做法变为具体可见的富有激励作用的有效机制。高校可在学生奖学金评定的基础上，评先树优、推优入党、推荐就业，不断提高学生个人奖学金金额，加大奖励力度，激励学生主动学习。在此基础上，各高校还应广开门路，积极争取社会各界的支持，在院内设立多项奖学金。同时，针对部分大学生家庭经济困难的情况，各高校还可以建立以奖、勤、助、贷、缓、减、免为主渠道的救助家庭经济困难学生成才的保障体系。

### （四）以学生就业为目标的德育检验机制

努力提高学生就业率是各高校提高教育教学质量的目标之一。因此，各高校应把学生就业率作为检验德育工作的主要因素之一，以此检验德育工作的效果。

### （五）以消费课程、主动成才为重点的日常教育机制

课程是高校为学生提供增长知识、积聚资本、变人力资源为人力资本的主要学习资源。如何引导教育学生积极主动地学习，消费学习资源，积聚资本，主动成才，是各高校着力追求的目标，也是高校开展德育工作的落脚点。为实现这一目的，各高校应采取一切切实可行的措施。如学校可以构建党团组织、辅导员、学业导师三位一体的学生工作机制。学校在加强学生党组织建设、充分发挥辅导员作用的同时，还应注重发挥学业导师言传身教的作用。通过学业导师引导学生适应学习和生活环境，掌握正确的学习方法，指导学生根据社会需要和自身的兴趣、特点，正确认识自己，合理定位，确立成才发展方向。学校可为学生提供高质量的学生直接教育资源，实现教育资源的强配置。学校可拿出一定的资金用于购置先进的教学仪器设备和图书资料，实现教学仪器设备的强配置；还可拿出一定的资金用于引进国际课程和国内高级课程，使本校的

学生在享受不低于同类学校资源条件的基础止，接受两到三门国际国内一流课程。学校还可以优化课程建设，对现有课程进行调整，建立起崭新的适应新时代需求和为当地经济建设服务的新的课程体系。按照"有用、有效、先进"的方针和"多门数、少时数"的原则，引进国外先进办学理念，对原有的课程体系和单门课程的教学内容进行调整与重建。学校还可以加大督导力度，构建学生工作质量保证体系，确保学生健康成才。学校可构建集教育、管理、服务于一体的高质量的学生工作的闭合系统。通过加大学生品行督导力度、强化学生的学业督导，围绕着学生专业学习、技能提高、素质拓展等，引导学生不断增强主动学习、主动成才的意识。再就是加强学生学习环境和时间督导，建立学生学习环境建设及保护制度，实施保证一张"安静书桌"行动，减少或取消那些分散学生精力、影响学生学习的不必要活动，保证学生的精力和时间不被占用和浪费，促进浓厚学习氛围的形成。

## 第三节　中西方高校德育的比较与启示

中外德育在社会文化背景、思想理论基础以及内容、目标和实施模式等方面都存在着很大的差异。对其做出科学的分析和比较，将有助于我国高校更好地借鉴国外德育的成功经验，吸取国外德育失败的教训，寻求与中国现代化建设相适应的德育路径，从而有效地推动我国高校德育工作的进步与发展。

### 一、国外德育情况简介

#### （一）国外德育理论发展概况

尽管世界各国社会制度不同，政治目标不同，但所有国家都非常重视对青年学生的道德原则和道德规范教育，以及个人品德、家庭美德、社会公德、环境道德教育，培养他们正确的道德认识、高尚的道德情感、坚强的道德意志和良好的道德行为习惯。然而，由于各国的国情与政治制度不同，其对学生的培养目标也存在很大的差异，每个国家都根据自己的历史文化背景及社会制度来制定德育内容，各国德育在具体形式和目标方面千差万别。

欲了解外国德育发展的状况，需先了解其历史渊源和哲学理念。大学教育始于西方，在数百年综合型高等教育体系发展中，历史的进程丰富了德育的内容。在充分吸收哲学、宗教、文学、美学等学科成果的基础上，德育的理论也越来越独立、深厚。

在西方德育理论中，影响较大的主要有以下几种。

1. 理性主义和永恒主义

理性主义德育理论以英国教育学家洛克为代表，他首次提出德、智、体和谐发展的新教育体系，认为应通过德育戒除人类贪图眼前肤体之乐的本性。永恒主义德育理论的影响遍及欧美，该理论认为教育的目的在于"改善人"，使一切人都成为国家"可信赖的公民"。教育的最终目的是促进人的进步，使人的本性得到充分发展，进而成为"自由的人"。

2. 非理性主义和相对主义

非理性主义和相对主义与前者正好相反，强调极端个人主义和个性化的发展。这与存在主义哲学、精神分析学派的兴起有关。例如，尼采推崇强悍的"超人"，认为世界和人类行为的最终动因是所谓的强力意志，恶劣艰险的环境是超人诞生的必要条件。萨特认为道德教育的主要目的是促进个性"自我完成"，不应该将青年作为一个集体的成员，而应该培养个人能力，注重个性的形成和表现。弗洛伊德则强调性经验对个人心理因素的影响，更加深了个性化体验对道德影响的强度。

3. 实用主义和改造主义

实用主义和改造主义德育理论的代表人物是美国哲学家、教育家杜威，"道德即教育"的名言即出自杜威。他指出，人的本性总是在与外部环境的相互作用过程中不断改变着的。正是这种可变性，才使道德和教育成为可能。学校道德教育的目的应当是培养"道德观念"，而不是"关于道德的观念"。杜威的德育理念在很大程度上影响了美国的德育，之后出现的改造主义德育理论是对他的理论的继承和发扬。他们针对当前整个社会面临的危机，提出教育是通过形成和发展个人来影响和改造社会的，因此必须在人的心灵中引起一场意义深远的变革。

4. 新托马斯主义和人本主义

新托马斯主义是贯穿现代西方宗教神学、哲学、政治学、伦理学、教育学等的主要宗教理论之一。它在将上帝作为一种完美理想的前提下，吸收了大量哲学思想，并极大地抬高人、科学和现实生活的价值地位。由于西方社会宗教势力较强，这一派德育理论为那些面对科学的挑战而无所适从、备感失落的人们提供了出路。

与科技发展联系最紧密的外国德育思想是人本主义潮流。该流派下哲学思潮众多，有认知发展道德教育理论、价值观澄清理论、道德符号理论、逻辑推理价值观教育理论等。由于这一派理论关注人本身的价值，主张人的判断和理性的领悟，因此受到了广泛的重视。

**（二）美国学校德育的主要特征**

美国在西方是最活跃的国家，注重科学研究使美国为当代学校德育的发展做出了很大的贡献，而学校德育的发展也极大地促进了美国现代化。美国学校德育的主要特征主要包括以下几个方面。

1. 注重培养富有民族精神的社会"好公民"

美国是一个地方分权制国家，联邦政府不具有管理教育的权限，这样一种体制决定了美国长期以来没有国家规定的统一的教育培养目标。但多年来，美国各界人士从美国的政治、经济与文化发展以及美国在全球的地位出发，对美国各级各类学校的目标提出了许多建议并在实践中转化为教育者的行为，使各州、各校的培养目标有了很大的共同性，其中最为重视对美国公民意识的培养。他们强调学校教育的首要目标是培养能忠诚服务于国家的、适应本土文化的、能明确公民权利和责任的"合格的公民"。在美国，公民教育是学校对青少年学生实施德育目标的一个重要途径，各个学校均开设公民教育课或社会学习课。美国公民教育的衡量标准，就是能否培养出认同资本主义制度的"民主公民"。是否"培养一个好公民，能投票的好公民，民主制度下的好公民"，尤其把是否具有鲜明的民族精神、意识作为评价其教育效果的主要标准。

2. 塑造民主的教学环境，注重主体性

美国学校十分强调教育者和被教育者双方关系的平等性。心理学的理论，如柯尔伯格的道德认识学说、罗杰斯的人本主义学说、班杜拉的社会学习等理论，已深入美国教育界。美国教育十分重视创造民主环境、培养主体性。一是在德育中教师充分尊重学生发展的需要，对学生一视同仁，以引导激发为主，给予受教育者以充分的自主；二是不直接给学生下道德判断，不依靠权威方法进行德育，认可学生有自己独特的思想感情，并加以保护；最终达到使学生在没有心理负担的情况下充分地去选择、去判断、去实践，培养自己的自主性、积极性和创造性。教学上不以教师的灌输为主，教学强调由浅入深，层层递进，将德育内容融于整个教育活动并在层次上有所提高，注重启发诱导，联系实际，避免直接讲授规则或强迫灌输某种意识形态，许多学校还把现场教学作为学校德育的补充方式，以免流于形式。这种做法有利于形成学生的独立思考和创新能力。管理上则实行较为宽松的非强制管理方式，有利于让学生通过自己的判断，进行一定的价值选择。

教师根据实际决定对教材的选择，根据学生和教学选择方法，并让学生充分表现自己，引导学生积极参与教学过程，在尊重学生中教育学生，从而使学生在没有心理负担和压力的情况下自主地形成个体品德。在这种民主的氛围中，学生能自主地根据自己的认知、判断来选择一定的社会道德规范、准则，并在教师指导下，按照自身的方式进行道德实践，获得一定的道德判断能力与实践能力。

3. 重视学生的道德实践，使德育与生活紧密相连

美国德育主张变静态的书本知识讲授为现实生活道德问题的重演，强调教育要接近生活、贴近生活，强调学以致用，注意培养人作为社会人应具有的最基本的能力，并注重有关应付现实问题的道德技能训练，注重培养道德思维和实践能力。在实践过程中，他们又非常重视学生的情感体验，认为如果没有学生自己的体验，就不会有觉悟，"觉悟"中的"觉"，实际上也可以理解为体验和感知，"悟"即领悟，没有体验和感知领悟这个"意会思维"过程，任何知识的传授和实践活动都难以达到对事物本质和规律性真切地把握和思想道德品质的提高。因此，美国德育在方式上摒弃了强制的、反理性的做法，而采用活动和体验的方式，通过受教育者的自主选择和内醒探究，提高其思想认识。美国课程发展与管理协会在 1989 年的研究报告中突出地强调了两条：一是使道德教育超越认知领域，即不要简单地告诉学生什么是善、什么是恶，而要让学生参与道德实践，对善恶做出评价；二是道德教育注重学生批判性思维和决策能力的培养，让大学生在参与社会实践中认识自身在社会中的作用以及与他人、社会的关系，并以自己的积极行动影响社会，改善现实世界，为大家的共同利益做出贡献。

4. 优化德育环境，实施全面德育

首先，美国学校德育不设专门德育课程，强调各门学科以及全校工作的德育功能，注重德育的整体性和间接性。每个教育工作者都有对学生进行德育的责任，都应当考虑如何通过自己的工作发展学生潜能，培养起学生的自我价值感和自信心，形成健全的人格。学校利用各种因素如学校里教师的示范作用、纪律约束、各种课程、教学方法、学习评价、管理体制、与家长的关系等来培养学生的品行。

其次，十分重视学校、社会德育环境的优质。一是通过优化学校德育环境，

使学生从中受到良好的影响和教育。美国学校的环境布置是具体直观的，学校的风气和人际关系是学生可以亲自体验的。许多学校都设有自己的校训、校旗和校徽，一些学校还悬挂学校创立者及历任校长的相片，它们对学生的影响作用比抽象的说教更容易被学生理解和体察，从而能较易激发学生在感情上的共鸣。这种环境对学生的影响不是强制的，而是不知不觉地起到一种耳濡目染、潜移默化的作用。当然这种环境的气氛、作用是根据教育需求而设置和倡导的，具有相对的系统性、完整性和更大的可控性，并因此而增强其教育性。二是美国充分利用社会教育环境和场所的教育功能，不惜大量投资进行人文社会环境、场所的建设，如修建了华盛顿纪念塔、林肯纪念堂、航空航天博物院等规模宏大的场馆，这种场所让学生接受着无形的熏陶。

最后，社区、家庭对教育培养目标的实施都承担责任。在美国，教育并不只是学校教育工作者的任务，而是全社会的责任。如美国的社区学院、中小学与本社区（或学区）都有着十分密切的鱼水关系。学校和社区保持开放式的相互交流，学校所在社区都有参与学校发展规划、具体目标以及相关政策的制定等工作的义务。学校注意采纳学生家长的合理观点，在评估教师时，广泛听取社会、家长的意见，使家长能更好地与学校合作，以学校为基础的家长组织经常开展教育活动。此外，每个学区都由当地的居民选出教育理事，这些教育理事来自各行各业，他们通过提供教学建议，投入时间、爱、精力和金钱来达成教育目标。同时，社会也尽可能去控制对学生成长不利的因素，如对中学生禁烟、禁酒，这点由全社会来保证，商店不得向中、小学生出售烟酒，自动售货机中也无烟可售。中、小学生上课时间在外游荡或吸烟喝酒会受到警察的干预，美国这种校内外要求一致的做法有利于学生从小养成良好的行为习惯。

### （三）英国学校德育的主要特点

德育是近年来英国政府和民众日渐关注的一个话题，英国学校德育总体上呈现出以下几种特点。

#### 1. 宗教性与世俗性并存

英国与美国的德育相比，主要的区别在于，后者缺乏有组织的宗教传统或公共机构中的社会权威，强调民主教育，或者教孩子有关社会如何运作的知识和经验，或是通过参与学校生活中的活动为成为一个公民做准备。英国的德育，与大多数欧洲国家一样，与宗教教育密切相关。英国1/3的学校是教会开办的，宗教教育是所有学校基础课程中的必修课，集体礼拜是法定的学校活动的一部分，政府仍然认为宗教教育和集体礼拜是儿童道德和精神发展的主要部分，在一系列的教育改革法中仍给予宗教教育和集体礼拜以法定的重要地位。与政府观点不同的是，一些人认为以宗教为基础的道德价值正在削弱，特定的宗教和道德训练在慢慢消失，代之而起的是公民课将作为学校儿童道德发展的承担者。事实上，随着传统宗教教育影响的减弱，社会现代化带来的大量道德问题迫切需要对传统的学校德育做出变革，确立起新的价值观念和行为规范体系。但是另一方面，宗教教育仍然占据了一定的地位，传统与现代之间产生了激烈冲突。我们可以看出，随着英国学校德育的科学化、世俗化的进展，个人社会和健康教育、公民教育以及其他国家课程、学生的校外活动、校风建设、家庭和社区教育等对促进学生的个人和社会品质发展的作用越来越大，同时宗教教育在学校德育领域中也同样有它不可替代的位置，英国一再强调其浓厚的民族文化传统在德育中的作用，遵行以宗教信仰为基础的宗教价值观。

2. 将德育的直接方式和间接方式相结合

将德育的直接方式和间接方式相结合，是英国学校德育的重要特征之一。在今天的英国学校中，既开设了与德育内容直接相关的宗教教育、个人社会和健康教育以及公民教育，通过教师的传授促进学生价值观的形成和发展，又要求将德育内容渗透在其他各门课程和学科教育之中，并通过学生的外交活动等对学生进行德育。两者相互补充，相互结合。

此外，英国的学校非常重视民族文化传统和校园文化精神等对学生德育的影响。例如，英国著名的牛津大学以其导师制、学院制和师生讨论、学生俱乐部、体育活动、节目仪式等文化传统，培养了一代又一代富有自学能力、独立思考精神、自我负责精神与人格全面发展的学者。

**（四）日本德育的主要特点**

1. 重视德育的传统根源

日本一直都比较重视德育，这与其独特的地理位置和生存环境紧密相连。日本气候温和、环境优美，但是因为地震与火山爆发经常发生，这优雅的环境是伴随着日本人民的恐慌的。地域的狭小与自然灾害的频繁，使日本人民经常要考虑的是如何使本民族更好地生存下来。面对大自然的无情与外来强大民族的挑战，要生存首先就要获得本民族自身的团结与强大，因此，加强本民族的心灵教育始终是他们最为关注的问题。

2. 应时而变的德育发展

日本政府不仅重视德育，还随着时代的发展，不断更新德育内容。由于地域狭小，人员众多，日本特别重视集体观念教育。其有关德育的教科书或指导纲要，始终把培养集体观念和意识放在首位。同时，还要求培养充满独立自主精神的身心健康的国民，所以，促使学生身心协调发展也是德育的重要任务。日本还制定了面向 21 世纪的德育目标，这个目标主要包括三个方面：一是要培养具有宽广的胸怀和丰富的创造能力的年轻人。宽广的胸怀是指在德、智、体全面发展的过程中，追求真、善、美的统一。丰富的创造能力是指在艺术、科学和技术各个领域的创造能力。二是要培养自主、自律精神。就是要在形成稳定的自我性格的同时，发展自主思考和解决问题的能力，尽职尽责，严于律己，积极主动，助人为乐。三是要培养在国际事务中能干的日本人。就是要培养青少年不仅能够深刻地理解多元文化，具有国际交往的能力，而且具有日本人的自觉意识。

## 二、西方高校德育给我们的启示

以改革开放为中轴线，可以将我国德育模式分为两种状态。在改革开放以前，我国的德育模式处于一种朴素的经验状态，还没有形成专业术语所指称的德育模式。改革开放以后，伴随着全方位的对外开放，国外的教育信息特别是发达资本主义国家的学校德育信息不断地传入我国，我国各级各类学校在借鉴国外德育模式的基础上，开始对本国的德育模式进行理性思考和实践探索，德育模式研究在德育研究领域逐渐占有一席之地，并在学校德育实践中逐渐进入一种自觉的状态。

目前，我国主要采取的是有中国特色的以德目主义为主的混合德育模式，这种德育模式主要表现为主渠道和辅渠道并存，德育课程与其他德育方式同在。主渠道表现为国家教育部门将学生应学的德目编制成教材，学校通过开设专门的德育课程，将社会所要求的思想道德规范全面而系统地传授给下一代。这种模式基本上适应了社会主义初级阶段的国情，为培养社会主义事业的建设者和接班人做出了巨大的贡献。尽管如此，随着时代的发展，从更高的要求和教育对象的需求来看，我们需要在看到自身优势的同时，对自身的不足有足够清醒的认识。我们应该汲取国外德育模式的精华，借鉴国外"全面主义"和"德目主义"德育模式的优势，形成具有中国特色的混合主义德育模式。

### （一）现实认知性

从现实来看，要促进我国学校德育模式朝着加强主体性、尝试多元性、提升专业性、追求实效性、注重服务性的方向发展，通过德育模式的现代化促进德育的现代化。

1. 不断丰富和创新德育模式，适应社会发展和个体发展的需要

国外德育模式的研究和实践表明，多元丰富的德育模式并存是学校德育获得生机与活力的有效途径。在国外德育专家对德育模式的研究中，一些最新的德育理念往往都能在其研究课题中得到反映。这些德育模式的诞生和其生命力在于能够适应社会发展和个体发展的需要。

随着我国改革开放和社会主义现代化建设的不断深入发展，人们的价值取向也必然由一元化、共性化趋向于多样化和个性化，这在客观上要求学校德育模式也要变得多样化和个性化。从实践层面而言，我国高校需要以科学发展观为指导，用先进的德育理念指导德育实践，把最新的研究成果运用于德育实践；从理论层面而言，我国高校需要以实践为基础和动力，以实践为标准和目的，将德育理论与德育实践紧密结合，在实践中不断丰富和完善理论研究的成果，创建适合中国国情的德育模式。

2. 突出德育模式的参与性和实践性，适应素质教育发展的需要

国外德育模式通过参与性和实践性，充分发挥学生的主体能动性。一方面，在德育教学中针对青少年身心发展的特点与规律，运用讨论、咨询等方式，加大学生的参与力度。另一方面，通过组织严密、目的明确、计划性强、富有影响的活动，让学生在活动中获取道德知识，陶冶道德情感，锤炼道德意志，形成道德行为习惯，从而确保德育的实效性。以志愿者活动为例，在很多发达国家，志愿者服务是从小学就开始参与的活动，各中学、大学录取新生的依据之一就是学生参加志愿者服务的记录。由于从小就开始培养学生的志愿者精神和志愿者意识，所以，志愿者服务在国外已经成为学生的一种自觉行动。这种"活动式"德育模式对于我国学校德育实践具有极为重要的借鉴价值。

我国传统的德育模式在内容上倾向于让学生学习现成的既定德目，在方法上侧重于以"接受为主"，在方式上强调灌输，在途径上缺乏志愿者服务的常规渠道。事实证明，这种德育模式不利于培养学生的综合素质和能力，有悖于素质教育的宗旨。一般而言，没有主体的积极参与就不可能有真正的道德发展，而且即使有主体的参与，但由于不是自觉自愿地参与，也不可能有真正的道德发展。为此，我国德育模式的构建需要以学生为中心，充分发挥学生的主体能动性。

首先，我们要注重课堂教学的"活动式"，加大学生的参与力度。我们应吸收国外德育模式，注重发展学生的道德判断能力，改变学校德育只重视道德知识的传授而忽视能力培养的倾向，把重点放在培养学生的综合素质和能力上。

其次，我们应汲取国外德育模式中的实践式方式，给学生提供更多的实践机会，通过加强第二课堂（校园文化）和第三课堂（社会实践）等实践环节，不断地拓展德育空间，让学生走出教室、走出校园、走向社会，投身于青年志愿者服务、学雷锋等各项服务活动之中。让学生在活动中学习，在活动中成长，在实践中提高，在实践中形成良好的思想道德素质。

3.建立科学的德育评价体系，适应德育管理的需要

德育评价既是对德育实效性的检验，也是提高德育实效性的关键。德育评价既包括德育过程评价，也包括德育结果评价。过去我们通常从终极评价的角度对德育的结果关注较多，而对于德育的过程则关注较少。实际上相对于德育结果而言，对德育过程的评价更为重要。为此，在德育评价方面，我们应当建立科学的评价体系，将过程评价与结果评价、定性评价与定量评价、内容评价与形式评价有机结合起来。

对德育过程的评价是一个全方位的评价，包括对德育课程的质量评定、对德育方法的质量评定、对德育活动的质量评定、对德育管理的质量评定、对德育队伍的质量评定以及对德育环境的质量评定等多项内容。如对于德育活动的质量评价，我们可以从两个方面来进行：第一，学生的参与度。这是从活动的广度来进行评定的。第二，学生情感体验的强度。这是对学生参与活动的深度来进行评定的。在进行德育活动质量评价时，我们应当综合考虑活动的广度和深度、活动的内容与形式、活动的过程与结果等多种因素进行综合评价。

现代复杂科学的整体性、动态性、非线性和开放性特征，为我们建立科学的德育评价体系注入了新的气息和加大了科技含量。从复杂思维的范式去审视和解读德育评价，有利于我们冲破传统德育评价惯性思维的束缚，使德育评价更为全面、准确、真实和可靠。现代复杂科学视域下的德育评价，主要表现为从单一评价走向综合评价，需要我们建立整体性评价目的观；从一元评价走向多元评价，需要我们建立多维价值评价标准；从静态评价走向动态评价，需要我们突出过程性评价；从封闭评价走向开放评价，需要我们实施多主体评价。

**（二）构建未来德育模式**

古今中外德育的大量事实反复证明，德育如果只是注重在课堂中的讲授与灌输，那么它就必然是低效、无效甚至是负效的。为此，我国高校需要加强以下几种德育模式的研究。

1. 关心型德育模式

"学会关心"是 21 世纪的教育哲学，也是一种实践性的德育模式。"学会关心"德育模式是一种重在道德学习的德育模式，它以"学会关心"作为基点与核心，注重道德教育从"培养论"向"学习论"转化。"学会关心"德育模式强调德育应当着重培养学生的同情心和关爱心，使学生学会关心，学会关爱。不仅要关爱自己，更要关爱他人；不仅要关爱社会，还要关爱自然。一句话，就是关爱我们身边的一切。

2. 对话型德育模式

对话型德育模式是针对当前学校德育中的弊端而提出的。受传统灌输德育模式的影响，我们学校德育的弊端主要表现在三个方面：第一，德育内容脱离生活世界；第二，强调灌输说教的德育方法，忽视学生的主体性；第三，教育者与受教育者之间隔离。对话型德育模式对"对话"的关注将有助于弥补传统灌输德育模式的不足，对于当代德育模式的创建具有重要意义。德育过程就其本质而言是师生之间交往的过程和对话的过程。对话型德育模式强调在德育过程中，教师和学生以平等的身份出现，围绕共同关心的话题开展民主、平等的讨论和交流，通过言谈与倾听进行师生之间的双向沟通与交流，从而激发学生的学习需要和热情，调动学生的经验、情感和体验。对话型德育模式旨在表明德育过程是师生双方德性的共同成长过程。

3. 活动型德育模式

活动型德育模式是以学生的学习兴趣为先导，以学生的内在需要为基础，以活动为主线，以学生主动参与、主动探索和主动操作为特征，以活动促发展的德育模式。活动型德育模式把活动作为模式构建的基点，突出德育的实践性特征。

学生道德认知的产生、道德情感的激发、道德意志的磨炼、道德信念的确立以及道德行为习惯的养成都离不开集体的活动。集体活动与个体的道德成长之间有着天然的内在联系。实施活动型德育模式有两种基本形式：一是教师在课堂中模拟创设情境，学生通过参与，获得有关的体验、认知和情感的发展。二是教师组织学生参与社会实践活动，使学生在身临其境的场景中获得相应的感悟和体验。

根据活动方式和活动内容的不同，活动型德育模式可以分为探究类活动、体验类活动、交流类活动和操练类活动等。在实施活动型德育模式时，首先，要注意活动目标的针对性。活动不能流于形式，不能"为活动而活动"，要善于把握德育要求和学生兴趣、需要的最佳结合点，有针对性地开展活动。其次，要注意活动内容的可接受性。活动内容要符合学生的实际，组织学生易于接受和乐于接受的活动，在活动中促进学生的全面发展。最后，要注意活动方式的引导性。虽然学生是活动的主体，但是学生的活动离不开教师的指导。教师是活动的创设者和参与者，更是活动的评价者和引导者。

### 4. 生活型德育模式

道德存在于生活之中，良好的思想品德形成于学生的生活之中。生活是德育的基础，没有与生活分离的"纯道德"。生活型德育模式是指学校和教师在"以学生为本"的教育理念的指导下，使学生学会在日常生活中按照一定的道德规范去生活。只有源于学生生活的德育才能引发学生内心真实的道德情感和道德体验。生活型德育模式要求学校德育与学生的生活世界紧密相连，从德育目标、德育内容、德育课程等各个方面都要体现生活化，以"真实"的生活来促进真实的学习过程。生活型德育模式中的"生活"，要求以普通的生活为主，以日常的生活为主，以今天的生活为主，以首属群体中的生活为主。

### 5. 主体型德育模式

主体型德育模式是指在主体性教育思想的指导下，以教育对象的内在道德需要为出发点，通过教师的主导性激发学生的主动性，从而培养学生主体人格的一种德育模式。主体型德育模式将学生由单纯的受教对象转变为不可替代的主体。在主体型德育模式中，教师的身份由单纯的知识传授者向学生学习活动的引导者、组织者和合作者转变；学生的学习方式由被动地"听受"向自主学习、探究学习和合作学习转变。主体型德育模式在德育实践中，将德育的适应性功能与超越性功能、个体享用性功能与社会发展性功能有机地整合于"受教育者主体性"这一目标的培养上。

综上所述，构建当代中国的德育模式，需要体现时代性，把握规律性，富于创造性；需要通过民主的、平等的、参与式的现代德育模式，为学生的全面发展提供良好的"生态环境"。

# 第四章　高校德育引导与学生管理工作存在的主要问题及改进策略

高校德育旨在促进大学生树立正确的世界观、人生观、价值观，促进大学生自身素质的提高，拥有与社会主义现代化相适应的健康心态，进而促进大学生的全面发展。高校德育在我国的高等教育中占有十分重要的地位。但是随着我国经济的发展，当前高校德育的发展也面临着巨大的困境，如何解决高校德育存在的问题，真正发挥高校德育的作用，成为高等教育工作者的重要任务。本章主要分析了高校德育引导与学生管理工作存在的主要问题，高校德育引导与学生管理工作的改进策略，包括高校德育引导存在的主要问题、高校学生管理工作存在的主要问题、高校学生管理工作中"制度规范"与"道德引导"的关系、加强高校德育实效的举措、高校学生管理问题的解决策略、高校学生管理与德育的融合路径等内容。

## 第一节　高校德育引导与学生管理工作存在的主要问题

### 一、高校德育引导存在的主要问题

#### （一）高校德育的教学方法过于单一

传统德育课程的教学方式主要是灌输式教学方法，这种情境在当前许多高校德育的授课过程中随处可见。然而在信息化社会，学生每天都生活在充满电子设备的环境中，接收大量的信息，传统的教学方式对于学生已经很难再有吸引力和感染力，无法激发他们的学习兴趣，调动他们主动学习的积极性，进而影响到德育的教学效果。

### （二）高校德育师资队伍力量薄弱

在实际工作当中，部分高校都注重对本校的教学水平的投入，没有充分认识到高校德育工作的重要性，忽视了对高校德育的关注。事实上，德育工作的开展需要多主体的参与，然而，在现实工作中，虽然高校已建立由多方面、多层次构成的德育队伍，但是进行德育活动的主力军依然是授课教师，他们只是对学生进行理论知识的传授，忽视了德育工作的复杂性与灵活性，直接影响到高校德育的效果。

### （三）高校德育工作的保障机制落后

在高校德育工作的开展过程中，可能会遇到各种各样的问题。在管理中为解决这些问题提供各种有利条件的行为，就是对德育工作的保障。经过实践证明，只有健全、完备的保障机制和得力的保障措施，才能确保高校德育工作的有效性。然而，在实际工作中，一些高校在组织领导、队伍建设、资金投入以及硬件建设等方面缺少相应的保障措施，这就导致德育工作无法正常有序地运行，德育目标和任务无法实现。

## 二、高校学生管理工作存在的主要问题

高校学生管理工作是高校得以正常运转，有序、健康发展的重要因素，在高校人才培养体系中占据重要的地位。近年来，随着高校招生规模的不断扩大，越来越多的学生都有了去高校学习的机会，但是这种现象也给高校的学生管理工作带来一系列的问题。基于此，我们有必要对高校学生管理工作中存在的问题进行分析并提出相关解决策略，以促进学生管理工作的顺利开展。

### （一）互联网的普及给学生管理带来的问题

随着网络技术、数字技术的飞速发展，全民进入了大数据时代，以网络媒体、手机媒体为代表的新媒体异军突起。新媒体凭借其虚拟性、互动性和高效性等特点，迅速赢得了大学生的认可，成为他们日常生活中不可或缺的一部分。大数据时代的到来既给高校的学生管理工作带来了新机遇，又带来了严峻的挑战。学生管理工作的对象是在校大学生，他们接受新事物比较快，使用新媒体的频率、范围远超过去的学生，他们的思想动态、行为倾向性与使用的新媒体密切相关。学生管理工作者往往是高校的行政人员或者辅导员，新媒体的使用为他们了解学生思想动态、行为倾向性等信息提供了方便，但如何高效利用新媒体给他们带来的大数据信息，提高学生管理工作的效能，从目前调查到的信息来看，仍是高校亟须解决的问题。

1.高校学生管理工作者在新媒体使用方面的培训不足

新媒体在学生管理工作中得到普遍的使用，不论是在学生中还是在教师中，都有利用新媒体建立班级学生 QQ 群、微信群，在日常工作中用微信、QQ、钉钉等进行沟通交流的现象，学院层面则表现为开通校级的学生工作网站和微信公众号。结合相关调查结果，笔者对目前高校中新媒体使用出现的问题总结如下。

部分高校对学生管理工作者提供的培训和学习机会大多集中在思政教育方面，对如何使用新媒体、如何高效利用新媒体方面的培训少之又少。学校网站、微信公众号平台、钉钉系统平台等新媒体的日常管理都需要专业的团队去维护和管理，才能达到理想的教育效果。但负责通过新媒体开展学生教育工作的人员大多是辅导员或者学生管理工作者，他们往往没有受到过相关新媒体使用的培训，因此，部分高校的新媒体只是一个同质化的通信工具，无法发挥出应有的教育功效。

2.教师在学生管理工作中使用新媒体缺乏创新

一些高校在使用新媒体进行学生管理工作时缺乏创新和特色。相当一部分的新媒体在学生管理工作中变成了新闻宣传网站，除了定期发布新闻外，几乎没有其他用途，更不用说特色了。有的高校的新媒体还被学生管理工作者作为通信工具使用，只是发布通知等信息的一种工具。

3.新媒体自身存在功能上的局限性

尽管新媒体的到来给学生管理工作带来了很多便利，但不得不承认，新媒体在学生管理工作中的使用还存在着很大的局限性。在学生管理工作中，消息可以通过微信、钉钉等新媒体迅速发到学生手机上，但正是这种便捷性让学生管理工作者忽略掉了那些因手机关机、群消息被刷屏等原因而导致没有收到信息的一部分学生。另外，新媒体的使用拉大了学生和教师之间的距离，表面上看起来，学生管理工作者由于新媒体的使用有更多的时间投入其他工作中，但人与人之间的交流少了面对面的接触，只依赖虚拟的网络环境，教育工作的意义就大打折扣，以至于有的高校中出现了学生不认识自己的老师、老师也认不出自己的学生这种既心酸又无奈的现象。

（二）就业压力大让高校学生产生了心理问题

近年来，我国高等教育规模有较快的发展，许多高校为了培养更多的高素质人才都在扩大招生规模，大学生的数量越来越多，一些大学生早已不是事业单位青睐的精英人才，因此大学生的就业形势变得日趋严峻起来。这种现实的压力不仅给大学生带来了心理负担，而且很容易使他们产生心理方面的问题。一些大学生在日益激烈的就业环境中变得不知所措、无所适从，他们很容易情绪低落、烦躁沮丧。一些学生由于心理压力大，甚至还出现了失眠、心悸等生理症状。

### （三）学生管理工作人员的综合素质有待提高

随着经济的发展和人民生活水平的提高，我国高等教育的规模也在不断扩大。现如今许多高校都在扩大招生规模，很容易就会出现管理学生的人才队伍与发展迅速的高等教育相脱节的现象。在高等学校中，辅导员是管理学生的重要工作人员之一，也是与学生接触比较频繁的管理者。但是有些高校由于对辅导员重视程度不够，辅导员的积极性得不到提高，很容易出现工作态度不认真、行为散漫的现象，这是很不利于高校学生管理工作的顺利进行的。另外，一些高校的教师承担着传授知识和管理学生的双重工作，他们的工作能力不够强，工作水平也参差不齐，这些都会影响高校学生管理工作水平的提升。

## 第二节　高校德育引导与学生管理工作的改进策略

### 一、对高校学生管理工作中使用新媒体的建议

随着大数据时代的到来，新媒体在学生管理工作中的使用成为一种趋势，对学生和教育工作者在生活、学习以及行为倾向、思考方式上都有巨大的影响。学生对复杂多变的新媒体环境还没有自己正确的认识，无法分辨信息的真假，容易受虚假信息的误导，难以形成正确的世界观、人生观和价值观。新媒体的多功能性给学生管理工作者带来工作便捷的同时，也带来了挑战，线上线下对学生思想动态的关注和指引都必不可少。因此，根据调查发现的新媒体在高校学生管理工作中使用的现状和出现的问题，结合笔者在实际工作中的情况，提出如下建议。

### （一）注重对高校网络管理团队的建设和培养

网络新媒体技术在不断发展，新媒体在学生管理工作中是必不可少的工具，在保障网络信息健康、思想政治方向正确的前提下开展学生管理工作，就一定要建设一支专业的网络管理团队，加强和改善网络载体的建设，主动引导学生在网络空间的活动，主动占领和开辟思想政治教育的新天地，确保网络舆论的

正确方向。也要注重培养一线的学生管理工作者的新媒体使用技能，不能想当然地认为学生管理工作者已经会使用新媒体，能够熟练运用新媒体开展工作。

### （二）将"以学生为中心"作为学生管理工作的宗旨

学生管理工作是以管理、服务、教育学生为目的的，说到底是为了学生而开展的一系列工作。"以学生为中心"顺应时代和科技发展的趋势，各高校应利用和发挥好新媒体平台的作用，不断推进学生综合素质、能力的提高，指引他们形成正确的价值观、人生观、世界观，最终使学生得到全面发展。"以学生为中心"的理念要求在学生管理中使用新媒体就要让学生以主体地位参与管理，体会责任感和使命感，并提高管理效率。学校应该充分利用好新媒体，让学生参与到对教师教学质量、教育管理水平、校园环境等多方面的评价。学校的管理，尤其是学生管理工作，离不开学生的发展需求，学校应把尊重学生、爱护学生、理解学生、维护学生的根本利益作为学院开展工作的关键。学校应该利用高校学生对手机和网络的依赖，通过新媒体开展各种符合学生发展需要的网络活动和比赛，以活动的新颖和独创性来吸引学生，以活动的内容来教育学生，进而提高学生管理工作的效率，同时也加强学生自我教育的能力。

### （三）开展"一站式"学生事务服务

"一站式"学生事务服务在很多高校已经开展，但每个学校"一站式"学生事务服务的名称各有不同，有的称为学生事务中心，有的称为学生事务服务中心等。一般有两种形式：一是学生处和代表各部门的工作人员集中在大厅办公，工作的内容是原部门业务，接受原部门的领导；另一种是通过"一站式"事务服务的指导老师带领一批学生干部或者勤工俭学的学生进行服务，这是学生自我管理、自我服务的一种形式。在指导老师的带领下，一群勤工俭学的学生或者学生干部借助新媒体的应用，在线上和线下共同办事，借助一体机的辅助，实现学生自我管理、自我服务。学生事务服务涉及的内容主要是关于学生工作的事务，包括学生证的办理、补办，奖学金、助学金、助学贷款的申请，成绩单的打印，开具就读证明等，这些简单的查询和工作流程都是可以简化并通过新媒体的使用来迅速解决的。

"一站式"事务服务的根本目的是服务人，同时也可以让学生的自我服务意识、自我管理意识得到体现，还能让学生管理工作者有更多的精力投入学生的思想教育工作中。

## 二、加强高校德育实效的举措

### （一）培养良好的道德素养和健全的人格

学校可通过大会报告、集中辅导、典型发言、知识竞赛、专题演讲、理论研讨等形式开展关于党的基本路线、重要思想等的教育活动。同时，思想政治教育都要做到有计划、有辅导、有考勤、有记录、有考核，保证时间和内容的落实，保证受教育面达到100%，不留"死角"。

### （二）树立一批有说服力的先进典型，用身边的榜样去教育人、熏陶人

我们常说"榜样的力量是无穷的"，但如果"榜样"高不可攀或离大学生生活较远，则其榜样力量会大打折扣；反之，如果在大学生身边树立一批看得见摸得着的优秀典型，则会迅速产生"样板"效应。

### （三）大力开展读书活动

学校要制订年度读书计划，通过阅读使大学生增长知识、陶冶情操。同时可大力开展"读一本好书""提一条好建议""写一篇好文章"等活动，来充实大学生的精神生活。

### （四）不断更新德育内容

高校德育内容应从简单的娱乐型活动向集思想性、知识性、科学性、趣味性为一体的综合型集体活动转化。各高校每年的"艺术节"等活动和大学生的各种社团活动应成为每一个大学生施展自己才华的舞台和净化大学生灵魂、提升大学生道德水准的芳草地。

### （五）广开言路，培养浓厚的民主氛围

各高校可以在大学生中间开展"说句心里话"等活动，发动大学生就学校建设，教学改革，对荣誉、利益的认识以及对学校工作的不满之处直抒己见，畅所欲言，提高大学生的主人公意识。

### （六）加强马列主义、毛泽东思想、邓小平理论、"三个代表"重要思想、科学发展观和习近平新时代中国特色社会主义思想的学习

各高校可以成立"马列主义研究会"等社团组织，广泛、深入地学习和宣传先进科学的社科理论，用科学的社科理论改造和武装学生的头脑，帮助学生树立科学、健康的世界观、人生观和价值观。

### （七）进行"感恩"教育

大学生的成长离不开国家、社会、家庭方方面面的支持、帮助和培养。当代大学生存在"感恩情结"的严重缺失。因此，高校学生管理工作必须增加感恩教育内容，让大学生感国家之恩、社会之恩、家庭之恩。

### （八）对个别有特殊"问题"或"倾向"的大学生要进行特殊管理教育

学校不应鄙视有缺点或犯过错误的学生，对这些学生要坚持正面引导，要用爱心温暖他们冷却了的心，用真情感悟他们迷失了的灵魂。

以上所提方法和建议只是择其要者，各高校在实践中还需要不断摸索和创新，以适应社会的发展和学生管理工作的需要。

## 三、高校学生管理问题的解决策略

针对目前高校学生管理工作中出现的问题，笔者认为可以从以下几个方面对目前出现的问题进行解决和矫正。

### （一）牢固树立为学生服务的管理意识

高校学生管理工作的实质其实就是服务于学生，而不是真的进行所谓的管理。大学生群体对于规范意识已经有足够的理解力和自制力，其社会化程度足够深，因此传统的管理思维其实并不适用，因此，需要建立一种服务于学生的思想和管理意识，时刻以服务学生、便利学生为主要目的。

现在某些高校的学生管理工作并不是在服务学生，看起来更像是在为难学生，因此需要破除这些制度性的阻碍，将服务学生、便利学生落实到行动上。

### （二）时刻了解学生思想动态

"思想是行动的先导"，只有了解学生的思想动态，才能对学生进行有针对性的管理。经济学中的信息不对称导致了价格的隐瞒，在管理中也一样，信息的不完全就会导致管理工作的隐瞒或者隐患。大学生群体的思想动态是学生管理工作的重中之重。

### （三）提升管理者自身的管理素质

高校学生管理者自身管理素质的提升其实是产生管理问题的一个十分重要的原因，就像很多父母其实并没有通过"考试"就当父母一样，管理者也并没有通过一个比较严格的标准来认可其具有管理能力和素质，因此，需要通过建立一套严格的管理者的考核程序，将管理者的能力呈现出来，对不合格的管理者进行业务培训，提升其管理能力。

高校学生管理工作其实一直是被忽视的领域，因为社会对于高校的关注点和焦点大多集中在其学术能力以及学生的就业状况，很少关注到学生管理工作本身，因此，我们应该清晰地认识到这个问题，并且以足够的理性去解决问题。

### 四、高校学生管理与德育的融合路径

现如今，在素质教育不断深化与改革的大背景下，高校在管理学生过程中，如果一味地运用单一、传统的学生管理模式，忽视了德育作用的发挥，会影响学生管理效果与水平的提升。

#### （一）学生管理与德育的关系

在对学生展开教育与管理时，积极、全面地应用德育的理念和内容，能够有效地提升高校学生管理工作的效率，也能够促进高校德育效果与水平的提升。通过对学生管理与德育关系的探究，能够推动二者之间更好的融合，将 1+1 ＞ 2 的教育与管理作用有效地发挥出来。下面对学生管理与德育的关系进行有效的探究与分析。

1. 高校学生管理与德育都是一种教育与管理手段

在对高校学生进行管理时，学生管理与德育都是培育人才的一种有效手段和方式，二者之间存在着有机融合与相辅相成的关系。高校的德育能够为学生管理工作提供更好的途径与方法，通过德治教育，能够对学生的思维与价值理念进行更好的指引与塑造，不断运用先进的思想政治思维与理念来影响学生、教育学生，能够帮助学生更好地服从学校的各项管理工作。与此同时，高校在对学生进行管理时，通过对学生思想和行为的管理与约束，能够为高校德育工作的有效开展提供更好的基础与条件，使高校德育环境得到更好的优化、增强高校德育的效果与水平。由此可见，德育与学校管理工作之间存在着相辅相成、相互推进与影响的关系。德育工作能够促进高校学生管理工作更加顺畅、有序与高效地进行，高校学生管理工作能够使德育效果更为显著，从而推动高校学生管理工作与德育水平的双向提升。

2. 德育和学生管理相互补充与促进

从高校德育与学生管理工作的关系方面来分析，二者之间既相互促进，又相互补充。高校的德育着重于说理，从人生大道理与价值观等方向来引导与影响学生，重视对学生思想与价值观的引领与正确行为的引导。同时高校德育的形式与内容比较灵活、多样，不会受到很多条条框框的局限与禁锢，能够不分

场合、不分时间和地点，随时展开德育活动。但是高校的学生管理工作却不一样，其需要相应的制度和其他条条框框的东西来约束，且学生管理更加制度化，学生在一定程度上受到很大的限制，具有非常明显的强制性。由此可见，德育的灵活性与学生管理的强制性、制度化之间能够进行相互的补充与促进，这样能够刚柔并济地对学生实施科学化管理，增强德育效果与学生管理效率。

3. 高校学生管理是德育的一种形式与载体

目前，在高校的德育工作中，德育不单单局限于传统课堂的教学，而是在高校各项教育教学活动中都有所融合与渗透。在学生的日常生活与学习中也处处体现着德育的内容与价值，高校学生管理工作也推动着德育工作的有序进行。高校学生管理各项工作的组织与开展使得德育的形式与途径变得更加丰富，更容易实现高校德育的目标。与此同时，高校的德育、学生管理工作都是以学生为主体的，主要都是帮助学生更加完善、更全面发展。

### （二）高校学生管理与德育融合的重要性

现如今，随着国家教育制度不断改革与创新、素质教育工作的有效开展，高校在开展各项学生管理工作时，不能单一、局限地运用一种方式或者方法来展开教学，且在德育方面也不能够依靠课堂这样单一的模式来教学，这样的管理模式与教学模式都会影响与制约育人、育才效果的呈现，不利于提升高校学生管理效率、德育水平。只有将高校学生管理工作与德育全面融合，才能够使二者相互推进、相互补充，还要做到以学生为中心和重点来展开各项思想教育与学生管理工作，从思想与行为上推动学生取得更好的发展。

### （三）高校学生管理与德育相结合的方略

1. 重视学生管理与德育机制的健全与完善

为了能够实现对学生的高效化管理，并更好地实现高校德育的目标，高校重视学生管理与德育机制的健全与完善是非常必要且迫切的。高校要对当前学生管理机制的实际现状和问题进行分析与研究，并对德育过程中存在的难题进行掌握，从而制定更具针对性与有效性的学生管理机制与德育体制，这样能够为学生管理工作、思想教育工作的有效开展提供良好的制度基础与保障。与此同时，各高校在健全和完善各项管理机制时，要多了解和掌握学生的思想状态，坚持以学生为核心来完善德育机制，制定科学、合理的管理机制与教学制度，这样能够让学生更好地认可、接受与遵从学校的各项管理制度与教学机制，在这样的基础上进行学习与生活，这样高校也能够更好地运用管理体制来合理约束学生的行为，激励学生更加积极、主动、全面地参与到学校的各项管理工作当中，逐步推动学校各项管理工作水平的快速提高。

2. 坚持和贯彻以学生为本的原则

学生是学校各项管理与德育的核心与载体，学校要想实现学生管理与德育的有效融合，就要从学生的实际情况出发，坚持和贯彻以学生为本的原则和方法，多了解、关心与掌握学生的实际心理动态与生活情况，平等、公平地对待每一位学生，以学生的持续、健康发展为管理核心与教育目标，切实了解学生的疾苦与难处，帮助学生更好地克服思想上的问题以及行为上的缺陷。与此同时，随着国家素质教育工作的不断深化，教师在德育上必须要对学生的主体性教学地位予以充分且全面的尊重与重视，要多结合学生的个性化特征来实施个性化、科学化的管理工作，让德育在学生管理工作中更好地发挥作用，并在学生管理工作中更好地实现对学生的德育，促进高校学生管理与德育之间相互促进与补充，共同实现对学生的教育与管理的目标。

3. 重视学生管理与德育理念、方式的转变与革新

高校在管理学生时，如果一味地运用传统、落后、单一的管理模式与思维，且在这种疲劳管理模式下，学生与教师都很容易陷入管理与教育的恶性循环中，严重影响教育工作与学生管理工作的有效进行。鉴于此，高校必须要重视学生管理与德育理念、方式与方法的改变与创新，不断推陈出新、与时俱进，不断创新更加多样、特色化的教学管理模式与学生管理方法，重视德育的跨学科、跨领域教学。高校辅导员在管理学生时要有意识、有目的地对学生进行德育，并将学生管理工作内容与方法和德育的内容与方法融合到一起，做到你中有我、我中有你，促进德育与学生管理工作之间的巧妙融合。与此同时，在管理模式与手段上，高校的辅导员与教师要进行强强联合，强化对学生日常学习行为与理念、生活行为与方式的管理与教育，可以通过微视频、微信等方式对学生实施信息化管理，并在日常管理工作中将德育内容传播给学生，在耳濡目染、潜移默化中不断培养学生优秀的思想政治素养与高尚的政治信仰，培养与激发学生的爱国主义精神和情怀，从而更好地塑造与提升学生的综合素养与能力，促进学生更加健康与持续地发展。

4. 高校要重视辅导员队伍的壮大、师资力量的增强

高校辅导员与教师是推行学生管理工作、德育工作的先驱与中坚力量。为了能够促进德育与学生管理工作之间更好地融合，高校必须要重视辅导员队伍的壮大、师资力量的增强，定期对高校辅导员、教师等进行专业化的培训与指导，

逐渐提升辅导员的学生管理实力、增强思想政治教师的综合教学素养与能力，并推动辅导员与思想政治教师之间的联系与合作，使他们为了管理和教育好学生这个终极目标而付出最大的努力。与此同时，高校要明确辅导员与教师的工作职责，明确奖惩机制，激发辅导员以及教师的工作热情与动力。此外，辅导员以及教师为了自身职业的长远发展，也要利用业余时间给自己充电，不断解放思想，跟随时代的发展步伐来学习与了解先进的学生管理模式和方法，并将德育的内容与形式进行更好的革新与创新，增强自身的德育能力，壮大高校师资队伍，推动高校德育与学生管理工作更好地实现融合与创新，更好地发挥出育人、育才的实际效用与价值。

综上所述，高校在开展德育与学生管理工作时，要重视管理理念、德育方式的转变与革新，结合当前的高校学生管理与德育的实际现状与特点，不断健全和完善学生管理制度以及德育体制，不断优化与创新德育的路径与学生管理手段，充分尊重学生的主体性教学地位，以学生为中心和重点推动高校学生管理工作与德育工作更加高效地进行，促进德育与学生管理工作的融合与创新。这样既能够丰富德育的形式、创新学生管理工作的推动方式，又能使二者相互促进，更好地实现高校学生管理工作目标，并使大学生的思想政治思维与政治素养在学生管理工作中更好地实现塑造与提升。

# 第五章  高校德育引导在学生管理工作中创新的路径

高校德育工作的改革对教育治理体系和治理能力现代化有着重要的推动作用。新时代，国家针对德育相关工作出台了很多新政策，对高校思想政治教育提出新要求，推出新举措。但高校的德育工作中还存在着一些问题亟待解决。高校要不断创新德育工作路径，把立德树人作为教育的根本，培养德才兼备、担当重任的社会主义建设者和接班人。本章内容包括优化教育环境、构建德育引导的教学资源、构建良好的教育学习型学校。主要分析了融入核心价值观教育，树立正确的思想观念；加强德育课程作用，组织公益服务活动；打造网络德育平台，全面渗透德育；增强德育实效性，构建生活化的课堂教学；利用本土资源，构建校本德育课程；构建学习型学校的契机、困境和策略；构建学习型学校的理念框架；等等。

## 第一节  优化教育环境

党的十九大对于新时代高校德育工作有了明确的指导，培育和践行社会主义核心价值观，要以培养担当民族复兴大任的时代新人为着眼点，系统推进立德树人，要把德育摆在更加重要的位置，改进和加强思想政治工作，大力发展素质教育。目前，我国高校的管理水平有了较大提升，但与高校的办学目标还有很大的差距，要提高高校的管理质量，就必须对当前的高校教育环境进行革新。

### 一、融入核心价值观教育，树立正确的思想观念

党的十九大报告明确指出："社会主义核心价值观是当代中国精神的集中体现，凝结着全体人民共同的价值追求。"要把社会主义核心价值观融入社会

发展各个方面，发挥其对国民教育、精神文明创建的引领作用，高校思想政治教育工作是关键的突破口。2016年5月习近平总书记在哲学社会科学工作座谈会上的讲话中多次强调，"高校哲学社会科学有重要的育人功能，要帮助学生形成正确的世界观、人生观、价值观，提高道德修养和精神境界，养成科学思维习惯，促进身心和人格健康发展"。因此，将社会主义核心价值观融入高校育人工作之中，是高校积极承担立德树人根本任务的具体表现，更是培养又红又专、德才兼备、全面发展的中国特色社会主义合格接班人的重要环节。

在高校德育中，教师应当将社会主义核心价值观放在重要的指导地位。社会主义核心价值观是受到我国社会广泛认同的、具有主导作用的价值观念，也是新一代人才应当具有的宝贵思想品质。因此，高校德育要加强对学生核心价值观的教育。具体来说，可从三个方面出发：一是理想信念的教育，大学生作为新一代的社会推动力量，应当树立起崇高的理想目标，通过理想信念教育，引导学生将自己的理想与社会主义共同理想结合起来，从而实现个人价值与社会价值；二是要加强民族精神教育，构建起以爱国主义为核心的民族精神教育体系，培养学生的民族自豪感，自觉继承和弘扬中华民族宝贵的精神品质，如自强不息、勤劳勇敢等；三是要推动高校德育的创新改革，为德育注入新的活力，以适应现代社会与学生成长的需求。

核心价值观教育不能仅停留在理论层面上，还要通过实践活动的方式来拓展德育内容，对学生形成更为深刻的影响，同时也能够以实践来检验高校德育的效果，加强德育与学生生活之间的联系。如可以用榜样的力量来引导学生，组织学生观看学习先进人物事迹，提高学生的思想道德水平，还可以在班级内、学校内定期评选道德模范学生，以拉近德育与学生之间的距离，促使他们自觉地以社会主义核心价值观要求自身的言行，在一点一滴中逐渐促进学生思想道德素养的发展，让学生树立起坚定、正确、积极的价值观念，避免受到不良思想的影响，成长为符合社会主义建设需要的人才。

**（一）社会主义核心价值观与高校德育的内在统一**

社会主义核心价值观为国家、社会和个人的全面发展提供明确的价值标准和价值目标。高校作为大学生德育的主渠道和主阵地，其教育目标、教育内容、价值选择与社会主义核心价值观具有高度的内在统一性。社会主义核心价值观统领高校德育工作的方向、原则与方法。教育活动的本质是立德树人，高校德育理论课是大学生思想教育的主渠道，正确把握"为谁培养人""培养什么样的人""怎样培养人"这个核心问题是保证高校教育为人民服务、为社会主义服务的关键。社会主义核心价值观立足时代发展变化，从国家发展、社会建设和个人品德三个维度出发，精确提炼出社会主义精神文明建设的发展方向，对于促进人的全面发展和社会进步具有重要的时代价值和现实意义。德育工作具有强烈的时代性与现实性，在实际工作中，高校坚持以社会主义核心价值观为引领，紧跟时代的变化发展，不断提升德育的感染力、号召力和实效性，是高校德育工作实现长足发展的根基。

高校德育工作从根本上说是做人的工作，其根本目的是提高大学生思想水平、道德品质、政治觉悟和文化素养，使学生成为德才兼备、全面发展的社会主义接班人。社会主义核心价值观从国家、社会和个人三个层面引领大学生的价值选择与思想发展，对于巩固马克思主义在意识形态的指导地位，引导大学生树立坚定的共产主义理想信念，促进人的全面发展具有重要的时代意义和现实意义。因此，大学生能否形成正确的价值观，是否认同并在实际中践行社会主义核心价值观成为影响高校德育工作实效性的重要因素。

培育和践行社会主义核心价值观不是空洞的理论说教，而是要找准理论建设与人们思想的共鸣点，搭建群众平台，用接地气、贴近性、对象化的形式将社会主义核心价值观的精髓融入人们的生活之中，提升全民精神文明素养。而高校德育工作同样是理论与实践相融合的教育活动，在理论学习过程中实现专业学习与社会实践相结合，用实践检验真理，用理论指导实践，在知与行的统一中构建理想信念，培养政治素养，提升道德水平。因而，社会主义核心价值观与高校思想政治工作具有高度的实践契合性，也是二者能够实现实效性的根本要求。

### （二）社会主义核心价值观融入高校思想政治教育的必要性

调查数据显示，当前大学生整体价值观状况良好，能够高度认可社会主义核心价值观，但也存在群体差异和校际差异等诸多问题。受市场经济的影响，各种社会思潮、不良风气、网络等现实因素冲击着大学生的思想观念，将社会主义核心价值观融入高等学校教育课程之中迫在眉睫。

1. 培养和践行社会主义核心价值观的客观需要

对于一个国家和民族而言，要想把全社会凝聚到社会主义事业建设中来，必须要形成一套全民共同信仰的价值观念。社会主义核心价值观深入阐明了我们要建设什么样的国家、社会，培养什么样的人，是推动社会发展最深层、最持久的力量。青年大学生是建设社会主义的中坚力量，是社会发展的中流砥柱，那么，青年的价值取向也就决定了未来整个社会的价值取向。因此，将社会主义核心价值观融入高等教育之中,使大学生群体致力于勤学、修德、明辨、笃实,坚定社会主义共同理想,树立社会主义核心价值观,这不仅是社会全面发展的必要条件,也是培育和践行社会主义核心价值观的客观需要。

### 2. 大学生对社会主义核心价值观的认知与践行不统一

大学生的思想状况整体呈现良好的发展状况,他们坚决拥护中国共产党的领导,在政治上积极进步,能够认知并践行社会主义核心价值观。但是,受市场经济影响,各种社会思潮泛滥,导致部分大学生思想出现偏差,价值取向多样,缺乏远大理想,轻视道德修养,忽视整体利益。大学生对社会主义核心价值观的认知与践行不统一深刻说明了大学生对价值观的认知浮于表现,缺乏情感认同,同时也侧面说明高校德育工作效果不明显。因此,落实社会主义核心价值观进课堂、进教材迫在眉睫。

### 3. 互联网时代下大学生思想状况参差不齐

随着互联网的出现,各种媒体平台不断涌现,思维活跃、乐于接受新鲜事物的大学生迅速成为网民大军中的主力。网络平台的丰富性、及时性满足了人们对信息的需求,对大学生掌握各种信息产生了一定的积极影响。但是,有些大学生沉迷于网络游戏、微博、微信、各种虚拟社交的应用程序,严重影响了正常的学习、休息及其他社会交流,甚至引发一系列的心理问题。互联网平台传播各种社会思潮、复杂多样的价值观念,消费主义、享乐之风、奢靡之风等负面思潮严重干扰了大学生对社会主义核心价值观的正确认知。

### (三)社会主义核心价值观融入高校德育的路径

#### 1. 确立中国特色德育工作的指导思想和根本任务

新时代高校的德育工作要以习近平新时代中国特色社会主义思想为指导,全面贯彻党的教育方针,坚持和加强党的全面领导,坚持社会主义办学方向,以立德树人为根本,以理想信念教育为核心,以培育和践行社会主义核心价值观为主线,以建立完善全员、全程、全方位育人体制机制为关键,全面提升高校思想政治工作质量。新时代,高校德育工作的根本任务是要把青年大学生培养成为社会主义建设者和接班人。这就让高校明确了"培养什么人、怎样培养人、为谁培养人"的问题。习近平总书记给北京大学援鄂医疗队全体"90后"党员回信中指出:"青年一代有理想、有本领、有担当,国家就有前途,民族就有希望。"高校德育工作要在厚植爱国主义情怀上下功夫,让爱国主义精神在学生心中牢牢扎根,教育引导学生热爱和拥护中国共产党,立志听党话、跟党走,立志扎根人民、奉献国家。

### 2. 构建中华优秀传统文化传承和创新的"根魂"教育

中华优秀传统文化是中华民族的"根"与"魂"。习近平总书记多次强调中华优秀传统文化是涵养社会主义核心价值观的重要源泉，要认真汲取中华优秀传统文化的思想精华和道德精华。他在庆祝澳门回归祖国15周年大会上的讲话中说："中华民族在几千年历史中创造和延续的中华优秀传统文化，是中华民族的根和魂。"引导大学生增强"四个自信"特别是文化自信，培育和践行社会主义核心价值观，实现中华民族伟大复兴的中国梦，具有长远的战略意义和重要的时代价值。

### 3. 推动新媒体环境下"网络德育"工作的创新发展

在全国高校思想政治工作会议上，习近平总书记指出："要运用新媒体新技术使工作活起来，推动思想政治工作传统优势同信息技术高度融合，增强时代感和吸引力。"高校德育工作者应抓住新媒体环境下提供的机遇，迎接"微时代"的挑战，与时俱进，不断推进高校德育工作顺利向前。

### 4. 树立高校新时代中国特色德育之魂

育人之本在于立德铸魂。高校必须要确立育人理念之魂。立德要在坚定师生理想信念上下功夫，在厚植爱国主义情怀上下功夫。高校教育者要从自身做起，教育引导学生树立共产主义远大理想和中国特色社会主义共同理想，要把历史文化和国情教育放在突出位置，把坚定文化自信作为德育的重要任务，把优秀传统文化的精髓深深植入高校师生心中。教育引导学生肩负中华民族伟大复兴时代重任，只争朝夕，不负韶华；教育引导学生扎根人民，立志奉献国家，志存高远，脚踏实地，勇做时代的弄潮儿，在实现中国梦的生动实践中放飞青春梦想，在为人民利益的不懈奋斗中书写人生华章。

## 二、加强德育课程作用，组织公益服务活动

让学生接受正确的理论思想在德育中具有基础性的作用，因此，有必要加强德育课程的建设，更新思想政治理论课程的内容，不断融入新的时代特征，构建出以马克思主义为指导思想的高校理论政治课程体系。同时，将课堂教育和实践活动有机结合起来，落实马克思主义从实践中来，并回归于实践的思想，推动政治理论教育和学生生活实际之间的结合，增强学生的学习主体作用，让学生在思考实际问题的过程中深化德育的效果。此外，要根据大学生的认知特点创新德育课程的方式、方法，改变过去学生被动接受的教育方式，促使他们主动地参与到教育过程中来，积极地学习与接受相关理论思想内容。教师在讲

解马克思主义理论的时候，还要注重与现代社会的结合，可利用马克思主义来解释一些现代社会中的问题与现象，增强理论内容讲解对学生的说服力，同时也使学生学会用马克思主义的思想与方法来分析问题，提高辨别是非的能力。德育教师本身的素养对德育课程的教育效果有着很大的影响，因此，教师要不断提高自身的思想道德素养，加强对马克思主义的学习，同时还要积极学习和运用先进、新颖的教学方法，更新教育理念，注重与学生之间的交流互动，既要阐述理论，也要注重实际问题的解决。教师要将学生作为德育课程教育的主体，注重其学习积极性的激发，以营造良好的课堂氛围，使学生更加容易理解和接受各种思想观点。

当前，微公益活动已逐步成为大学生参与公益活动的新形式与载体，它以参与便捷、投入微小、受众面广等优势受到大学生的积极认可。大学生微公益活动除了具有一般公益活动的特征和内涵外，还具有社会性、个体性、教育性的德育功能，能对高校德育工作起助推作用。高校德育工作者应当将大学生微公益活动作为开展高校德育工作的有效形式和载体，明确它的德育功能，从而可以依照不同的功能设计相应的德育实施途径，促进大学生道德水平和高校德育工作实效的提高。

### （一）问题的提出

近年来，随着我国现代信息技术的高速发展，公民参与公益活动的形式和内容都产生了较大的变化，其显著变化之一就是以借助网络信息平台完成公益行为的微公益活动越来越得到民众的热切关注和积极参与。微公益活动本质上是一种公益活动，具有公益活动的一般特征，同时又有参与便捷、投入微小、受众面广等优势。作为社会中最具有活力的群体，在校大学生一直是微公益活动传播及开展的主要参与者和推动者，他们在活动中能够自觉地遵守一定的社会道德规范，并将其内化为自身的道德意识和外化为道德行为，从而形成了一个简单的自我德育过程，逐步提升其思想道德水平。针对当前微公益活动已被越来越多的大学生所接受并成为他们参与公益活动、接受主题教育重要方式的情况，高校如何在立德树人根本任务的指引下，明确其德育功能的内涵与特点，使其成为高校德育育人的重要途径和载体，已经成为新时期加强高校德育工作的重要研究课题。

### （二）大学生微公益活动的发展特点及德育功能概述

1. 大学生微公益活动的发展特点

（1）微公益活动的内涵

微公益的理念最先发端于美国，是伴随着网络信息技术的发展而产生的一种新型的公益方式，单从字面上可解释为"微小的、微型的公益"，其立足在"公益"，特色在"微"。吴秋鹏认为，微公益组织是"在特定领域内的，以信息技术为手段，服务和依靠广大用户自我管理、协同合作来践行微公益理念的公民组织"，该定义突出了微公益活动的信息化特点。王振耀认为，微公益是"利用新媒体，让自己将自己的点点滴滴关怀融于社会整体之中的一种公益行动"，他将微公益的特点聚焦于"微"和"新媒体"之上。通过上述两种对微公益具有代表性的论述可以看出，是否利用信息化（或是网络新媒体）手段，是否强调人人参与、积少成多来开展公益活动，已经成为微公益区别于传统公益活动的重要标识。基于此，我们可将微公益活动的内涵理解为，微公益组织或公益人利用信息技术或手段，以网络平台为媒介发起、组织、实施的一系列公益活动，这类活动倡导"人人皆能公益""积少成多，聚沙成塔"的理念，具有参与便捷、投入微小、受众面广等特点，能够有效营造积极参与公益的社会氛围。

（2）大学生微公益活动的特点

大学生微公益活动是以大学生为参与主体的微公益活动，它具有微公益活动的一般特征，同时也因为活动参与主体为大学生而具有自己的特点。一是活动的育人指向性更强。大学生微公益活动由于以大学生为参与主体，这就要求其除了要按质保量完成公益目标的任务之外，还承担了以公益理念来育人的职责，这既是大学生成长成才的内生需要，同时也是新形势下加强和改进大学生思想政治教育工作的迫切需求。二是活动的组织更规范。参与微公益的大学生在校园内一般都有多重身份归属，如归属某班级、某学生组织等，相比较社会上的微公益活动，他们在参加微公益活动时大多都由校内志愿者或公益组织按照相关制度进行发动和组织，且具有明确的组织分工。三是活动的载体更丰富。当前社会上的微公益活动主要通过公益网络平台来发布与开展活动，这种方式虽然利用网络的便捷打破了空间上对参与公益活动的限制，但同时也容易造成公益活动无法落地聚焦的问题。大学生微公益活动在活动开展上，可利用大学生在校内相对聚集的优势，做到公益服务线上与线下的紧密结合，利用宣传板报、思辨会、实地服务等形式进行微公益活动的服务空间拓展，从而扩大其公益影响力和育人效果。

### 2. 大学生微公益活动的德育功能概述及认识

对大学生微公益活动德育功能的理解影响到对其存在的价值和意义的认识。在对大学生微公益活动的德育功能进行理解时,我们既不能认为是要借助微公益活动完成高校德育工作的任务和目标,同时也不能将其与高校德育工作所要表现出来的客观效果相等同。大学生微公益活动的德育功能指的是构成大学生微公益活动的内、外部诸要素以一定的方式相互作用,产生了具有德育功能的关系和联系,这些关系和联系能够体现促进大学生个体和社会的发展的特性和能力。

正确理解大学生微公益活动的德育功能对当前做好高校德育工作具有积极意义。一是有助于高校德育目标的确立。高校是培养社会主义合格建设者和可靠接班人的重要阵地,承担着完成党和国家确立的立德树人的根本育人任务。通过对大学生微公益活动德育功能的正确理解,能够重新审视微公益活动在高校德育育人工作中的重要作用,消除"大学生微公益活动只是单纯的学生课外活动"的误解,丰富高校德育育人的途径和手段,让高校实现在当前网络化社会趋势下德育目标的细化和修订。二是有助于建立适度、适当的德育评价的形式。当前社会大众对高校德育育人的期待较高,没有充分理解高校德育工作的复杂性和持续性,认为高校德育系统应该能够独立地引导大学生形成正确的价值观、世界观和人生观。当他们发现高校德育育人实际效果与期待之间存在差异时,就会形成主观评价,认为高校德育的"实效性"较低。正确认识包含大学生微公益活动在内的各种德育媒介或途径的功能,就是要以"实"的角度来看待德育,建立适度、适当的德育评价,明确它们的"可为"和"不可为"之处。在"可为"之处高校尽心尽力、恪尽职守;在"不可为"之处,让政府、社会和个人共同完成,以此才能实现大学生道德水平的不断提高。三是有助于德育实践的开展。大学生微公益活动应是带有某一具体德育目标的实践活动,能够对大学生道德水平的提升起到促进作用。正确理解大学生微公益活动德育的功能,理顺其诸多功能之间的逻辑与层次关系,从功能结构倒推活动的具体实施方案,实现德育实践活动的"聚焦"与"精准",从而提高微公益活动德育育人的针对性和实效性。

### 3. 大学生微公益活动德育功能的体现

德育功能的类别取决于不同的研究角度。王文元在"我国德育功能研究"一文中,列举了我国理论界曾论述过的德育的二十多项功能,如德育的政治功能、经济功能、性格优化功能等。面对理论界对德育诸多功能的论述,檀传宝认为应当有度（有限罗列）、有序（有层次划分和中介环节）地认识德育的功能，将德育的诸多功能进行分层并建立逻辑关系，从而可使德育工作者能了解德育功能的本来面目并扎实有效地开展德育实践。基于此理论，笔者尝试将大学生微公益活动的诸多德育功能进行罗列与分层，并建立它们之间的逻辑关系，主要从社会性德育功能、个体性德育功能和教育性德育功能三个方面来阐述。

（1）社会性德育功能

大学生微公益活动的社会性德育功能指的是大学生微公益活动德育功能对社会发挥何种程度与性质的作用，主要体现在政治思想传播、经济助推和文化建设三个方面。

①政治思想传播作用。大学生微公益能始终围绕党和国家制定的方针、政策开展活动，充分传递着"奉献、友爱、互助、进步"的理念，大学生参与其中能够了解国情、团结互助、帮助他人，能自觉地将自身的发展融入国家和社会的发展之中，加深对建设具有中国特色社会主义社会的认同和理解。大学生通过微公益活动，能够帮助他人，实现公益目标，同时也在微公益活动的宣讲、展示、服务过程之中，传播着社会主义核心价值观的思想，传递着党和国家对受助群体的关爱。与此同时，大学生参与微公益活动中体现的服务热情和敬业精神具有较大的道德辐射力，能够激起公众参与公益活动的动力，在潜移默化中引领社会风尚，形成良好社会风气。

②经济助推作用。大学生微公益活动一般不参与物质生产活动，不会产生直接经济效益、创造物质财富，但它却会对社会经济起到助推作用。一是大学生微公益活动的蓬勃发展能够催生大量的社会性服务岗位，能够促进就业，从而带动公益产业的发展。二是大学生微公益活动目标实现手段的多样性需求能够推进网络信息技术的开发与研制，如微公益网络筹款就直接促进了网络支付与网络资金监管技术的提升，促进了网络设备更新与网络人才培训市场的繁荣。三是大学生微公益活动所倡导的生态环保、扶贫开发等理念能够唤醒社会、企业对经济效益与生态效益和社会效益之间关系的重新审视，从产业结构升级、调整经营结构、注重环保生态、加大扶贫支持等方面间接创造经济价值。

③文化建设功能。我国自古以来就有"做公益要从小处入手"的文化理念和倡导，如"不积跬步，无以至千里；不积小流，无以成江海""勿以恶小而为之，勿以善小而不为"等。大学生微公益活动倡导参与学生在公益活动中做小事、汇大爱，这既是对我国优秀传统文化的发扬和传承，同时也是关注先进文化，实现大学生自身发展与校园文化、社会文化发展良性互动的过程。近年来，包括大学生微公益活动在内的各类公益活动的蓬勃开展促成了公益文化的理念

被公众广泛认知，越来越多的民众开始关注公益并参与其中，这对倡导社会主义核心价值观，鼓励、推动和引导社会公益事业的发展，都起着重要的意义和作用。

（2）个体性德育功能

大学生微公益活动的个体性德育功能在大学生本体上的体现要比其社会性功能显得更加直观与突出，它指的是微公益活动对大学生个体生存、发展、享用三个方面能够产生的实际德育影响，其中个体享用功能是大学生微公益活动个体性德育功能的本质体现与最高境界。

①个体生存功能。根据马克思主义人性观的观点，人既有自然属性同时又具有社会属性。在物质生活水平不断提高的当今社会，除了满足衣食住行的基本需求之外，人们追求精神生活充实、完成"自我实现"的愿望也愈发明显，这更新和延展了关于个体"生存"的概念和内涵。大学生在校学习期间，基本没有经济负担或过多的物质需求，这就促使他们有着较高的精神需求，他们愿意用所学来帮助他人，赢得他人的认可和尊重，而大学生微公益活动就提供了一个较好的获得途径。在大学生微公益活动中，参与者从身边力所能及的小事入手，不需要投入太多的时间或金钱即可帮助他人，如"众筹1元钱，丰富山区孩子的午餐""捡起身边的垃圾，改善周边环境"等。他们发现，这些微公益活动都与自身的生活密切联系，通过参与其中能够实现个体无法完成的目标并为社会创造价值，满足了大学生服务他人、奉献社会的精神需求，从而实现了微公益活动德育的个体生存功能。

②个体发展功能。大学生是青年人中的特殊群体，他们素质与知识水平较高，非常关注在个人成长与发展过程中关于人生的价值、生活的意义等价值取向问题，能够主动参与实践活动，在实践中验证思考和寻求答案。大学生微公益活动具有积极的社会意义，符合社会主义核心价值观的理念倡导，大学生参与其中能够完成个体"计划（前思考）—实施（实践）—反馈（后思考）"的过程，有利于其正确价值观的形成。通过一系列、多主题的微公益活动的实践，最终使大学生形成一个属于自我的良好价值标准，从而促使其个体德育发展水平的提升。

③个体享用功能。鲁洁认为，德育对每个个体来说，除具有发展的功能以外，还具有一种享用的功能。所谓德育的享用功能，即可使每个个体实现其某种需要、愿望（主要是精神方面的），从中体验满足、快乐、幸福，获得一种精神上的享受。大学生参与微公益活动，能够利用自己的微付出，积极地去认

识和改变世界。在微公益活动中，大学生能够积极践行"人人公益"的公益理念，特别是有些看起来"遥不可及"的公益目标，在众多参与者的齐心协力下能够完成时，他们必然会体验到快乐和满足，得到一种精神上的享受，实现个体享用功能。

（3）教育性德育功能

大学生微公益活动的教育性德育功能主要是指其在高校德育育人过程中载体作用发挥的程度。当前，高校开展德育育人主要有思想政治理论课（第一课堂）和大学生社会实践活动（第二课堂）等形式，在已有教学或活动模式的基础上，将大学生微公益活动的理念融入其中，可增强其德育教学效果。在思想政治理论课教学过程中，授课教师应当摆脱纯理论授课的方式，在结合授课内容和要求的前提下，将大学生乐于接受和参与的微公益活动引入课堂。如讲授到"社会主义核心价值观"时，教师可鼓励大学生带着对教学内容的理解，开展"我心目中的核心价值观"或"我为核心价值观代言"等微公益活动，让学生在活动开展中加深对授课内容的理解、增强对社会主义核心价值观的认同感，从而增强高校德育育人的实效。在开展大学生社会实践活动时，带队老师可帮助实践学生合理设置"微、小"实践目标，如调研某地的环保情况、大学生目前的就业形式等，让参与学生了解大学生群体与大学生社会化，认清自己的社会定位、角色转变以及应担负的社会责任，增强努力成才、报效祖国的使命感和迫切感，提升其道德觉悟水平。

大学生在校期间正处于价值观形成的关键时期，他们精力充沛、思维活跃、素质较高，希望能用所学帮助他人、奉献社会，这就给在当前以立德树人为根本任务的高校育人工作提供了很好的抓手和实施动力。在大学生微公益活动已经成为大学生实践活动新形式的今天，高校德育工作者应当将其作为开展大学生德育的新形式，明确它的德育功能，从而可以依照不同的功能设计相应的德育实施途径，促进大学生道德水平和高校德育工作实效的提高。

## 三、提高后勤部门服务质量，促进德育人人必修

近年来，我国高校教育迅速发展，高校的规模不断扩大，越来越多的高等院校致力于培养德智体美全面发展的大学生，为社会输送能"上岗即用"的人才。"德"作为大学生品行考量的首要因素，越来越受到高校的关注与重视，高校后勤部门的优质服务活动与学生德育的有机结合体现了后勤工作对德育的重要性。优质服务是一种精益求精的服务理念，是先进的、人性化的管理方法。

后勤优质服务活动为高校教学和科研提供了坚实的保障，随着后勤社会化改革的不断推进，后勤部门越来越注重优质服务活动对学生产生的影响。教学论认为，后勤服务对学生的思想道德、劳动能力培养方面会产生潜移默化的影响。近年来，各个高校后勤部门广泛开展优质服务系列活动，如何有效地发挥后勤优质服务活动对学生德育方面的作用也成了各个高校后勤职能部门探讨的问题。

**（一）优质服务活动在德育中发挥的重要作用**

**1. 打造劳动平台，帮助学生树立正确的劳动观念**

后勤工作广泛涉及师生医疗、校园绿化、宿舍管理、伙食管理、水电维修等内容，工作琐碎、复杂，事实证明后勤优质服务活动也是在高校后勤改革的过程中摸索提炼出来的最有效的管理方法。优质服务贯穿于后勤日常工作始终，一方面它树立了高校后勤员工服务至上的理念，促使员工提升服务质量，提高业务技能；另一方面为大学生打造劳动平台，学校通过后勤开展劳动教育，让学生树立正确的劳动观、培养吃苦耐劳的精神。受传统教育的影响，不少家长的教育理念是"成绩至上"，过分强调理论成绩的作用，忽视了劳动教育的重要性，大学生高分低能、生活不能自理、不尊重他人劳动果实、不节约水电、花钱如流水等恶习被社会所诟病。学生通过参与后勤优质服务活动，亲自加入绿化、维修、宿舍管理的活动中能树立正确的劳动意识、培养正确的劳动观念，为将来走上工作岗位奠定良好的基础。

**2. 拓宽活动范围，推动德育人人参与**

优质服务活动在德育方面有三大优势：一是教育时间，二是教育地点，三是教育参与度。首先，优质服务活动突破以传统节日为契机开展感恩德育活动的局限，可以随时开展，教育的时间范围较广，只要举办活动，就是德育的契机；其次，优质服务活动走出课堂，在一个全新的平台开展德育，以劳动课为载体，开放了平时学生看不到、摸不着的平台，在教育地点上给予了学生全新的感受和认识；最后，优质服务活动在校内是一个人人可以参与的活动，并不受到人数及"身份"（如班干团干）的限制，最大限度地扩大了德育的平台，符合德育人人必修的教育要求。

**3. 指导活动过程，提升学生感恩理解的空间**

教师在授课过程中的讲授是一个指导的过程，其作用在于引导学生正确的学习、理解知识，并加以运用，德育正是以优秀、激励、正面、积极的事例给予学生正确的指导。

优质服务活动为德育课堂提供了示范教育的平台，通过活动使学生身临其境，切身体会到劳动工作的艰辛，并在示范的过程中与学生保持沟通，适当引导，比课堂上单纯的讲解德育能更高效地让学生接受。这种"百闻不如一见"的教育方式能让学生有效地换位思考，在劳动的过程中再结合适当的引导和示范，能较好地帮助学生转变观念，有效地提升学生理解、感恩的空间，提高德育的效率。

### （二）后勤优质服务在德育中的创新做法及取得的成效

1. 创新活动形式，改变单纯以节日作为德育契机的传统模式

传统思维的德育一般是开展学雷锋活动，清明节祭烈士扫墓活动，纪念五四演讲活动，母亲节、教师节献花活动等，这些都是以传统节目为契机的感恩、德育活动，让学生从活动的过程中学习历史，感怀于心，体会社会主义的强大和进步。而后勤优质服务活动则将锅碗瓢盆等鲜有人关注的东西提升到了德育的高度，例如：学生参加优质服务活动"食堂拜师学艺"劳动，经历米饭从市场采购到搬运、从加工到售贩的全过程，切身感受后勤工作的艰辛，使学生从日常生活中挖掘后勤服务育人的积极有效因素，强化学生热爱劳动、珍惜他人劳动成果的意识。

2. 加强岗位练兵，让优质服务理念深入员工内心

优质服务一方面面向师生，通过活动征求服务意见和建议，为师生提供更为优质的服务；另一方面则更加注重将这种理念深入人心，尤其是深入后勤一线员工的心中。后勤一线员工与学生接触的时间较多，其综合素质的高低直接影响到优质服务活动的效果，通过定期开展礼仪培训、业务技能比拼等岗位练兵活动塑造良好的后勤员工形象，让后勤员工时刻注重自身言行，后勤员工的言行举止在潜移默化中为学生树立了勤俭节约、热爱劳动的正面形象。

3. 成立学生服务队伍，提高学生自主参与劳动的积极性

根据日常工作，创立义务消防队、校园绿化队伍、维修队伍、宿舍管理队伍和伙食监督委员会，学生队伍经过后勤保卫处老师的训练和带领，参与校园巡逻、安全检查、秩序维护、绿化、保洁、公寓管理、伙食监督等工作，并从学生的角度开展宣传，进一步扩大后勤工作的知晓率，将过去默默在厨房煮饭、在花坛洒水、在走廊扫地的后勤和保卫员工的形象提到学生可以接触并能亲自

参与的层面。学生服务队伍成为后勤部门与广大学生沟通的桥梁和纽带，在这个过程中学生服务队伍的艰苦耐劳、团结协作精神也有所提高。

**（三）优质服务活动参与德育的启示**

**1. 加强创新，扩大德育平台建设**

优质服务活动虽然在德育过程中取得了一定的成效，但是想要达到人人参与的地步还需要进一步的创新与建设。一是要扩大参与度，如将同一个活动分批分次进行，可以适当缩短学生每次参与的时间，增加参与的批次，增加参与面；二是要创新活动，吸引更多的学生参与到教育平台中；三是发掘更多的劳动平台，如从绿化、保洁、保卫巡逻、宿舍管理、医疗保健、维修等工作入手，让学生有更多的体会与感想，丰富德育实践的内容。

**2. 系统培训参与活动的后勤一线员工，提升教育队伍素质**

在优质服务活动中穿插德育，其教育的主体大多不是专业的德育老师，而是后勤保卫部门一线服务的员工，但是要达到教育的效果，除了身体示范，还需要一定的语言引导，这就需要对后勤一线的员工进行系统培训。从意识、语言组织、教育时机等方面进行集中培训，只有提升了一线员工队伍的德育意识，才能更好地将德育理念传达给参与活动的学生群体，同时还达到了扩大德育队伍、提升后勤保卫员工素质的一举两得的培训效果。

**3. 完善思政教育部门与后勤保卫部门的合作**

通过优质服务活动构建德育的平台已经取得了初步的效果，但是这些只是德育的一个组成部分，高校德育涵盖的范围和含义远远超出优质服务活动所包含的内容，因此高校开展德育的主要部门——思政部门应从自身职能出发，不断完善各种德育的平台和方法，其中完善与后勤保卫部门的合作为任务之一，主要包括以下几个方面的工作。

①加强对优质服务活动的指导。作为德育的一个成功案例，后勤部门的努力应得到思政部门更多的支持和帮助，思政部门应主动从专业角度对优质服务活动开展指导，使活动更具有教育意义，并从单纯宣传后勤工作的空间中走出，推动活动上到更高的层次，达到宣传—教育相辅相成的目的。

②加强思政教师的活动参与度。后勤员工大多拥有娴熟的操作技能，但文化水平普遍偏低，不善于将其劳动成果、相关经验汇编成册，也不会对自身的工作进行横向、纵向的比较，在一定程度上削弱了自身德育功能的发挥，思政教师接受过系统的教育，拥有科学、完善的德育方法，因此思政部门的

教师应将专业的德育带到后勤部门，从职能工作出发，从专业角度考虑，并亲身参与到各种活动中，以更高水平的方法指导德育活动的开展，促进教学与实践的结合，提高教育质量，在后勤优质服务活动辅助德育活动中发挥中坚力量。

③加强思政教师创新的意识与能力。党的十六大提出："不论是体力劳动还是脑力劳动，不论是简单劳动还是复杂劳动，一切为我国社会主义现代化建设做出贡献的劳动，都是光荣的，都应该得到承认和尊重。"优质服务活动只是广大德育平台其中的一角，德育其实还存在很多广阔的平台和空间，如各类学生活动、实践活动等。思政教师应以教学效果为导向，充分发挥思维创新能力，为德育开拓更多、更广阔的平台，构建高校的德育新阵地。

德育工作关系着青年学生的健康成长，关系着教育、改革、发展以及社会的和谐稳定，意义重大，影响深远。后勤服务部门要从自己的岗位职责出发，调动工作积极性，进一步增强做好高校德育工作的使命感，加强部门员工思想道德建设，强化服务育人理念，营造良好的服务育人机制，用优质高效的服务感化学生，促进大学生全面发展。

### 四、打造网络德育平台，全面渗透德育

在现代社会，网络成为人们接触世界的重要途径，大学生群体更是如此。学生在利用网络获取信息、增长知识的同时，也难免会受到一些不良思想观念的影响。对此，教师应当紧跟时代发展的变化，积极打造网络德育平台，增强在网络空间的话语权和影响力，才能有效地利用网络发展对学生思想成长带来的便利，提高德育的实效性。教师可利用网络社交软件来建立班级互动交流平台，及时了解学生的思想发展情况，通过网络平台对学生进行碎片化的德育，如建立微信公众号，并定期推送相关文章，将法制、政治、安全、责任、道德等内容以化整为零的方式传授给学生，充分利用学生的课余时间进行德育，同时这种方式也更符合学生的认知特点和生活方式，易于被学生接受。教师要注重网络技术在德育中的应用，在德育课程的基础上进行拓展与延伸，让网络成为高校德育的新阵地，积极弘扬主旋律，增强德育的实效性。

### （一）利用网络平台提高学校德育实效是德育发展的必然趋势

网络德育是指运用计算机技术和网络技术的手段，围绕现代德育目标和内容，开展德育管理和一系列德育活动的过程。网络技术的迅猛发展为网络德育的发展搭建起坚实的平台。根据中国互联网络信息中心（CNNIC）发布的《中

国互联网络发展状况统计报告》显示，截至 2020 年 3 月，我国网民规模为 9.04 亿，互联网普及率达 64.5%，庞大的网民构成了中国蓬勃发展的消费市场，也为数字经济发展打下了坚实的用户基础。CNNIC 主任曾宇指出，当前，数字经济已成为经济增长的新动能，新业态、新模式层出不穷。近两年，数字经济在保障消费和就业、推动复工复产等方面发挥了重要作用，展现出了强大的增长潜力。新时代需要创新德育模式，新德育模式离不开数字化。2019 年，一起教育科技协办的中小学《道德与法治》数字化教学培训会展示了国内首个以中小学生德育课程为内容的线上德育教学平台——德育智慧课堂。该产品紧紧围绕中小学生的学习兴趣和实际情况，充分利用人工智能、大数据等技术手段，将目前各学校现行的德育课程转化为学生可行动、老师可指导、家长可参与的线上线下联动活动。可以想象，网络德育必定会随着网络学科教育同步发展，成为高校德育发展的必然趋势。

**（二）网络独有的无可比拟的优势为提高德育实效性提供了可靠保障**

作为传统德育的发展与延伸，网络德育具有传统德育不可比拟的优势，极大地提高了德育的实效性。

1. 开放性优势

网络德育是一种真正开放式的德育，连接学校、家庭、社会各个角落，人们可以充分利用其开放性特点，加大对德育信息的开发，充实德育内容，使学生根据需要选择健康的精神慰藉。

2. 交互性优势

网络德育的交互性使师生可以不必再面对面，甚至可以在不知对方是谁的情况下，进行互动式的双向乃至多向交流，更容易促进师生的民主沟通，更容易打开心扉，从而更便于找到问题的症结。

3. 趣味性优势

多媒体技术集文字、图形、图像、三维动画及影视于一身的特性使原本枯燥、空洞的说教变得生动轻松起来，使德育更愉快、更自主。

4. 模拟性优势

网络德育的模拟性是传统德育无法做到的，网络仿真实验可以预报其结果。针对这一特性，德育仿真实验就可以根据某一德育内容，利用多媒体网络技术来设计模拟现实的德育活动，由德育管理者或教育者针对某一主题设计虚拟社区，让受教育者进入社区活动亲身参与，这样就使受教育者可以身临其境地去感受人生哲理和道德准则。

### （三）充分利用网络平台，拓展学校德育工作的途径

随着网络技术的普及与应用，充分利用网络平台提高德育实效，已逐渐成为广大德育工作者的共识。各高校经过几年的实践运作，深刻体会到要利用网络平台提高高校德育的实效性，关键在于形成一个社会、学校、家庭、媒体各方面结合的网络道德教育体系。而学校是这一体系中最重要的一环。因此，必须充分利用校园网络设施，构建校园德育网络体系，加强校园网的建设与管理，为学生的健康成长努力创建一个纯净、文明的网络环境。

1. 变堵为疏，主动占领网络阵地

充分利用学校现有的网络设施，在规定的课余时间分批对学生免费开放和使用，这样可以把学生从社会不适宜的网络环境中争取过来。同时，最大限度地保证网络交流的自由开放和民主，鼓励学生把自己关心和感兴趣的话题、存在的情绪与困扰，通过网络直接反映、直率表达，了解学生的真实思想，把握问题的关键，制定有针对性的教育对策，使学校德育贴近学生、贴近实际、贴近现实。

2. 重视和加强网络管理与建设

学校可成立由信息技术教师和德育教师组成的网络德育小组，整合双方的优势，加强网络建设与管理。德育教师轮流牵头联络思想道德讨论版各版主和版副，靠上去抓、靠上去管，及时清除一些不文明、不健康的帖子，定期根据现实提出一些有意义、受关注的话题，组织开展网上讨论交流，让这个窗口成为德育教师的主阵地。还要花大力气办好、用好、管理好校园内部网站，让广大学生逐渐喜欢它。

3. 开展丰富多彩的网络特色活动

充分利用网络资源，将常规德育活动认真设计好、组织好，并及时利用网络加大宣传。比如各种先进人物和表彰内容，及时出现在德育专版上。调动辅导员的积极性，设计组织好系列班级活动，坚持每月一个主题，围绕一个中心组织一次网络班会，由学生利用网络搜集材料，制作课件或网页，再利用班会时间展示材料，发布信息。

## 五、以志愿服务为载体，拓宽高校德育工作方式

### （一）传统德育工作面临的问题

"育人为本，德育为先。"高校人才培养，更是如此。德育是高校根据社会需求及学生特点，遵循当代大学生培育规律，结合理论授课和第二课堂等有效手段，把一定的思想观点、价值标准、道德规范，内化为学生的价值观、世界观、人生观，外化为学生的日常行为的教育活动。在高校教育改革的浪潮中，时代的变革、学生特点的变化、教育教学手段的更新均引起了高校德育工作一系列新的问题，为高校德育工作带来了新的挑战。

1. 高校德育工作定位模糊，价值体系混乱

新时代背景下，经济的快速发展与社会转型期的动荡造成社会价值体系的混乱与重塑，传统观念与现代德育的文化传承与冲突、西方价值理念与中国特色德育理念的借鉴与碰撞，使得高校德育工作的必要性和重要性受到质疑。这种质疑既有来自学生群体对于主流文化的不认同，也有来自德育工作者在当代高校"科研重于教学、教学重于德育"背景下的自我否认和怀疑，更包括学校建设目标中对德育工作的忽视，最终均导致高校德育工作定位不明确、教育目标不清晰。

2. 高校德育工作主体性相对缺失，学生参与度、认可度低

德育工作是价值体系内化的过程，这一个过程需要当代大学生的主动参与与行动。具有鲜明时代特点的当代大学生对于传统德育工作单纯的理论授课及生硬的以规章制度约束行为等教育手段抵触情绪严重，对于德育工作的重要意义持否定和怀疑态度，认为德育工作就是枯燥乏味的说教，不认同，不接受。学生参与度、认可度较低，自然无法取得良好的教育效果。

3. 高校德育工作重理论轻实践，单向传输缺乏互动，难见成效

在教育实践中，目前我国高校的德育工作主要包括两方面内容：一方面是理论教学，由高校思想政治理论课教学部门负责，向学生传授和灌输主流观点、价值观念；另一方面是实践教育，由高校学生工作部门负责，通过组织举办校园活动，指导和规范学生的日常行为和实践。目前现行的德育工作模式，无论是第一课堂的理论授课还是第二课堂的实践教育，都偏重于单向传输，具有明显的强制性，内容片面、方法单一、理论与实践相脱离，德育工作难见成效。

综上所述，传统的德育工作模式已经无法满足高校德育工作的需求，成为亟须解决的问题，而其中最关键的就是解决高校德育工作载体的问题。

### （二）高校志愿服务德育功能

主动性、实践性、感染性等特点使得志愿服务日益成为高校"第二课堂"的重要组成部分，成为高校德育工作的重要载体。

**1. 志愿服务活动是提升在校生综合素质的重要途径**

志愿服务最大的特点是参与活动的学生具有主动性，是自我意识和自我价值选择的结果。这一特点使得参加志愿服务的大学生由被动接受德育转变为主动参与德育，以在志愿服务中的个人体验为基础，用课堂获得的理论知识指导实际行动，逐步树立起符合社会主流价值观的政治意识和道德信念。因此，将志愿服务纳入高校德育工作体系，引导在校学生积极参与志愿服务活动，是提升在校生综合素质的重要途径。

**2. 志愿服务活动是高校德育工作模式的丰富和创新**

高校德育工作是一个受教育主体对于德育教学内容从认知、认可到践行的过程。只有德育内容内化为学生的一部分，实现认知、认可到践行的统一，德育工作才能有的放矢。在这个过程中，传统的德育工作重理论而轻实践，过分强调理论教学，对认可、践行的关注与实践不足，具有较强的"说教"色彩，显得内容单一、枯燥无趣，很难引起学生的兴趣。志愿服务注重学生自身参与程度的特性，为大学生提供了更多的实践机会，相对于传统的德育模式，以志愿服务为载体的德育工作做到了有主题、有组织、有主体、有活动，从原来空洞、麻木地接受到直观、亲身地体验，更具有实践性，更易于被学生接受，为高校开辟了新的德育模式，是对高校德育工作的丰富和创新。

**3. 志愿服务活动是建设先进校园文化、构建和谐社会的有效形式**

作为高校校园文化建设的重要内容，志愿服务是传递文明、爱心接力的有效载体，具有一定的社会教化功能。志愿者在服务过程中，不计报酬、不辞辛劳，他们的所作所为和无私奉献的精神会潜移默化地感动受助者、感染周围的人，参与者和受助者乃至更多同学都会受到影响。志愿服务能唤醒并激活每个参与者、受助者内心深处的仁爱、善良等美好品质。在校园内传播"奉献、互助、友爱、进步"的志愿服务精神，促使更多人在志愿服务中获得心灵的成长和道德之化育，创建更加积极的校园文化与德育工作环境，有助于实现高校培养人才与服务社会的效果叠加，同时志愿服务的特性也为构建和谐社会奠定了坚实基础，是高校德育工作价值标准建设的重要体现。

### （三）大学生志愿服务德育功能的实施途径

为有效地发挥大学生志愿服务活动的德育功能，各高校应着重解决志愿服务组织管理、项目运营、教学实践、资源整合等问题，进而实现以志愿服务为载体有效推进高校大学生德育工作的总体目标。

1. 强化组织管理，促使志愿服务常态化

第一，健全志愿服务组织架构，完善志愿服务信息化管理平台。加快志愿服务信息化建设步伐，加强电子义工证推广与义工时系统建设工作，为志愿服务的组织和管理提供信息平台支撑，提高志愿者管理组织工作成效。

第二，完善管理与培训制度，保障志愿者权益。在志愿者日常管理中，完善志愿者管理与培训制度，使通识教育与专业教育相结合，服务技能培训与志愿者权益培训相结合，在保障志愿者权益的基础上为志愿者搭建提升专业技能的有效平台，在倡导志愿者服务奉献的同时先做好志愿者的服务工作，促使志愿者变被动为主动，解决德育工作参与度低等问题。

第三，完善激励措施，发挥"第二课堂成绩单"作用。高校应将志愿服务情况纳入学校评奖评优评价体系，使之成为评价指标，激励更多学生成为志愿者；将志愿活动纳入教学体系，以《高校共青团改革实施方案》为基础，实行学分制，切实发挥"第二课堂成绩单"作用，以此提升大学生参与志愿服务的积极性，让学生变被动为主动，改变高校德育工作流于形式的现状，通过志愿服务活动解决高校德育工作组织能力的提升问题。

2. 拓宽组织建设广度，促使志愿服务项目化

在具体的工作中，重点加强推行项目小组独立负责运作模式，以项目运作模式取代传统的由学校发起、老师强求、学生"被自愿"参与的临时性工作系统的管理机制，让更多骨干学生干部担任项目负责人角色，独立负责不同志愿服务项目的组织策划、志愿者招募、后勤保障等相关工作，帮助骨干志愿者建立起自己的工作团队与特色服务项目，激发其积极性，通过发挥骨干学生的先锋带头作用，带动普通同学，引导志愿服务活动以骨干志愿者为主向全体学生共同参与转变，推动志愿服务活动由阶段性为主向常态化活动转变，促使志愿服务管理由松散型向规范化转变，解决好志愿服务组织发展平台问题，最终解决高校德育工作教育载体创新的问题。

3. 学以致用，促使志愿服务专业化

在实际工作中，把志愿者的专业技能、专业特长融入公益化的志愿服务活动中，使志愿者在服务中体验"学以致用"，从而帮助志愿者树立信心，加深他们对专业的认识，提升志愿者参与志愿服务的积极性，并通过志愿服务拓宽就业实践的渠道与平台，形成长效的激励机制，以此解决高校德育工作重理论轻实践的问题。

4. 优化资源配置，促使志愿服务社会化

高校在探索志愿服务的常态化、项目化、专业化的可持续发展基础上，进一步优化资源配置，引入社会支持，通过"校区合作、校企合作"，加大政府扶持力度，向志愿服务组织开放更多公共资源，推动重点志愿服务项目形成社会功能，将志愿服务打造为一种新的组织化与社会化动员相结合的机制和方式，解决高校德育工作发展阵地的优化问题，也使得志愿服务活动更深入、更专业。

综上所述，在时代的变革与发展中只有对高校德育工作进行准确的定位，改变高校德育工作研究的侧重点，针对新时期大学生的特点与需求，引入志愿服务，促使高校德育工作从策略机制转化为平台机制，从目标机制转化为实践机制，从志愿者动机、行为方式入手，对志愿精神的内化、志愿行为的规范、志愿者组织的完善等方面进行深入研究，创新工作思路，完善以志愿服务为载体的高校德育工作体系，进而促进德育工作，最终实现德育目标。

在现代教育改革不断深化的背景下，德育越来越受到人们的重视。特别是在高校教育中，学生正处于即将步入社会、思想观念趋于成熟的重要时期，德育的效果对他们的未来有着十分重要的影响。因此，教师要加强德育，以社会主义核心价值观为指导，改革发展德育课程，并积极打造网络德育平台，通过这些措施来增加高校德育的深度与广度，引导学生思想观念健康发展，培养出有道德、有理想、有文化、有纪律的新一代青年。

## 第二节　构建德育引导的教学资源

### 一、增强德育实效性，构建生活化的课堂教学

德育课程是基于生活和社会的，承担着促进大学生良好品德形成和社会性发展的综合课程。德育工作者应克服以往脱离实际的应试教育，积极倡导大学生学习生活化的课程理念，努力创设生活化的课堂学习环境，提炼生活化的课

堂学习内容，改革生活化的课堂学习方法，并关注生活化的课堂学习评价，真正做到德育贴近大学生的生活实际。

### （一）开发生活化的教学资源

课堂教学前要教师要做好充分的准备工作，其中包括生活化的课堂教学积累材料和案例等。新教材的编写坚持"贴近实际、贴近生活、贴近学生"的原则。教材是最重要的教学资源，但不是唯一的资源，教材中不乏社会事件的展示，不乏生活实例的列举，但还是难以赶上社会时事的瞬息万变。所以各地教育研究部门、学校、教师和出版单位，要具备与时俱进的精神，开放教学内容，关注热点、贴近生活，切实增强德育课教学的针对性和时代感，要积极开发与本课程相关、为教师的"教"和学生的"学"服务的多种教学资源（包括教师的教案集、课件集，学生自主学习、主动探究的练习题集等）。但是在此特别强调，要改变以往教学的资源完全由教师收集提供给学生，再设置问题情景由学生讨论的现状。这样的教学资源由于不是学生本人的直接体验，所以学生很快会对教师提供的材料不感兴趣。生活化课堂必须结合学生的直接经验，扩展学生校园生活、家庭生活、社会生活来丰富和提升学生个体的认识，把生活中的教育资源与书本知识融会贯通，从而发挥现实生活世界直接经验对学生身心发展的积极和独特的作用。

### （二）选择生活化的教学方式

不同的教师擅长的教学方法也不尽相同，高校教师应积极采用一些支撑德育课程、联系生活实际的新教学方法，如启发式教学法、讨论式教学法、合作探究式教学法、情景式教学法、体验式教学法、案例教学法、角色扮演教学法等。除运用这些方法外，诸如主题班会、辩论会、社会实践活动、宣传活动、访谈演讲等，还有模仿《今日说法》等电视栏目的课堂组织形式，都是德育课教学方式走向生活化的有效形式。

### （三）解决生活中的实际问题

德育课程的最终目的和归宿是服务于生活实践，引入生活是为了回归生活。学生的学习始于生活，又最终回归生活。学生在生活中学习知识、提升能力、感悟真理、陶冶情操、学习正确的生活态度、树立正确的"三观"，也需将这些知识和理论回归到复杂多变、丰富多彩的社会中去理解和运用。笔者建议每一位德育课教师应在每一节课后设置探究活动，探究活动的目的是鼓励全体学生参与社会生活，通过活动增加学生的情感体验，从而真正达到影响全体学生心理健康的目的。古人说：纸上得来终觉浅，绝知此事要躬行。课后探究是课堂教学生活化的延伸和拓展，是指导学生从课堂回归生活，用已掌握的知识指导现实生活的中介和桥梁。课后探究也是让学生用生活印证知识、深化认识的有效手段。通过该活动，让学生真正感受到知识的作用和学习的乐趣，促进学生的成长。构建生活化的德育课堂，不仅可以让学生在体验生活的过程中掌握知识、提高认识、发展能力，还能有效地改善学生的学习方式，提高学生的学习兴趣，激发学生学习的主动性和积极性，增强德育课教学的针对性和实效性，而且可以使学生感受到德育课对社会、对自身发展的重要价值，增强大学生的职业素养，为其成功就业和创业创造有利的条件。德育课教学走向生活化是教学改革的基本方向，但也是一个渐进的过程。高校教师应该在教学中不断探索适合学生实际的教学方法，以便提高课堂教学效益和学生的各种能力。

## 二、利用本土资源，构建校本德育课程

教育为本，德育为首，搞好学校德育工作，既要利用好上级统一规定的德育资源和内容，同时也要重视充分发掘和利用好本地特有的德育资源，从而为学校德育更加贴近学生生活、体现地方学校特色、增强学校德育的实效性和实用性提供重要的保证。从学校实际出发，通过合理开发和有效利用本土资源，构建一套有特色的校本德育课程，将学校德育与学生生活实践紧密联系，有助于切实推进学校德育工作，发展学生的综合素质，促进教师的专业成长，更好地实现教育目标和办学特色，提升学校的整体办学水平。

### （一）全面研究本土历史，认真编制德育实践方案

笔者结合河南南阳地区的地方实际，就一些相关方面的实践和思考做以下阐述。

南阳位于河南省西南部、豫鄂陕三省交界处，为三面环山、南部开口的盆地。南阳盆地处于汉水上游、淮河源头，北有秦岭、伏牛山，西有大巴山、武当山，东有桐柏山、大别山，三面环山，中间形成近三万平方公里的盆地，是天然的形胜之都。南阳自古雄踞于中原大地，长江、黄河之间，上承天时之润泽，下秉山川之恩惠，物华天宝，人杰地灵，境内伏牛苍苍，丹水泱泱，气候温和，物产丰富，是最适合人类生活居住的环境。

一位日本学者曾经这样说过："研究唐代文化要去西安，研究宋代文化要去开封，研究元、明、清文化要去北京，而研究汉代文化只能去河南南阳。"

早在四、五十万年前，与"北京猿人"同期的"南召猿人"就生活在南阳

盆地，他们通过打制石器创造了旧石器时代文明，成为中华民族文化的重要发祥地之一。春秋战国时，楚国早期都城设于淅川境内的丹阳，楚古都丹阳成为中国楚文化的摇篮。秦统一六国后，将天下分为36郡，南阳郡居其一。汉代的南阳文化以发达的科技、医学和手工业为代表，迸发出璀璨夺目的光辉，画像石刻和画像砖是举世罕见的艺术珍品。唐代以后，南阳的经济文化地位仍十分为世人瞩目，唐代大诗人李白、散文家韩愈，宋代大文学家苏轼、范仲淹和金代的元好问等都写下许多赞颂南阳的名篇佳作。解放战争时期，毛泽东同志亲笔为新华社撰写了《中原我军占领南阳》的新闻稿，更使南阳名扬四海。

南阳是具有3000多年建城史的历史文化名城，文化历史悠久、文化名人辈出、文化资源非常丰富。南阳是中国楚文化、汉文化的发源地，是中国楚汉文化最丰富的地区，也是中国楚汉文化建筑、历史文化遗迹和文物最集中的地区。西汉时期，南阳为全国六大都会之一。东汉和三国时期，南阳是陪都，是中国政治、军事、商业和文化的中心，"驱车策驽马，游戏宛与洛"就是对南阳繁华的真实写照。东汉时，南阳城的面积比京都洛阳还要大，人口也比洛阳城的多，商业繁华程度也超过洛阳，皇亲国戚大多是南阳人。物华天宝、钟灵毓秀的南阳培育出世界级的历史名人，南阳五圣便是其中的杰出代表："科圣"张衡、"医圣"张仲景、"商圣"范蠡、"智圣"诸葛亮、"谋圣"姜子牙。爱国诗人屈原，大秦名相百里奚亦是南阳历史名人的杰出代表。

因此，南阳地区既具有非常丰富多样的环境地理教育资源，同时也拥有非常深厚的历史人文积淀。这些丰厚宝贵的地理、人文、历史和革命教育资源为南阳地区各高校的德育提供了非常独特的地方资源优势。通过对地理资源的梳理归纳，我们可以确立以"认识南阳秀美山川，共赏帝乡美景"为主题的生态文明教育，以"发掘南阳悠久历史，当好南都文明的传承者"为主题的历史文化教育，以"多彩民俗，多彩南阳"为主题的民俗礼仪教育，以"缅怀南阳先烈，传承红色精神"为主题的革命传统教育以及以"建设美丽南阳"为主题的劳动实践教育。这一系列教育主题的确立，既让学校德育有了更加明确的目标和方向，也使这些丰富的教育资源发挥更加巨大的社会价值，让学校与社会、教育需求与资源优势得到了很好的对接整合，为学校德育走出校门，走向社会，走近学生的生活，走近社会的真实奠定了坚实的基础，使学校德育工作更具有实效性，更加接地气。

### （二）全面分析校情学情，坚持开展特色德育活动

笔者结合浙江余姚泗门地区的地方实际，就一些相关方面的实践和思考做以下阐述。

泗门历史悠久，宋元时期已是人烟稠密，商贾云集。明清年间更是农商兴盛，人文荟萃，名扬浙东。如今，泗门列省百强乡镇第十位，宁波市第一位，先后获得全国文明镇、国家卫生镇等国家级荣誉十多项。泗门境内民风民俗纯朴、文化底蕴深厚，孕育了一批又一批的民间艺人。这里有丰富多彩的乡土艺术，如犴舞、木偶摔跤、踩高跷、扭秧歌、纱船、打腰鼓、越剧等。充分利用当地优秀的艺术文化资源，开发校本德育课程本土资源，能让学生了解历史，追本溯源，不忘根本。

浙江本地高校可让学生通过感知、感悟和体验乡土文化，培养健康的审美情趣，陶冶人格情操；通过参观、访问、调查等社会实践，让学生关注本地经济发展和社会变化，使学生了解泗门，热爱泗门，增强建设泗门的责任感；通过学生的自主探究活动，培养学生的探究能力、实践能力和创新精神。泗门镇有为数众多的明清古建筑，如状元楼、欢伦楼、阁老府、大学士第、大方伯第等。有条件的高校可组织学生开展假日小队活动，参观镇上的明清古建筑，让学生体会古代劳动人民的智慧与才干。还可以把做客新农家、认识社会主义新农村当作活动的主要内容。泗门镇有全国文明村——小路下村、浙江省小康示范村——谢家路村、宁波首富村——上新屋村。参观新农村，激发学生热爱泗门、热爱社会主义的情感。由于紧邻杭州湾，历史上钱塘江涌潮经常要倒灌进来。几百年来，泗门人民不断与大自然抗争，共筑海塘十余条。条条海塘展现了泗门人民不屈不挠的斗争精神。参观这些海塘，能使学生了解泗门人民与大自然坚持不懈的奋斗精神。

校本课程的开发已成为我国当前课程改革的一项重大举措。通过合理开发和有效利用校本德育课程乡土资源，使课程改革在学校真正扎根，促进了教师的专业成长和学生素质的综合发展，也使学校整体办学水平在课程改革中真正得到提高。

## 第三节　构建良好的教育学习型学校

目前，我国的教育改革与发展已进入前所未有的攻坚阶段，《国家教育中长期教育改革和发展规划纲要（2010年—2020年）》已颁布实施，学校担负着教育发展的重任，学校能否发挥其应有的作用，在很大程度上取决于其管理理念和管理方略。习近平总书记强调，我国教育发展要"扎根中国、融通中外、立足时代、面向未来，坚定不移走自己的路"。要坚定不移地走中国特色社会主义教育发展道路，就要扎根中国大地办教育。要以党的教育方针为指导，落实立德树人根本任务，遵循教育规律，牢牢把握社会主义的办学方向，以教育公平促进社会公平，面向人人、面向社会，努力提供公平、优质、包容的教育，打造全民学习、终身学习的学习型社会。建设学习型社会体现在高校就是要构建学习型学校，各高校应着力构建学习型团队，为学生的终身发展奠定基础，为高校加强德育引导与创新学生管理工作提供新的思路。

## 一、构建学习型学校的契机、困境和策略

### （一）构建学校型学校的契机

21世纪，世界各国纷纷致力于教育变革工作，借以提高国民素质和适应力，增强国家竞争力。学校组织的改造是这次教育改革浪潮的重要内容之一，学校组织结构的多样化也是大家一直关心的焦点问题。社会变迁速度的加快使学校组织结构必须有所变革，才能充分发挥学校教育的功能及作用。使学校变革着眼于组织本身，落实到组织制度层面，实现组织结构的重组和组织文化的创新，是新一轮教育改革的首要任务，也是从根本上促进学校发展的关键所在，必将为学校组织的发展找到一个契机、一个生长点。高校要培养的是具有创新精神的创造性人才，其本身也必须不断创新、变革才能跟上社会的变化和时代的发展。在这种背景下，高校如何激发学生"真正学习"，使学校成为"学习型学校"，是教育界面临的紧迫问题。所以，笔者认为，各高校应该尝试建立一种新型的组织范式——学习型组织。

### （二）学习型组织的内涵

20世纪90年代以来，美国麻省理工史隆管理学院对"系统思考、学习型组织"管理科学的研究处于世界领先地位。麻省理工学院的彼得·圣吉教授认为：学习型组织的真谛在于能有一个富有前瞻性的愿望。这就要求该组织中的全体成员能够全身心地投入，并有不断学习的能力；能让组织成员体验到工作中生命的意义；通过学习能创造自我，并能扩展创造未来的能量。在他看来，所谓学习型组织是指通过培养弥漫于整个组织的学习气氛而建立起来的一种符合人性的、有机的、扁平化的组织，这种组织具有持续学习的精神，是可持续发展的组织。麻省理工学院根据系统动力学的观点，经系统分析和实践探索，提出了从20世纪90年代起，世界上最成功的组织将是一种"学习型组织"的理论，并对怎样创建"学习型组织"提出了一套理论和方法。美国的杜邦、英特尔、苹果公司等大企业主动要求并赞助麻省理工学院成立有关创建"学习型组织"的学习中心，并要求麻省理工学院帮助自己的企业脱胎换骨，改造成"学

习型企业"。新加坡政府也将"学习型组织"理论运用到政府管理中，提出要把新加坡政府建成"学习型政府"。近年来，我国的企业和教育部门已对"学习型组织"这一理论及相应的这一管理新模式高度重视。学习型组织中的成员不仅要掌握本岗位上的工作技能，而且要学习了解其他岗位工作能力。只有这样，工作才能顾全大局、相互协调、高效，做到组织精简。例如，宝钢电厂与一般电厂一样，由机、电、炉三部分组成，宝钢电厂硬是花了三年半时间分批让这三部分工人都分别学会另外两种技术，也就是说，一个人可以做三种不同的事情，经考核合格者才可以上岗，通过学习，原有机、电、炉三组，每班只剩下 13 人，比日本某世界先进水平的电厂还少 1 人。

### （三）学习型学校的理念

#### 1.学习型学校的兴起

现代教育理论认为，教师和学生是教育活动中的两个基本要素，学生是受教育者，但不完全是被动接受教育的，一切教育的影响必须通过学生的主动积极性才能达到预期效果。建构主义理论认为，学生的学习是在已有知识的基础上主动建构知识的过程，教师的体验必须与学生的体验相一致，才能唤起学生的共鸣，引起学生主动探索的欲望，然后通过双方的互动交流掌握知识。在这种理论指导下的学习是一个体验与创新的过程。

长期以来，学校教育的平庸和低效一直是社会各界关注的焦点。20 世纪 60 年代中期开始，西方国家致力于"学校效能"研究，试图探求学校管理理论和实践效果的关键因素，从而促进学校发展，使学校成为"有效学校"。在研究者和实践者看来，学校效能指一所学校在各方面均有良好的绩效，包括学生学业成就、校长的领导、学校氛围、学习技巧和策略、学校文化和价值，以及教职员工的发展等。尽管研究者在知识、技能、价值和经验方面不同，但他们普遍认为，学校效能的一般特征包括：教师对学生的高期望值、学生学习的集中程度、时间的有效利用、教师教学水平较高、学校环境有序祥和、规章制度健全、成就自我达成、工作业绩回报、社区参与以及强有力的学校领导。20 世纪 90 年代以后，学习型学校研究逐步兴起。自从学习型组织被提出后，各类组织竞相探讨如何成为学习型组织。例如，美国的"重建学校方案"、加拿大英属哥伦比亚省的教育部依据《2000 年：学习框架》报告书推动重建学校计划的部分学校"加速学校计划"，以及英国的"增进学校标准方案"，其中部分个案是讨论运用学习型组织的理论建构学习型学校的。

2. 学习型学校的特征

学习型组织的根本标志在于组织中真正"学习"的发生,其特征可总结为"学习型组织的核心概念为改变"。学习型组织的学习者注重知行合一,他们不仅要创造知识,获取知识,还要转化知识。学习型组织讲求持续的学习、转化与改变,因此是一种演进的过程,而不是终结的状态。学习型组织的最终目的不是建立一个学习组织,而是在于确立学习的观念,使组织成员活出生命的意义,突破自己能力的上限。

英国学者索思沃思于 1994 年发表了一篇名为"学习型学校"的论文,他指出"学习型学校"应具备下列特征:①重视学生的学习活动;②教师应不断学习;③鼓励教师和其他同事合作或相互学习;④学校是学习系统的组织;⑤学校领导者是学习的领导者。因此,我们可以从学生的学习、教师的学习、教职工的相互学习、整体学校组织的学习和学校领导者的学习等方面综合分析学习型学校的特性。

第一,学生的学习。学校的中心使命是,所有学生都有接受优质教育的权利。因此,学生个体的发展应着眼于学生的教育需求、社会需求、情感需求、身体需求和道德需求。从学习论的角度出发,学生个体的学习包括:知识的学习、态度的学习和运动技能的学习。学习效能是学生在特定学习情境和教师的作用下,完成或超出预期教育产出目标的能力。学生个体学习效能集中体现在学生成绩和成就上。

第二,教师的学习。根据教师效能的多元模型分析,"有效教师"具有多种模型:①目标达成型,强调教师的个人成就目标和学校目标的一致性;②资源利用型,要求教师达成既定目标时有效地利用学校资源;③工作过程型,强调学校教学过程中有效的教师个性特征;④机构满意型,希望教师能满足所教学生及其父母、学校及社区的需要;⑤荣誉感型,强调教师的荣誉感和职业声望;⑥问题缺失型,要求教师能澄清和避免各种潜在的问题、缺点和危机;⑦继续学习型,强调教师要意识到环境的变化,不断提高和发展专业素质。

第三,教职工的相互学习。《第五项修炼》一书中提出了使组织迈向学习型组织的五项技术,它们是自我超越、改善心智模式、建立共同愿景、团队学习、系统思考。有效学校需要有效教师的学习与合作,教师应放弃传统的独自开展教学活动的方式,设法转型为小组合作教学。教职工的相互学习包括教师的相互合作、教师间的密切沟通、积极的学校气氛等,否则学校很难有成功的教学。

第四,整体学校组织的学习。结构松散是教育机构的固有特性。学校作为一种社会系统，如果组织结构过于松散，将不利于学校教育的发展和进步。学习型组织的真谛在于使组织成员在组织中"逐渐在心灵上潜移默化，而活出生命的意义"。只有在学习型组织中，员工和组织才会获得真正的共同发展、共同进步、学校作为学习型组织，在本质意义上即追求成为"学习共同体"，从而使学校具有发展性价值。

第五，学校领导者的学习。许多学校效能研究专家指出，学校领导在构建有效学校中扮演着重要角色。因此，学习型学校特别关注校长的专业素质及学习能力发展。诸如校长的选举、训练、技能以及管理方略等均应发展新的观点。高校优秀的领导者必须支持教师的有效教学和专业发展；高校需要优秀的管理者提供领导、提出意见、拟定学校发展方向和制定教学目标，贯彻从目的到计划、监控和评价的实施，从而实现有效教育。管理者也必须能够说明学校进步的状态以及他们管理学校的水准。

### （四）构建学习型学校的困境

#### 1. 自我超越层面的构建障碍

这一障碍主要表现在以下几个方面：工作方式缺乏创新，大部分教师乃至整个学校教育工作只在年复一年重复过去的工作方式；工作与学习分离，对于教师职业的认同度很低；个人愿景不能厘清，学校组织成员的大部分时间、精力用于被动地应付工作中的大小问题；个人现况不能厘清，领导对教师的管理和评价有时仅凭印象或人际关系的因素，很难做到公平、公正；员工普遍存在认知的两大障碍，即成就感和潜在信息渠道不畅；组织成员对工作中的困难与麻烦没有足够的情绪克制能力；大部分学校组织成员存在结构性冲突的障碍。

#### 2. 心智模式层面的构建障碍

这一障碍主要表现在以下几个方面：学校管理者和教师在与别人讨论问题时，极力维护自己的主张；由于不能兼顾探询与辩护，这种过度辩护的目标是赢得争辩，结果很难找到最佳论断；跳跃式的推论，即学校高层管理者对教师评价的信息未经仔细观察和实际检验；组织文化机制缺陷，学校普遍存在上下级信息渠道不畅、员工意见不能充分表达和谏纳的问题。

#### 3. 共同愿景层面的构建障碍

这一障碍主要表现在以下几个方面：学校共同目标形成方式缺乏民主。学校的共同目标主要来自学校领导的思想，没有广泛的群众基础，个人目标与组织目标有很大的分歧。

### 4. 团体学习层面的构建障碍

这一障碍主要表现在以下几个方面：管理团体的无效学习，领导班子避免公开谈及歧见，学校只奖励提出主张的人，而不奖励批评、质疑学校政策的人；学校各种团体中隐性知识比如个人教学经验技巧等被看作私人财产，不能与别人分享；人们仍然普遍存在习惯性防卫心理。

### 5. 系统思考层面的构建障碍

这一障碍主要表现在以下几个方面：舍本逐末，表现为不能发现问题的根本原因，在解决问题时治标不治本，管理者对教师的评价不在平时，而是靠期末考评以静态的、机械的、简单的方式"一锤定音"；活动过度，学校经常有新政策、新活动，员工对过于频繁的活动产生厌烦情绪；学校做出工作方针与政策的依据过度依赖于经验和惯性；组织的目标与行为分离，比如学校组织正致力于素质教育，但考评教师的依据却是学生的考试成绩；组织机制缺陷，学校不同部门缺乏有效合作；长远利益与近期利益割裂，比如某些学校的领导和教师认为，素质教育和学生成绩是"鱼与熊掌"不能兼得。

## （五）构建学习型学校的策略

### 1. 营造学习型校园文化

学习型组织的最基本特征在于：组织是否具有促进学习的文化、开放的文化。学习文化的塑造是学校推动学习型组织构建的重要策略。营造学习型的校园文化，在于更新学习观念，在于重新发现学校的使命。在建立学习型学校的过程中，没有正确的观念就不可能在学校组织中建立恰当的组织学习与保障机制，就不可能采取正确的行动。校园文化的核心应该着眼于学校组织价值观的转换，推崇共同学习的信念，引导管理者和广大师生员工按照统一的行为方式进行学习和知识的交流共享，引导全体成员为共同的目标而努力。

### 2. 再造学习型领导变革

在现行学校教育改革中，学校领导者让师生适应学校改革方案的做法普遍存在。如参与教育改革的进程仍然是先确定改革方案，然后才让教师参与。这种改革认为教师和学生仅是有潜力的受训者和执行者，没有认识到教师作为一个专业工作者，其知识、经验和积极参与对于改革的成功实施很重要，并且在改革中可促进教师自身的成长。成功的学校领导具有以下三种特征：①重视学校教育目标，重视人地相宜及学校管理团队的一致性；②分享专业领导地位，让全体师生共同参与学校管理、课程计划制订和聘请教师担任学校行政顾问等活动；③强调领导的专业特性，校长应参与和了解班级的教学活动，包括课程、教学策略及督促学生的进步等。

### 3. 建构发展型教师评价制度

在学习型学校构建过程中，教师的发展举足轻重。发展型教师评价制度以促进教师的专业发展为目的。目前，一些教育行政工作者执行奖惩型教师评价制度，把评价当作一种行政手段。一般而言，教师评价可以根据三类准则中的某一类对教师教学做出评价，这三类准则是教学成果、学生的学习行为或学习经验、教学行为。因此，学校进行教师评价时，必须注重以下基本指导原则：①评价是合作的过程，评价者与受评者之间应维持积极的气氛；②评价的内容和方法应公开；③注重评价的诊断性和建议性，少一些判决性；④重视教师的个人评价，让教师有机会用积极态度评价自己。

### 4. 学校人际关系的改进

学校人际关系的好坏直接影响学习型学校的形成。校内人际关系主要由教师与行政人员间的关系、教师间的关系、师生间的关系构成。其中教师与行政人员间的关系居主导地位，影响着后二者间的关系。它可分为两种类型。①和谐型：其特征是教师与行政人员能互相支持，遇到问题可进行沟通；对重大问题能达成一致，共同为实现学校目标而努力。教师在此种氛围下能积极主动地开展创造性教学。②顺从型：其特征是行政人员对教师采取高压政策，以太多的标准化规则去管理教师。在此种氛围下，教师会按部就班地完成工作，但对行政人员心存不满，遇事难以沟通和协调。这会压制教师工作的积极性，影响教师效能的发挥。

### 5. 致力于学生真正的学习

教育既存在于上下两代之间，也存在于同一代人之间。但是，包括掌握学习法在内的当代理性主义教学范式依然固守传统格局，其要旨在于把教育视为工业化、标准化的生产。这种学习是一种不真实的学习，也就没有真正学习的发生。在学校这个学习共同体中，教师的教学在语言文化与沟通文化的创造过程中，为每一个学生人格成长与学力发展奠定基础。学生的学习就是在合作文化的环境中，通过人人参与、平等对话、真诚沟通、彼此信赖来形成学习方式的变革，发展合作精神，激发道德勇气，共享经验知识，实现自我超越。在理解与对话的教学中，教师不再仅仅是授业者，在与学生的对话中，教师本身也得到教益，学生在被教的同时反过来也在教育教师，他们共同成长。

## 二、构建学习型学校过程中教育领导角色的分析

构建学习型学校是目前世界各国教育改革的主导理念和行动纲领。而在构建学习型学校的过程中,谁是领导构建的关键要素呢?长期以来,关于领导的研究很丰富,从领导特质论—权变论—交易型领导到转化型领导—魅力型领导—道德型领导等理论层出不穷,但教育领导的内部运转和特定维度却不能被精确地辨别,还需要进一步探讨。21世纪,谁在领导构建学习型学校呢?是教育行政部门,是校长,还是老师和学生?笔者认为,教育领导是构建学习型学校的关键要素,它可以让学习文化贯穿整个学校,领导学校进行创新教育和教育创新。

### (一)教育领导是引领学习型学校发展的关键性因素

教育领导在构建学习型学校过程中起着举足轻重的作用,肩负着规划、引领、促进和服务学校发展的重要职责。而教育领导的概念随着学校发展的理论和实践发展不断演进。坎泽维认为,教育领导是一个激励、发展及和组织中的人们一起工作的过程。它是一个人文导向的过程,主要关注人的动机、人际关系或社会交互作用、人际间的交流、组织环境、人际冲突、个人的成长等。爱德加·H.薛恩提出领导是和创造、管理一个组织文化相联系的行为。领导者只需要在组织中创造浓厚的文化氛围,实际上人们就会自己领导自己,领导的关键作用是需要变革组织的文化。伯恩斯提出了"转换型领导"概念,并与"交易型领导"进行对比,认为交易型领导与教职工交换的是需要和兴趣,教职工为达到自己利益的最大化而努力完成领导者下达的任务;而转换型的领导根植在教职工的基本需要、渴望和价值上,领导者和被领导者之间是动机投入和道德支持的关系,它包括规划愿景、激励员工、作为变革代理人、建立信任氛围、给予再教育机会和表现为社会活动家等。

学者萨乔万尼等人认为,领导涵盖多个层面,包括技术的、人力的、教育的、符号的与文化的领导。这五种领导的领导力由低而高构成领导力阶层。萨乔万尼进一步研究认为,领导道德根植于尊重、服务、公正、诚实和公众意识。尊重他人是领导的义务;服务他人是领导为共同利益着想;公正要求领导把平等放在首位;诚实是领导将事实毫无保留地呈现在众人面前;以德服人的领导要建立公众意识,寻求和下属以及社会整体的共同目标。莱姆博特提出了建构性的教育领导,这是建立在建构主义学习理论基础上的一种领导观点,它着重唤起人的潜能,满足更高的需要,提升和激励更高水平的承诺及表现的期望。莱姆博特这样来定义教育领导:教育领导是一种交互作用的历程,这种历程促

使教育团体中的参与者建构意义，并因而导向学校教育的共同目标。郑燕祥教授也认为，在现代学校管理过程中，存在着技术领导、人际领导、教育领导、象征领导以及文化领导等五种不同层次的领导，理想的学校领导应是包括这五种层次的领导。他认为，21 世纪的学校领导范式将走向层体领导，在层体领导概念下，领导者可能不仅仅限于个体，可以是校长或教师，也可以是学校领导者群体或是全体教职员工。

因此，教育领导被定义为一个超越个人、角色和行为的概念，属于教育组织内的任何一个人——教师、行政人员、家长和学生——都能参与领导的行动。它是一种交互影响的历程，这种历程使得教育组织中的参与者能够建构意义，每一类参与者都有自己的角色和作用，并导向学校教育的共同目标。教育领导群体的有效运作需要建立一个民主的、合作的、反思的文化环境，致力于学校发展和学校文化的再建。

### （二）教育领导在学习型学校中扮演的角色

#### 1. 教育领导必须是一个变革者

笔者注意到，近年来变革型领导逐渐被引入学校管理领域，其效应逐渐得到国内外教育界的认可，变革型领导对构建学习型学校的作用也日益受到重视。

为适应社会经济发展的需要，各国对自己的教育目的、内容和方法都在进行调整和变革。为了适应外部的大环境，学校需要具有共同愿景。同时，随着社会的发展，学校不适宜的内部问题也渐渐暴露出来，需要变革。所以教育领导必须是一个变革者，学校领导所扮演的具体角色是变革代理人。教育行政领导要从宏观上制定学校发展战略，学校领导要从微观上领导学校变革，办出学校特色，教师则充当课程的领导、教学的领导和道德品质的领导，这三类教育领导充当变革者角色是相辅相成的。

#### 2. 不同类型的教育领导由于其自身的要求而有其自身的特殊性

教育行政组织的领导作为国家或地方的高级行政人员，由他们组织制定教育政策，他们扮演的角色是规划者和协调者。规划是为实现一定的目标而对未来的发展所做出的全面的、长远的设计和安排，它规定一个较长时期的目标、规模、速度、实施步骤和措施要求等。规划是制订计划的依据，计划是规划的阶段性实施。为了国家或本地区的可持续发展，教育行政领导要扮演好规划者的角色。而教育行政领导作为协调者，是指他们代表政府协调教育系统与社会、学校与社会的复杂关系或代表教育系统协调教育系统与政府的关系。随着市场经济的发展，协调者角色对于教育行政领导至关重要。教育行政领导既要不断向政府报告教育对国家发展的重要性，又要向下级或学校不停地解释政府对教育是多么重视，可以说，规划者和协调者是教育行政领导办好教育所扮演的具体角色。

3. 教师在构建学习型学校过程中的教育领导角色也十分重要

教师是学校发展的关键，学校要重新认识教师卓越的教育领导力，发展一种延伸的分享的领导概念。布什认为，教师所享有的权利直接源自专业知识和技能的权威，说明他们参与决策过程是言之成理的。因为，教师处于教学第一线的关键地位，其教育教学理念直接影响着学生，如果没有教师的支持，培养高素质人才的成长过程必然会遭到许多阻碍。要获得教师的积极响应，除了应重视教师的价值之外，还必须深入了解教师的职业关心。这就要求教师具备专业上的高度自信，他们不仅觉得自己有权力发动变革，而且能在教学工作中发挥自己的创造性。这意味着，变革有利于赋予教师以权力。教师作为教育领导者是民主自治的表现。只有教师能够真正批判地检讨自己的教育教学理念，学校发展才能真正地发生。由于教师在学生学习过程中是最直接的交流者，对学生的动机、学习状况和品质等是最了解的，所以，教师作为领导者的角色主要是课程的领导、教学的领导和学生道德品质的领导等。

### 三、构建学习型学校的理念框架

学习型学校的理念框架由六个维度构成。①学习的维度，包括学习层次、类型和技能；②组织的维度，指组织变革创新，包括组织的教育理念、愿景和目标、学习的文化、组织的结构以及学校行动计划；③领导的维度，包括学习型领导、决策分享和对员工授权赋责；④知识管理的维度，指注重创新改变，不断促进知识分享与创新，包括知识获取、知识分析、知识创造、知识储存、知识分享和知识应用；⑤支持的维度，指支持学习的条件，包括计算机信息系统、学习资源和鼓励学习的弹性机制和制度；⑥效果的维度，包括变革能力和师生员工的满意度。这六个维度彼此相关，动态支持，共同聚力，促进学习型学校的发展，如图5-1所示。

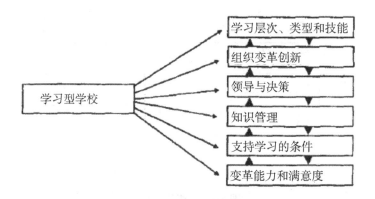

**图 5-1 学习型学校的理念架构图**

学习是学习型学校的重要维度，它存在于个人、团队和组织三个不同的层次。学习类型分为单环学习、双环学习和再学习。单环学习是指当发现错误时，组织按照规范对错误进行修正，但不改变组织规范；双环学习是一种创造性学习，是能够对组织规范进行探索与重建；再学习指学习如何进行单环学习和双环学习。要想有效地构建学习型学校，就必须掌握学习技能。学习的维度，如图 5-2 所示。

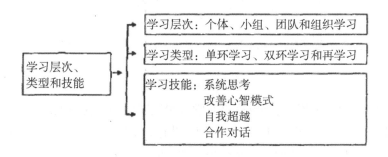

**图 5-2 学习的维度**

组织变革创新本身包含了各种要素和过程，如教育理念、愿景和目标、学习文化、组织结构和学习行动计划等。教育理念、愿景和目标，是学校发展的方向，是以人为本、培养什么样人的问题；学习文化是学校组织的价值观、校风和学风，惯例和习惯等，通过鼓励团队合作，建立信任、分享和反思的学习文化，创造良好的人际关系和师生关系，使学习和工作相统一，在行动中研究，活出生命的意义；组织结构包括各部门的分工和权力分配，特别是学校网络化的建立，学校组织结构应逐步走向结构扁平化、管理自主化。组织的纬度，如图 5-3 所示。

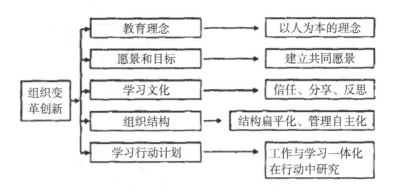

图 5-3　组织的维度

领导的维度强调教育领导在构建学习型学校中是关键的因素，因为它引领着学校发展行动的方向，教育领导应属于学校组织中的任何一个人，校长、主任、教师、学生和家长，它是一种交互影响的历程，这种历程使教育组织中的参与者能够建构意义，通过授权赋责，使每个人成为学校的主人、决策者，从而导向学校教育的共同目标。领导的维度，如图 5-4 所示。

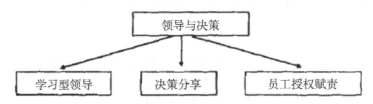

图 5-4　领导的维度

学习型学校的知识管理维度是对学校组织获取和创新知识进行管理，它包括知识获取、知识分析、知识创造、知识储存、知识分享和知识应用几个要素，各要素之间是相互关联的，但又是相互独立的。注重创新和分享，如校本培训和校本课程等，逐步办出学校特色。知识管理的维度，如图 5-5 所示。

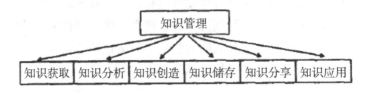

图 5-5　知识管理的维度

支持的维度是强调支持学习的条件，如硬件、软件和学习资源，硬件如计算机信息系统，软件如鼓励学习的弹性机制和制度。学习资源是指能够帮助学习者获取知识、提高学习速度和效率的任何东西。如教学媒体资源、学习环境资源等物化资源和人化资源,如教师间资源和学习资源等。支持的维度,如图5-6所示。

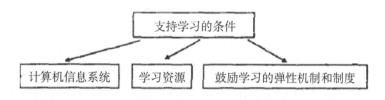

**图5-6　支持的维度**

效果的维度是指建立学习型学校后学校变革能力和师生员工的满意度,学校变革能力强,效能高,师生员工的满意度高,说明构建学习型学校才有意义。效果的维度,如图5-7所示。

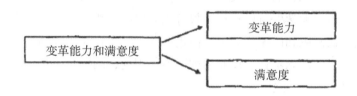

**图5-7　效果的维度**

综上所述,在中国构建学习型学校的研究刚刚起步,理论要能指导实践,并通过实践的检验,才能显示其价值意义。学校发展过程受各种因素影响和限制,我们如何根植于中国本土国情来构建本土化的学习型学校还有待深入的研究。

## 第四节　加强民族精神培育,落实立德树人德育目标

当今,中国特色社会主义现代化建设正处于关键时期,当代大学生是中华民族的未来和希望,加强当代大学生的民族精神培育,不仅对进一步提升大学生自身的思想道德素质具有积极作用,对实现中华民族伟大复兴也具有重要意义。

### 一、中华民族精神的基本内涵

民族精神一方面反映该民族在发展过程中沉淀出的思想精华,另一方面反

映了该民族的生命力。中华民族经历了漫长的社会历史发展过程，在艰苦奋斗中孕育出了伟大的中华民族精神。中华民族精神是全国各族人民的生活的最真实写照。中华民族精神历久弥新，其内涵凝结了各族人民独特的思维方式与价值观念，是中华文化能够长久存续的重要法宝，也是中华民族能够持续健康发展的动力源泉。

2018 年 3 月 20 日，在党的十三届全国人大一次会议上，习近平总书记对中华民族精神进行了高度的概括与总结。中华民族精神的核心内容是，以爱国主义为核心的伟大创造精神、伟大奋斗精神、伟大团结精神、伟大梦想精神。随着中华民族几千年的绵延发展，中华民族精神已经在当代中国人的精神世界上打下了深深的烙印，对当代中华民族的崛起与发展起着至关重要的作用。

## 二、当代大学生民族精神培育存在的问题

作为民族精神传承者的当代大学生，他们的民族精神状态与中华民族的前途紧紧相连。当前，大学生对民族精神教育仍然保持着积极向上的状态，他们具有强烈的民族认同感和国家认同感，但仍有些大学生存在民族精神素养缺失的问题，他们的民族观念不强、民族精神淡薄。因此，问题与不足仍存在于大学生民族精神培育的过程之中。

### （一）当代大学生民族精神培育的途径单一，机制有待完善

当前，一些高校仍然采取传统的、缺乏创新灌输式的教育方法对大学生进行民族精神培育，很少组织学生参加相关的课外实践活动，教师更注重理论教学而忽视大学生的主观能动性，缺乏对大学生心理规律的研究，使学生在课堂上的获得感降低，甚至会有逆反心理的产生。

一些高校已经开始意识到加强大学生民族精神培育的重要性，因此设立了相关的培育机制，然而忽视了机制后续的保障工作，如缺少人员的后勤保障、缺少经费保障等，另外也没有形成健全的考评体系以及培育机制，导致长效、系统的民族精神培育工作难以顺利开展，这些都会阻碍大学生民族精神培育的深入发展。

### （二）当代大学生民族认同感的弱化

随着经济全球化的进程日益加速，多元文化也对当代大学生的思想观念产生了巨大的冲击，导致当代大学生的民族认同感逐渐弱化。伴随着改革开放，西方的思想观念、生活方式进入中国，中西不同文化相互融合碰撞，逐渐影响着人们日常的思想观念和生活方式。特别是当代大学生，他们更容易接受新事

物，但思想不够成熟，更易受到多元文化的冲击。一些大学生盲目崇拜多元文化冲击带来的拜金和享乐等思想，而忽视中华民族优秀的传统文化，忽略中华民族精神的优秀部分，这不仅会使当代大学生在价值选择与判断上摇摆不定，甚至还会降低当代大学生对中华民族的认同感。

### （三）民族精神未能与校园文化相结合

校园文化是对当代大学生进行民族精神培育的沃土。利用校园文化进行民族精神培育是一种深层次的、全面的培育模式，可以使大学生在日常生活中感知民族精神的内涵。当前，部分高校的校园文化并没有体现出中华民族精神的元素。例如，在基础设施建设方面，一些高校的建筑在设计之初只考虑了满足需求与美观，并没有考虑将这些校园的基础设施与带有中华民族文化元素的内容相结合。而且除了这些公共基础设施之外，一些学校还没能够设计出融合中华民族精神的人文景观。一些高校没有重视利用媒体途径传播民族精神。有的高校学生会与社团组织既没有充分发挥自身优势与资源，弘扬中华民族精神，也没有充分利用传统节日和纪念日开展社会实践活动，将中华民族精神更好地融入校园文化氛围之中。

## 三、当代大学生民族精神培育的有效路径

### （一）改进培育方式，完善高校培育机制

目前，在多元文化的社会环境下，为了使学生更好地接受民族精神的培育，高校要对教学方法进行重新调整，改变陈旧的教学观念。在培育民族精神的过程中，教师不再是单向灌输的角色设置，而是一名将直接灌输与间接灌输、理论与实践相结合的教育者，并将理论付诸教学实践。在培育过程中，教师要把学生放在教学的主体地位，还要时刻关注大学生成长过程中的思想变化，激发大学生学习民族精神的积极性，提高大学生在课堂上的接受度，并把中华民族精神内化为自己行为的世界观和方法论。

同时，大学生民族精神培育的机制不够健全，还有待高校的进一步完善。

首先，完善领导机制，提高领导能力，使各部门明确各自的职责，形成良好的分工体系。

其次，健全监督机制，在进行民族精神培育的过程中要建立规章制度，严格把关各项工作的落实，保证民族精神培育的效率与质量。

最后，坚持和完善激励机制，学校要充分利用物质和精神这两种奖励方式，对那些工作态度积极、成绩优异的个人或单位予以鼓励，使学生和教师队伍保

持积极地学习和工作的态度，总结经验，不断创新教学理念，不断努力推进大学生民族精神培育工作的深入。

### （二）增强校园文化建设，将民族精神与校园文化相结合

校园文化是一所学校的办学精神与教学理念的最好体现，在培育大学生民族精神方面发挥着重要作用。因此，高校应有意识地将校园文化与民族精神相结合，寓中华民族精神于校园文化建设之中，让大学生在潜移默化中接受民族精神教育，成为真正能够承担起民族复兴的历史使命的接班人。例如：学校可以充分利用自身的文化资源凝练校园文化精神，将校园精神和民族精神相结合，从而塑造学生的民族精神和高尚人格；高校应定时更新校园宣传栏，将相关的典型事例绘制在宣传板报上；把文明标语悬挂在校园的适当位置，使学生自觉养成良好的行为习惯；充分利用微博、微信公众号等新媒体手段，充分了解大学生的兴趣所在，寓教于乐，提高大学生对民族精神的培育的积极性。总之，高校要重视校园文化建设在民族精神培育工作中的积极作用，努力为学生提供一个良好的校园文化环境，营造一个具有浓厚中华民族精神的校园文化氛围，促进民族精神培育工作的深入发展。

### （三）引导大学生辩证地对待外来文化，提高民族认同感

当前，大学生正处在一个多元文化相互激荡、相互融合的社会环境中，对大学生的价值判断产生巨大冲击，习近平总书记曾指出"青年的价值取向决定了整个社会的价值取向"，因此，提高大学生的民族认同感，就要重视学习本民族优秀传统文化，了解民族的光荣史与血泪史，久而久之大学生会真正地发自内心地认同本民族优秀传统文化，激发大学生对本民族的自信心与认同感，启迪他们从实际行动出发，做一个优秀的民族精神的践行者。

我们还要充分利用社会主义核心价值观进行教育，使大学生形成良好的精神风尚，避免消极、负面的价值取向出现，使他们有能力自觉抵御外来不良文化带来的消极影响，提高当代大学生对中华民族精神的认同感。

### （四）重视社会实践的作用

社会实践是大学生民族精神培育过程中的重要一项，也是不可或缺的一项。高校学生活动管理工作者应带领学生参加民族精神相关的社会实践活动，引导大学生自主地深入社会基层进行考察与调研。比如：学校可以利用课余时间，组织学生到敬老院、福利院以及红色基地进行志愿活动，做一些力所能及的事，通过社会实践不仅可以培养学生良好道德品质，还可以提高其对民族精神的理解；在课堂上，教师可以分配给学生拍摄以中华民族精神为主题的微电影任务，

使学生在拍摄过程中更好地理解中华民族精神，从而激发他们对民族精神的认同感。学生参与各种社会实践既可以使学生对民族精神内涵的理解更加深刻，也提高了学生的社会实践能力，可以更好地为社会主义建设的伟大事业做出自己的贡献。

总之，高校乃至社会都应将当代大学生的民族精神培育作为重点任务。大学生民族精神培育不仅关乎高校思想政治教育的成败，更关乎我国社会主义建设的未来发展。只有将中华民族精神融入大学生的世界观，用社会主义核心价值观来引导大学生的社会实践，才能使他们成为可靠的社会主义事业建设者和接班人，才能真正实现中华民族伟大复兴的历史任务。

## 第五节　积极引导，有效管理，开拓德育新阵地

网络的虚拟性、开放性和即时性等特征对大学生有着莫大的吸引力。随着网络技术的普及，青年学生开始尝试自主开发建设网站，这是对高校传统思想政治教育的新挑战。能否发挥学生网站的积极作用，引导学生网站建设，将学生网站发展为德育的新阵地，是值得探讨的新课题。本节分析了学生网站的现状，探究了学生网站存在的主要问题，就如何合理利用、积极引导和有效管理学生网站做了比较深入的探讨，强调要通过积极引导和有效管理，将学生网站发展成为开展德育工作的又一阵地。

高校是我国社会信息化程度最高、发展势头最快的地方之一。建立高校德育工作专门网站是利用网络阵地唱响线上主旋律的一种重要形式，也是现在较为普遍的一种德育工作进网络的形式。在德育工作者积极建设网络教育阵地的同时，由学生自发建设或由学生自主管理的学生网站如雨后春笋般在网络上出现，如 BBS 论坛、网络博客、个人微博等。青年学生因其自身容易接受新鲜事物和具备创新精神的特点，对网站、网页的关注程度最高。社会上、学校中的各种主流网站已经不能满足青年学生的要求，而学生网站内容时尚，特色鲜明，资讯前卫，极易和受众形成共鸣，产生的影响作用较大。但学生网站数量众多，管理无序，质量、水平参差不齐，有可能造成消极、负面的影响，不仅对成长中的青年学生不利，而且对于网络文化建设、网络道德的形成，以及网络背景下德育工作的开展都造成相当大的困难。

如何对这些学生网站进行引导，并对它们进行合理利用，加强管理，使它们共同为校园网络文化服务，为德育工作服务，是当前我们德育工作者亟待解决的新问题。

## 一、高校学生网站概述

### （一）高校学生网站简介

高校学生网站是指高校内由学生个人或学生团体自主建设或管理的学生网站，是青年学生依照网络运行规律，充分利用网络技术，进行自我展示、思想交流、情感宣泄、文化娱乐等活动的平台。学生网站作为非官方性质的网站，是主流网站以及德育主题网站的延伸和补充，以其贴近学生生活的定位得到越来越多的学生的喜爱与关注，对于德育工作者来说，关注学生网站，加强对学生网站的引导和管理，对大学生树立正确的人生观、价值观发挥着越来越重要的作用。

### （二）高校学生网站分类

按照网站建设者分，高校学生网站可以分为个人网站和团体网站。高校学生网站既有个人建设维护的，也有学生团体发起使用的。目前，在高校中，虽然学生个人建设网站屡见不鲜，但是，真正有一定影响力的还是一些学生团体发起建设的团体网站。现在，许多学生社团组织都在网上有自己的宣传阵地，作为自我宣传和成员共享的平台，如清华大学的"红色网站"，起初就是清华大学的一个学生党小组建立的小团体共享网站。

从网站规模看，高校学生网站既有综合性网站，也有专门性网站。综合性学生网站，顾名思义，其特点是内容综合丰富，栏目设置全面。这类网站在建设时一般都是从模仿一些门户网站开始的。但这类网站建设需要建设者投入较多的精力，而且对软硬件的要求都较高，一般学生个人建设的较少，多为团体发起管理维护。专门性网站则集中体现了网站建设者力求实现的某项单一功能，其功能性和针对性较强。学生网站的形式也多种多样，微博、博客、播客、BBS论坛、电子期刊、多媒体下载、个人主页、在线商城、电子刊物等，几乎所有的网络媒体形式在高校学生网站中都能找到。

### （三）高校学生网站的特征

作为网站，学生网站具备典型网站的基本特点，如交互性、快捷性、平等性、技术依赖性等。但高校学生网站的特殊定位及功能，还使此类网站在具有一般网站共性的同时，具有不同于其他网站的特点，具体表现在以下几个方面。

1. 目的公益性

学生网站的建设，往往是因为对网络技术的兴趣爱好，对自身或学生团体的对外宣传，建立在对其他类型网站的分析思考上，通过不同的网站形式，实现自己对网络的理解，表达自身的想法，交流思想，不具有盈利、教化等目标。部分学生网站以能够为受众提供需要的服务为己任，具有一定的公益性质。

### 2. 受众限定性

在所有传播媒介中，网络是最具有交互性的媒介，学生网站必然也有其一定的传受群体。学生网站产生于校园之中，发展在校园之内，内容带有浓厚的校园氛围，极易得到在校学生群体的关注。学生网站的建设者和传受群体都处在校园中，都具有较高的文化素养和知识涵养，对待新事物接受能力强。相似的生活环境和文化背景使双方对待大小事件具有更好的共识基础。

### 3. 主体复杂性

高校学生网站的建设者以在校大学生为主体。大学生是一个充满好奇心、追求新知识、思想开放、富有创造能力和创新精神的团体。他们在网络中往往不是被动地接受信息，而是有自主性、选择性地去寻找信息、交流信息、发布信息。无论是个人建设的网站或是学生团体制作维护的网站，因为其思想比较活跃，一分钟就可以产生无数的想法，所以，我们永远无法预测在学生网站中会出现什么样的变化。

### 4. 形式多样性

与门户网站相比，学生网站也有着明显的特色。学生没有压力，从做网站到实践自己的想法，中间周期可以很短，所以学生网站的文字、内容、栏目、风格经常会推陈出新，不断变化。再者，大学生思想前卫时尚，思维活跃，对新鲜事物敏感，接受能力强，反映在建设的网站中，表现为形式的多种多样。

### （四）高校学生网站的功能

虽然高校学生网站的受众具有一定的限定性，而且在茫茫网海中这些网站显得那样不起眼，但是，这并不妨碍网站功能的发挥，具体来说，包括以下几个方面。

### 1. 服务交流功能

学生网站为学生提供了广阔的空间，在这里，学生可以尽情地表现自我，展其所长，实践自己的想法，虽然各网站的表现形式各式各样，栏目名称有所差异，栏目内容有所不同，但总体来看，都是紧紧围绕学生日常的学习和生活。

2. 德育功能

虽然学生网站的建设初衷并不是为了德育工作，但在实际的运行中，往往能发挥意想不到的德育功能，收到良好的德育效果。学生网站是学生情感宣泄和交流的场所，是学生思想状况的"晴雨表"，德育工作者可以通过这些网站及时了解学生的思想动态并加以引导。学生网站已经成为德育专题网站的有益补充，尤其是学生团体建设管理的网站，其德育功能应该得到充分的重视。

3. 情感宣泄功能

网络由于具有隐匿性、开放性、便捷性和互动性等特点，给大学生适时地转移、倾诉和宣泄自己的不良情绪提供了机会和场所。学生网站是由学生自主建设管理的，是学生最方便、最快捷，而且是首选的登录网站之一，由于共同的文化背景、生活环境、年龄特点，在学生网站中，这种自我发泄、互相教育和影响的效果往往也较好。

4. 文化娱乐功能

现代大学生除了关注学业外，其课外生活也是丰富多彩的。学生网站本身就是大学生闲暇时间业余活动的产物，必然带有浓厚的休闲娱乐味道。网络文学、情感娱乐、影音下载、网络游戏都是学生网站中常见的内容。学生网站使大学生学会了如何娱乐、如何休闲，调剂了他们的日常学习生活，也开阔了他们的眼界，使他们发展了更多特长。

## 二、高校学生网站的现状及存在的问题

在浏览观察一些学生个人或团体的站点后，我们很容易发现，虽然学生网站发展迅速，并且有众多的正面功能，但也存在着许多问题，对青年学生的成长产生了一定的负面影响。这就需要我们对学生网站进行合理的引导与管理，认真分析学生网站的现状及存在的问题。

### （一）高校学生网站现状

1. 发展迅速

许多大学生已经不再满足仅仅从网上获取信息，而是要积极主动地发布信息；还有的大学生不再满足于浏览网站，而是要尝试建设管理网站。同时，目前许多高校也普遍将校园网的部分栏目、内容等交给学生建设管理，如 BBS 论坛管理等，培养了一批网站建设、管理方面的能手、高手。

2. 水平良莠不齐

虽然许多学生在建设网站过程中表现出极大的热情和激情，但毕竟是业余选手，无法和专业选手相比。而且不同高校学生网站的建设力量也有薄有厚，技术力量有强有弱，软硬件环境大不相同，学生个人阅历、眼界有宽有窄，加之目前没有一套完整全面的管理办法和行之有效的管理手段，学生网站表现出发展不平衡、网站质量参差不齐、网站传播的内容得不到保证等问题。

3. 风格迥异

粗略地说，网站风格涉及色系、排版、窗口效果、网页互动程序、特效、架构、内容、网站的未来规划、网站整体内容走向等若干因素，而这其中各项都是有关联的，都与网站风格有密切的关系。网站要有整体感，而且各项目要配合应用，才能形成完美的网站风格设计。学生网站的页面设置、内容栏目等都是由学生设计维护的，是建设者和管理者智慧的结晶，尤其是学生团体建设管理的学生网站，融合了许多人的思想精华，代表了一个集体的风格，甚至能从中渗透出学生所在学校的校风。

4. 影响深远

如前所述，学生网站的受众具有一定的限定性，一旦他们从心理上接受了某个学生网站，往往能产生一定的感情，尤其是那些初创人员、最早在网站上注册的人以及在网站上有过不凡经历的人，他们对网站都有深厚的感情，与其他校园网或某些大型网站比，他们的群体虽然不大，但对网站的关心程度却是其他网站的网民无法比拟的。网站对他们影响深远，只要条件允许，有新的感受和创意，他们都会立即在网上发表交流。尤其是那些由学生团体创建的学生网站，虽然起初并不起眼，但是随着学生的新老更替，受众群体人数也如滚雪球般不断增加。他们既是网站信息的获利者，更是网站维护、创新和发展的生力军。因此，对于学生团体创建的网站来说，在理论上是有足够的资源来办好网站并扩大影响的。

**（二）高校学生网站存在的问题**

随着互联网的迅速发展和网络技术的不断普及，高校学生网站数量不断增加，递增趋势明显。但由于缺乏适当的管理和引导，学生网站难免存在着较多的问题，主要表现在如下几个方面。

1. 网站无法长期运行

在学生网站建设初期，学生建设者普遍充满热情，对网站今后的发展也是雄心勃勃，年轻的学生聚在一起，激情无限，网站做得确实很不错，只可他们没有做好长期维护运营网站的心理准备，往往对困难估计不足，一旦没有达到预期目标，就会产生沮丧情绪。

### 2. 网站传递性差

对于许多商业网站来说，一般拥有一支固定的团队来从事建设维护运营的工作，网站建设经营发展理念不断得到继承发扬，传递性强。学生网站和商业网站有所不同，高校校园是"铁打的营盘流水的兵"，学生网站初创者必然要离开学校，剩下来的接替者全是新手，他们没有经过网站初始的"创业阶段"，对网站缺乏感情，也许对网站如何定位都没有认识清楚，结果网站越做越糟糕。渐渐被其他学生网站取代，影响力逐渐减退，最终被自然淘汰。

### 3. 团队意识不强

学生网站的建设往往是因为建设主体有着相同的兴趣爱好自发地结合在一起，这样的团队并没有相对严谨的规章制度对成员进行约束，同时，由于大学生流动性强，而且处在这样一个崇尚个性发展的年代，必然会使学生网站的建设团队相对松散，流动性强，这直接导致了网站建设发展过程中没有团队协作的意识，没有团队文化的概念。网站成员对网站没有一种认同感、归属感，这往往导致某些成员做网站就像例行公事一样，缺乏激情。

### 4. 网站管理混乱

在管理网站的过程中，大多数学生缺乏一定的管理经验和较高的管理能力，导致网站管理混乱，尤其在一些学生团体的网站中反应比较明显，这些网站往往缺乏完善的管理制度，没有合理的分工和机构设置。再者，高校校园早就已经不是以前的象牙塔，大学生接触社会的机会越来越多，社会化的程度也越来越高。受到社会上一些不良风气的影响，目前大学生中普遍存在一种浮躁心理，有的大学生做事情也不是踏踏实实，往往敷衍了事。

### 5. 网站开发必需的软硬件条件有待改善

建设好一个网站，软硬件条件都需要配备好。硬件如电脑、服务器、摄像机、数码相机、刻录设备及影印设备等。目前高校学生上网条件都比较好，但是网站的硬件配置和软件环境差异较大，除个别有校方支持的网站外，大部分学生网站是自给自足，缺乏开发必需的软硬件条件，应用软件的缺乏尤为明显。在学生个人站点的建设与运作中，个人因素起着非常重要的作用。因为是"民间"性质的网站，网站的建设毫无资金投入，最多就是学生个人或团体的零星资金。

6.外部制约因素日益明显

虽说是学生网站，但学校的政策性干预还是很强的，随着学生网站建设的深入发展，制约因素也越来越突出，有些地方学生网站的建设已经开始触及一些深层次的问题，不是单靠技术和人员就能推进的了。这些制约因素有传统思维的惯性、管理制度的缺失、部门协调的困难和信息环境的不良等，实际上反映的是传统的德育管理和体制对学生网站的建设发展的不适应，德育工作者没有及时了解并重视学生网站建设，对学生网站的发展及作用发挥持怀疑态度。

## 三、积极引导学生网站发展的措施

高校学生网站依托校园网络建设，其受众主要是广大在校学生。高校学生网站建设者及高校管理者应该把握大学生的特点，在服从网络发展规律的基础上，合理利用，积极引导，将学生网站建成集服务、教育、学习、娱乐于一体的有特色的网站，主要措施包括以下几个方面。

### （一）服务学生，培养学生

高校德育管理者要充分发挥网络信息量大、覆盖面广的特点，引导学生网站，尤其是学生社团等学生团体的网站在网站栏目设置、内容观点、服务功能、文化品位等方面贴近学生自身生活，以鲜明的特点为受众提供积极健康的信息服务，在吸引广大青年学生关心关注网站的同时，引导他们通过使用网络，浏览站点，潜移默化地形成正确的网络道德、健康的兴趣爱好，使得广大学生群体在思想道德和综合素质方面都得到提高。

### （二）开辟德育新阵地，提高学生网站生命力

正是因为网络具有开放性、交互性、丰富性、及时性等特点，我们要把高校学生网站作为德育工作的新阵地来对待，利用网络的特点，润物细无声地引导学生开展形式多样、生动活泼的德育活动，挖掘其自身的德育功能，不仅能改善以往德育工作网站沉闷呆板、点击率不高的情况，又能指导高校学生网站的发展方向，发挥其正面的影响功能，进而提高学生网站的生命力。

### （三）积极引进先进的运营管理理念

高校学生网站要树立品牌意识，以品牌意识打造网站形象。品牌网站要有拳头产品，要有独特的风格和特色的服务，要通过有价值的信息和周到悉心的服务吸引受众的眼球。要引进商业网站的运行机制，建设一支责权明晰、配合

默契的网站建设与维护团队。要实现网上网下资源共享，传统媒体和网络媒体优势互补。要在发挥良好社会效益的同时，增强学生的商业意识、市场意识，为学生网站后续开发争取一定的经济支持，提供一定的放宽政策。

### （四）遵循网络规律，把握大学生的特点

高校学生网站不同于商业网站，它的对象就是广大青年学生，要牢牢抓住学生的眼球，建设网站时就要引导学生建设者深入分析大学生群体的特点，要遵循网络规律，用网络的语言、网络的技术手段来表达内容。高校德育工作者除了在网上关注学生网站，在网下制定相应制度引导其发展外，还应对网站建设者进行相应的培训，指导他们将网站建设得更有针对性、实效性，服务性，这样的网站才有可能受到学生的欢迎。

### （五）注重网站的包装与宣传，制定网站的推广策略

建设一个网站是企业品牌推广过程的基础，更多的预算要用来推广网站。对于高校学生网站而言，即使有很好的模式、丰富精彩的内容、设计别致的网页、周到的服务，但如果忽略了有效的推广模式，网站的运作仍然是不成功的，仅仅只能在小范围内发挥作用。所以，高校学生网站也应注重包装和宣传，制定有效的校园及市场推广策略，争取扩大影响，发挥作用。

## 四、高校加强学生网站管理的有效措施

### （一）加强网站质量和内容管理

网站质量是品牌的核心，没有质量保证，品牌就如同案头摆设。与单纯的网站建设管理相比，学生网站的经营要更加注意形象塑造和宣传策划。但高校学生网站品牌的建立不能只把宣传策划等奉为制胜法宝，网站质量和内容才是支撑其发展的基础。要提高学生网站的亲和力、生命力，最重要的是要有高质量作为支撑。

### （二）充分发挥学生的自主性、创造性

互联网由科研院所和校园向社会扩散的发展规律以及年轻人的心智特点决定了：青年学生往往是最早也最容易掌握网络工具的社会群体。学生网站学生建，高效管理者要充分信任青年学生，调动学生参与网络建设的积极性和创造性，既提高了他们驾驭网络现代媒体的技术能力和自律能力，有益于建设符合学生品位的品牌网站，同时还能培养和造就有思想、有技术的网络人才，提高学生的综合素质。所以，尊重学生的主体地位，充分发挥他们的积极性和创造性，

强调参与性，是高校学生网站运作的重要策略，也是对学生网站加强管理的有效手段。

### （三）学校监督引导与学生自我管理结合

校园网络管理、监控和规范是维护校园网络正常秩序必不可少的环节，对于高校学生网站，学校要将监督和引导有机结合起来，强化制度管理，制定符合学生网站发展特点的规章制度，以建立网络道德和提高学生网上自律意识为目标，提倡文明用网，确立网上秩序。但是，要真正将高校学生网站建成学生成长成才的平台，提高网上德育的实效，必须努力吸引学生自觉地参与到教育过程中来，通过学生的主动参与，形成学生网站自我负责、自我管理的良好氛围。

### （四）以技术支持作为加强管理的手段

强大的技术支持是使网站内容丰富的基础。当前信息技术发展迅速，高校学生网站如果在开发过程中充分运用先进的技术，可以保证网站综合性优势的发挥。与此同时，完善的硬件投入是网站建设的根本。纵观国内高校影响力较大的各类学生网站，都是依托在校园网上建立起来的二级网站发展起来的。虽然校园网为学生网站提供了诸如强大的主服务器、遍布全校的网络等一系列较好的生存条件，但网站的开发、建设仍需要投入大量的物力，微机、办公室、办公设备等良好的硬件条件与环境，可以使开发人员最大程度发挥想象力，实现网站的综合功能，获得预期的收益。这些都不是普通的学生网站建设者所能提供的，只有学校给予一定的支持，学生网站才能发展得更加规范。

### （五）建立网络文化联盟，实现网站互相监督

学生网站并不是由学校管理者或教育者发起的，不代表官方观点，不具有官方性质，完全是民间活动的产物，因为它不隶属于任何的部门机构，所以对学生网站的管理也是一个新的命题。目前，已经有一些高校尝试用一些新方法手段对学生网站加以规范和约束，收效良好。如建立校园网络文化联盟，将学生网站进行了整合，引导学生网站进行自我监督与相互监督。

## 五、抵制网络泛娱乐化现象对高校学生价值观的影响

近年来，网络空间充斥着大量粗鄙低俗、搞怪戏谑等泛娱乐化信息，对大学生的心理养成和价值观塑造产生了消极影响。为此，各高校应高度重视大学生价值观形成发展的网络环境，采取有力措施抵制网络泛娱乐化现象对大学生价值观的消极影响，这对帮助大学生树立正确的世界观、人生观和价值观，以及培养担当民族复兴大任的时代新人具有重要意义。

### （一）什么是泛娱乐化现象

《说文解字》中对"娱"字的解释："娱，乐也。从女，吴声。"娱乐即有"娱怀取乐""欢娱行乐""消闲遣兴"之意。娱乐消遣符合人的天性，是人类精神生活富足的重要表现。然而，伴随着现代媒体商业化运作的推进、消费主义和大众文化的盛行，恶搞、调侃等戏谑行为在网络空间甚嚣尘上，网络泛娱乐化渗透到政治、经济、文化等多个领域，以致网络生态环境受到了不同程度的污染，甚至影响到网民的价值选择与价值判断。

### （二）网络泛娱乐化现象的表现

尼尔·波兹曼在《娱乐至死》中指出："一切公众话语都日渐以娱乐的方式出现，并成为一种文化精神。我们的政治、宗教、新闻、体育和商业都心甘情愿地成为娱乐的附庸，毫无怨言，甚至无声无息，其结果使我们成了一个娱乐至死的物种。"在信息高度密集、传播迅速的互联网时代，各种恶搞、调侃等戏谑行为为扩大其受众面和影响力，借助网络进行传播，使得各种公众话语日渐演变为"娱乐至死"模式。网络泛娱乐化现象突出表现为以下三方面。

1. 内容上过度娱乐化

在商业利益的驱动下，一些网络媒体丧失了基本的职业操守，推崇"一切都是娱乐""娱乐吞噬一切"的价值理念，企图以打情骂俏、排斥严肃等低俗快餐文化激发广大网民的兴趣。

2. 形式上追求感官享乐

有益的网络视听节目可以帮助人们缓解快节奏生活下的紧张压力，有助于其释放心情、放松身心。然而，一些网络媒体以制造噱头、追求卖点为手段，通过书写语不惊人死不休的"标题"、关注演员"颜值高低"、无限挖掘明星私人生活等方式，达到迎合受众感官刺激的目的。

3. 手段上依赖消费明星

在全民娱乐时代，不少网络内容以娱乐的视角和方式进行策划，以达到视觉愉悦与情感诉求的目的，特别是让明星"加盟"以提高受众的关注度，镁光灯聚焦下的歌星歌手、电影明星、体育明星成为一些群体追求的人生目标。网络泛娱乐化现象容易使人们沉湎于感官刺激的享乐主义之中，在一定程度上侵蚀着社会主流价值观的社会根基，弱化了主流价值观的权威性和影响力。

### （三）网络泛娱乐化现象的实质

在马克思看来，人除了从事物质生产劳动外，还能够从事科学、艺术等创造性活动，不被直接生产劳动所吸收，而是用于娱乐和休息，从而为自由活动和发展开辟广阔天地。娱乐是人们闲暇时的主要活动，旨在促进人全面自由地发展。对于泛娱乐化现象，我们需要分析"娱乐活动"表象背后的本质，即泛娱乐化现象最终指向何处。泛娱乐化从范围上来看，是"娱乐活动"界限的日益扩大，并向严肃领域不断延伸，全面渗透到政治、经济以及文化生活等各个方面。从表面来看，随着网络的快速发展，部分网络媒体通过关注娱乐八卦、恶搞历史人物等多种方式，宣泄、释放现实社会带给自己的压力，从而让人们获得生理上的愉悦感和心理上的依赖感。从心理学上分析，动机是人的心理过程，是支配人的行为的内驱力，任何行为的产生都需要动机的驱动。网络娱乐产品创作主体的价值取向直接关系网络产品的品位高低。我们应该承认，基于残酷竞争压力和优胜劣汰环境的考虑，不排除一些网络产品创作主体侧重于聚焦部分消费者的猎奇心理需求和感官愉悦度，为娱乐而娱乐。但更应引起注意的是，一些网络产品创作主体有意识地将自身价值观念附着于娱乐产品，热衷于"戏说"、青睐于"颠覆"等形式，其实质无非借助"娱乐"的外衣传播历史虚无主义、文化消费主义等错误思潮，跌破真善美的价值观、道德观底线。网络泛娱乐化现象反映出的"愚乐文化"，以同质化、娱乐化、低俗化的网络产品呈现于网络空间，其目的更多表现为企图摒弃现实社会的道德框架，这终将致使社会长期形成的崇高感陨落，甚至导致社会部分群体出现"精神贫血症"的现象。

### （四）如何抵制网络泛娱乐化现象对高校学生的影响

#### 1. 强化网络生态治理水平，营造风清气正的网络空间

抵制网络泛娱乐化现象对大学生价值观的侵蚀，应保持技术理性，坚持网络技术服务人而非异化人的根本原则。首先，要发挥网络意见领袖的舆论引导作用。网络意见领袖是网络空间内极具影响力的极少数人，其话语影响着网民的价值态度和行为取向，引领网络舆论走向。为此，应积极培育坚持正确导向、熟悉网言网语的网络意见领袖，加强教育管理，发挥他们在议程设置、话题发起、时事点评等方面的特殊作用，及时疏导网络中的非理性情绪，抵制泛娱乐化信息的传播。发挥大学生的朋辈教育效应，构建积极健康的"圈群化"舆论场。其次，要大力推动网络法律规范的制度建设。网络空间并非超越道德和法律的

纯自由世界，针对泛娱乐化引发的网络乱象，国家新闻出版广电总局自2011年10月下发《关于进一步加强电视上星综合频道节目管理的意见》后，又多次下发"限娱令"，为净化网络空间提供了有力的政策支持。一方面，要完善网络法律法规建设机制，改变网络法律规范建设滞后于网络发展需要的现实状况，提高立法级别，建立健全具有可操作性的网络法律规范，抵制泛娱乐化内容的网络传播；另一方面，要加大网络执法力度，充分运用大数据等信息资源，构建信息数据的收集利用机制，对触犯法律的泛娱乐化信息的制造者和传播者，依法给予严惩。最后，要强化网络媒体行业的自律意识。网络媒介应自觉承担起规范网络言论的责任，树立网络文化意识及传承意识，恪守网络舆论公德，发挥其舆论导向、价值引领、凝聚共识的功能，为大学生提供优质的网络产品和良好的网络环境。

2.提升大学生的媒介素养能力，培育大学生网民的主体意识

互联网时代，大学生既是信息接收者，又是信息传播者。大学生具备的媒介素养决定了其愿意接收和传播何种信息。当前，一些大学生之所以深受泛娱乐化思潮影响，其中一个重要原因在于自身缺乏应有的媒介素养，难以看清网络泛娱乐化现象背后的本质。为此，培育大学生网民的主体意识、提升其媒介素养能力迫在眉睫。高校可采取以下措施，提升大学生的媒介素养能力。

（1）加强对大学生网络媒体知识的普及

高校可以举办网络媒介素养的讲座，普及网络媒介素养知识，使大学生掌握媒介特征、功能以及制作过程等网络媒体基础知识，能看清媒介作品背后的真实目的，自觉抵制非理性的娱乐圈套。

（2）拓展大学生媒介素养教育的内容

就多样的大众媒介种类而言，每一种媒体的信息传播各有特点，大学生应学会包括网络媒体在内的各种媒体的基本知识，判断媒体信息的价值取向。特别是在西方国家"媒介帝国主义"对大学生价值观产生消极影响的背景下，我国媒介素养教育内容的设计"要强化公众对西方媒介本质的认识，对西方媒介霸权的警惕，对西方媒介信息传播的批判认知"。

（3）丰富大学生媒介素养教育的渠道

高校应将媒介素养教育有机融入大学生思政课程之中，采用课堂教学和课外实践、线上交流与线下探讨相结合等多种方式，不断构建大学生媒介素养教育的多样化渠道，使大学生对抵制网络泛娱乐化信息侵扰持有足够的免疫力。

3.加强高校校园文化建设，增强大学生的文化辨别能力

校园是大学生学习与生活的主要场所，也是各种思潮最活跃、最敏感的领域。高校校园文化建设要充分发挥社会主义核心价值观的引领作用，帮助校园文化从过于娱乐化的形式活动中走出来。高校必须增强自身的责任感和使命感，强化教育主阵地意识，打造健康和谐的校园网络平台，为大学生成长提供良好的发展环境。首先，打造校内线上信息交流平台。运用现代信息技术，建立集大学生学习、生活、娱乐于一体的信息化交流平台，通过信息传播监控系统，过滤各种非法和违背道德的泛娱乐化信息，规范校园内的网络信息传播。其次，开发校园网络文化教育产品。内容为王是校园网络文化建设的核心，校园文化传播的效果往往取决于内容的呈现形式。为此，一方面，要充分利用中华优秀传统文化资源，制作适合当代大学生心理诉求的优质文化作品；另一方面，运用现代先进的信息传播技术，对大学校园文化作品进行精心"包装"，把崇高精神融入平凡叙事之中，借助寓教于乐的方式，促进大学生对高雅校园文化的理解，将其从游戏、"肥皂剧"等泛娱乐化思维中拉回现实社会生活。最后，提高大学生对各种社会思潮的甄别能力。在多元价值观并存、多元文化冲突的现代社会，要克服校园文化庸俗化、粗鄙化倾向，高校需要充分尊重大学生价值观的形成规律，通过专家学者阐释、革命故事分享、学生榜样展示等多种活动形式传播主流价值观，把培育大学生的价值观与抵御各种错误思潮有机统一起来，引导大学生树立崇高的理想信念，减少泛娱乐化现象带来的价值冲击。

4.培养大学生的审美情趣，强化价值观教育的正确取向

网络审丑异军突起是网络泛娱乐化现象的典型表现，以丑为美的价值取向使大学生陷入了审美误区。习近平总书记指出，要"坚持以美育人、以文化人，提高学生审美和人文素养……培养德智体美劳全面发展的社会主义建设者和接班人"。新时代，要强化社会主义核心价值观的引领作用，提升大学生的审美情趣，实现从网络审丑向审美的回归，让大学生实现从功利需要向精神满足的超越，同时消除网络泛娱乐化现象带来的负面影响。一要强化对大学生价值观的正面引导，提高大学生的价值选择能力。良好的审美素养有助于提高大学生的道德情操，"缺乏审美力，就等于陷入了'认知癌症'，无法内化社会涵养、外化品德实践"。社会主义核心价值观作为一种观念意识形态，能够有效整合多元意识形态。大学生的审美价值观必须遵循社会主义核心价值观的要求，坚守主流文化的价值阵地，摆脱被网络戏谑的"泛娱乐化"命运。二要强化大学生审美价值观教育。审美教育必须与具体的艺术教育结合起来，通过审美活动

培养大学生的审美感受能力和理解能力。高校可开设审美相关的选修课程，激发大学生的审美情感，使其将美的标准和理想植根于灵魂的深处，进而在心理和实践上自觉抵制泛娱乐化信息的入侵。三要在审美实践中增强审美能力。马克思指出，动物只是按照它所属的那个种的尺度和需要来构造，而人却懂得按照任何一个种的尺度来进行生产，并且懂得处处都把固有的尺度运用于对象；因此，人也按照美的规律来构造。良好的审美情趣的培养有赖于审美实践，因此大学生要主动参加自然实践活动、艺术实践活动和道德实践活动，欣赏自然美、社会美和艺术美，正确认识网络审丑现象，培养高尚的审美情操，形成抵制网络泛娱乐化现象的行动自觉。

### 六、加强对高校学生使用微博行为的有效管理和引导

在文化多元化和"大德育"语境之下，微博的影响作用日渐突出。如何实现对高校学生微博行为的有效管理和引导，是新的社会历史条件下高校学生管理和德育工作的一个重要课题。

在多元文化背景下，目前在校大学生主体人群在心理层面有很多方面不同于其他代际人群，在价值层面将更加认同个人主义、平等主义和异质化。新生代大学生比较专注自我式生活体验，在变化繁复、充满诱惑的社会环境中又充满了不安全感，充满了无力感。在这种社会多元化背景下，微博等新型信息交流和人际交往平台的开发运用，对大学生思想和生活的影响，不能不引起高校管理者的高度重视。

#### （一）微博在高校中的发展及特点

随着通信和多媒体技术的不断发展和完善以及上网门槛的降低，互联网已经成为当代人尤其是大学生群体生活中不可或缺的工具。微博作为网络世界涌现的新媒介之一，以其即时、方便、原创性和互动性等特点和优势，备受广大青年学生的青睐，也被越来越多的高校所重视，许多高校先后开通了校园微博。

所谓微博，即微型博客（micro-blogging），是基于有线和无线互联网终端发布精短信息供其他网友共享的即时信息网络，由于用户每次用于更新的信息通常限定于 140 个字符以内，故因此得名。微博诞生于美国，2006 年 6 月，Twitter（推特）的横空出世引领世人进入一个叫作"微博"的世界。2012 年 7 月 31 日巴黎分析公司 Semiocast 发布报告称，截止至 2012 年 7 月，Twitter 注册用户量为 5.17 亿，这对 Twitter 来说是一个新的里程碑。相关数据显示，截至 2014 年 2 月，Twitter 累计注册用户超 10 亿。从 2007 年开始，饭否、叽歪、做

啊等一批效仿 Twitter 的带有微博色彩的网站相继在中国出现。随后，各大门户网站推出微博服务，以新浪微博、腾讯微博为代表的微博服务网站成为当今主流的微博门户网站。加拿大传播学者麦克·卢汉就指出，新媒介的出现极大地改变了人们的生活方式，颠覆了社会的沟通和交流的模式。进入高校以后，微博基于共享信息形成了比较稳定的"关注—被关注"关系，并以个体为中心建立起一种富于弹性的人际关系，并在双方的互动中展示自我的信息，在"关注—被关注"的状态下获得了自我的满足和自信的体验。微博的这种特点契合了新生代大学生被关注的需求，因此在高校大学生群体中广受欢迎。

2021 年 2 月 3 日，中国互联网络信息中心（CNNIC）正式发布了第 47 次《中国互联网络发展状况统计报告》（以下简称《报告》）。《报告》显示，截至 2020 年 12 月，我国网民规模达 9.89 亿，较 2020 年 3 月增长 8540 万，互联网普及率达 70.4%，较 2020 年 3 月提升 5.9 个百分点。如图 5-8 所示。

**图 5-8　网民规模和互联网普及率**

《报告》显示，截至 2020 年 12 月，我国即时通信用户规模达 9.81 亿，较 2020 年 3 月增长 8498 万，占网民整体的 99.2%，如图 5-9 所示；手机即时通信用户规模达 9.78 亿，较 2020 年 3 月增长 8831 万，占手机网民的 99.3%。2020 年 5 月 18 日，微博发布 2020 年第一季度财报。截至第一季度末，微博月活跃用户达到 5.5 亿，与去年同期相比净增长约 8500 万，单季增长创下历史新高，移动端月活跃用户突破 5 亿，用户占比达到 94%。以新浪微博为例，2020 年微博第二季度月活跃用户数达到 5.23 亿（目前 2021 年用户数据并未公布），同比增长 3700 万用户，其中移动端活跃用户占月活跃用户的 94%。日活跃用户达到 2.29 亿，同比增加 1800 万。每天微博数超过 2500 万。每秒生成 785 条微博。

来源：中国互联网络信息中心

**图 5-9　2016.12—2020.12 即时通信用户规模及使用率**

目前高校学生使用微信、微博、QQ 等新媒介的人数规模庞大，很大一部分人认同使用微博已经成为他们生活中一种不可或缺的常态。在大学生日常生活和交往中，基于互联网平台形成的自组织群体不断涌现，参与人数不断增加。微博等网络自组织群体已经对相当多的大学生产生了影响。微博最核心的功能是信息的发布与获取。就该功能而言，大学生以往借助于 BBS、论坛和博客等同样可以获取这种服务，但是微博的好处在于它使这种信息的发布和获取具有极大的便捷性和交互性，这非常适合高校学生作为新生代人群私语化和碎片化的情感表达方式和奔波凌乱的生活样式。

微博是一种不断发展的新型平台，越来越多的功能逐渐被整合到微博之中，这就使微博这种自组织具有很强的自我更新能力。但是其本身核心的理念是一以贯之的，这就是信息的即时性、共享性以及基于两者相乘的动态信息传播网络。它广泛收集并传播 web（World Wide Web，全球广域网）1.0 的结构化、完整性的信息，web2.0 碎片化、零散化的信息，以及 web3.0 的交互性、聚合性信息，这些信息对高校学生形成了强大的吸引力，这成为高校学生使用微博的重要驱动力。不容忽视的是，微博往往没有严格的资格要求和组织规范，甚至在很多微博关系户中，成员无须满足一定的条件，只要申请获得批准就能加入，这就使得微博行为的管理难上加难。国家互联网信息办公室有关负责人答记者问时指出《互联网群组信息服务管理规定》（以下简称《规定》）所称的互联网群组，是指如微信群、QQ 群、微博群、贴吧群、陌陌群、支付宝群聊等各类互联网群组，特别是微信群主，要谨慎列规定。《规定》要求，互联网群组建立者、管理者应当履行群组管理责任，即"谁建群谁负责""谁管理谁负责"，规范群组网络行为和信息发布，群组成员在参与群组信息交流时，应当遵守相关法律法规，文明互动、理性表达。2009 年度全国政法工作电视电话会议决定，今后将进一步加紧网络管理，重点监控和管理 QQ 群和微博，重点提及要提高网上发现、预防、引导和控制能力，把微博纳入总体的德育工作和德育工作范畴之内，因此，加强大学生微博行为的管理和引导刻不容缓。

**（二）加强大学生使用微博行为的管理途径**

1. 肯定微博在大学生日常学习、交往和生活中的积极作用

大学生生活在不同于以往的社会环境中，在网络的世界中逐渐形成了独特的浏览习惯和学习环境，表现出浓厚的自我价值认同和自信心理，微博在这方面符合大学生的需要。大学生微博用户在自己的主页上分享个人情感、日常生活体验以及与游戏、音乐、运动等大学生共同关心的话题并加以评论，正是这些话题将来自不同地域不同学校的大学生聚合起来，并以社群化的方式进行信息交流和人际交往。同时，微博的用户圈子并不是封闭的，圈子与圈子之间通过中介节点得以连接，这给大学生微博用户提供了聚合志同道合人群的机会，更提供了自我表现人格魅力从而形成"粉丝"团体的机会，享受到在日常生活中难以享受到的被关注的感觉。因此，使用微博契合了当代大学生人群的自我价值认同需要和自信心理的表达，这对于高校日常的德育管理和学生管理是一种有益的补充和延伸。

2. 制定合理的政策，适时管理和引导大学生使用微博的行为

大学生使用微博的行为对高校的管理和运行以及大学生健康成才具有积极和消极两个方面的影响，这种两面性成为高校德育引导和学生管理必须介入大学生网络自组织的重要考量。从积极方面来看，许多大学生使用微博的行动取向与高校德育引导和学生管理的总原则和大方向是吻合的，它有利于形成良好的规则意识和参与意识，有利于促进高校德育引导和学生管理工作的进行；微博作为一种线上虚拟组织，在一定程度上对线下的学校正式组织形成了补充，它适应了大学生的多种精神文化需求，有利于大学生增强社交能力、克服心理障碍。然而从消极方面来看，微博对信息的开放态度容易在特定条件下形成轻信和盲从的态势，有时甚至阻碍了正常信息的传播，不利于高校的稳定；在某些特定条件下一些微博信息容易形成对高校德育引导和学生管理工作的抵触甚至对抗行为，如一些高校出现的"抵制食堂""拒交费用"等学生群体事件，背后都有微博等因素存在。微博的自发、自为特点使其在目前基本游离于制度化、常规化的高校德育工作的藩篱之外，它既是新颖的高校大学生生活样式的体现，也是潜在的问题域，将在未来的高校发展中日益体现出它的重要性。

### 3. 分门别类，具体对待

大学生微博群体主要分为三种类型：信息咨询型、友情关系型和兴趣探求型。用户基于所关心的不同的话题讨论形成了社群，容易形成社群的话题包括游戏、学习、交友和工作。相对于社会人群而言，大学生微博群体具有更明显的"不可管理性"，因为微博使用环境的宽松自由，大学生用户群体层次较高，且信息丰富多样，价值取向呈现散发式样，社会因素和群体言论在微博网络中流传极快，受到从众心理和集体规范的导向，大学生用户群体容易萌发不同于主流政治理念和社会管理思想认知的情况。此外，微博技术的开放性决定了对微博使用进行管理始终面临技术门槛，即基本上是滞后管理或者"扑火式"管理，难以预防和事前引导。总体来看，大学生使用微博的时间段基本都是在朝九晚五之外，也就是非工作时间，这段时间恰好是高校德育工作的"空白"，是一般意义上的"他组织"力所不能及的领域。这就致使学校德育主体难以发现大学生微博群体的存在和运行，从而也就难以有效控制和利用网络社团开展德育工作。

基于以上原因，从方法论的角度看，对大学生使用微博的行为进行管理必须发挥创新意识，对常规的德育管理和学生管理方法进行改革，做到具体行为具体对待，具体类型具体措施。

高校应从系统科学的基本原理出发，根据微博的特性、类型、形式与机制，探讨加强管理和引导的机制和规律。首先，以优质微博吸引大学生，引导大学生。以学生口和思政口为主导，开设优质网站。网站设置方面可以风格多样，呈现生活的丰富内容，进一步优化信息资源的呈现方式，如设计部分板块，契合不同的兴趣圈、专业学习圈的热点信息，并针对学生的兴趣爱好、专业需求推荐一些个性化的资源和话题。其次，以学生口和思政口为主导，鼓励广大辅导员、班主任和任课教师开设优秀微博，为学生切入社会观察和现象分析提供窗口和平台，并发布专业类、道德养成类以及法律规范类、生活情感类信息和话题，需要注意的是信息和话题发布的形式要契合微博等网络新产品的特性，要做到短小、精干、独到、具体，避免出现行政管理部门文稿味道的通稿摘要或者是简单摘取新闻报道的导语，并且要做到与时俱进，及时更新微博内容。据调查，对大学生微博用户的微博内容进行分析，发现在微博中经常出现的词语是动词，这说明大学生通常使用微博来报告现实生活中的热点问题和生活经历；而在个人页面上最常出现的关键词包括"新粉丝""音乐""女朋友""找工作""考试""游戏"等时新事物，相对来说，政治性、社会性话语则较少。这表明今天的大学生最感兴趣的话题是生活化的内容，而非政治性话语。这就要求我们在设置和更新微博内容的时候，注意控制方向，以生活化、趣味性、科学性为原则，遴选材料，以大学生感兴趣的内容吸引他们的关注和参与。最后，明确大学生网络自组织管理与育人目标的关系，将之纳入学校管理范畴。高校一定要明确大学生网络自组织管理和引导在高校人才培养中的地位和意义，它关系到培养什么样的人，如何培养人这个根本性问题。重视大学生网络自组织管理和引导工作，要加强制度和组织建设，优化育人环境，加大力度，强化软件建设，建立与完善一支强有力的工作队伍，将团委、学生处、思政部和教师等部门的资源和力量整合起来，加强队伍的组织与培养，齐抓共管，贯穿于教学、科研和学科建设的全过程，贯穿于大学生线上和线下生活，贯穿于大学生课前、课中和课后，确保不使大学生网络生活成为管理和引导的死角，形成"全员育人、全方位育人"的大德育格局，努力使大学生网络自组织工作形成党委领导、党政结合、强化行政、突出自我、强调创新、齐抓共管的学生管理和德育发展运行机制。

大学生使用微博的行为是当今网络化、信息化条件下必然出现的事物，在当前社会生活多元化、文化多元化的大背景下，微博行为如何管理和引导是高校德育引导和学生管理工作者面临的一个不可回避的系统问题，需要高校管理者从以人为本和协调管理的角度去考量并予以解决。

# 第六章　新时期高校德育管理的创新机制

"育人为本，德育为先"。党的十六大首次提出了"依法治国和以德治国相辅相成"，再次显示了德育的重要性。坚持依法治国和以德治国相结合，就要重视发挥道德的教化作用，提高全社会文明程度，为全面依法治国创造良好的人文环境。要在道德体系中体现法治要求，发挥道德对法治的滋养作用，努力使道德体系同社会主义法律规范相衔接、相协调、相促进。要在道德教育中突出法治内涵，注重培育人们的法律信仰、法治观念、规则意识，引导人们自觉履行法定义务、社会责任、家庭责任，营造全社会都讲法治、守法治的文化环境。在新时期，如何开展高校德育工作，进行高校德育工作的创新，是摆在高校德育工作者面前的新课题。本章分为高校学生德育档案管理工作创新、高校基层学生管理工作模式创新、高校辅导员德育管理工作途径创新、新形势下大学生宿舍德育工作的创新机制、协同理论视角下的高校德育创新，主要内容包括高校学生德育档案管理工作的重要性、高校学生德育档案管理工作的现状、高校学生德育档案管理工作的创新做法、目前高校基层学生管理模式存在的问题、高校基层学生管理模式的创新路径、高校辅导员德育管理工作面临的问题、高校辅导员德育管理工作创新的有效策略、在学生宿舍开展德育的优势、构建大学生宿舍德育工作有效机制、协同理论和公民教育、协同理论视角下的高校德育创新等。

## 第一节　高校学生德育档案管理工作创新

### 一、高校学生德育档案管理工作的重要性

良好的思想道德素质是学生综合素质的一个关键组成部分。只有正确有效的思想道德教育才能培养学生良好的人格和个性，提高学生的思想道德素质。德育工作作为学校教育工作的一个重要组成部分，已经越来越受到教育工作者

的重视。然而，这项工作具有长期性和复杂性的特点。尤其在新的发展阶段，青少年的思想观念和思维结构都发生了很大的变化。如何培养新时代青年，促使他们具备良好的道德素质和文化修养，对广大的教育工作者来说更是一个全新的挑战。对于高等教育中最后一个批次录取学生的高职院校而言，思想道德素质不高、意志力不强、学习动力不足的学生更是为数不少，德育对于这部分学生来说就显得更为重要。

学生德育档案工作作为德育工作的组成部分，是德育管理的重要环节，也是新时期德育工作走向规范化、科学化、系统化的历史要求，是使德育工作提高档次、促进水平的基础性工作。学生德育档案不仅能为思想教育工作者改进工作方法和水平提供材料和依据，以便为现实工作服务，还可以作为教育工作者教育下一代的生动教材和示范案例。

## 二、高校学生德育档案管理工作的现状

近年来，很多院校对档案资料分散在各科室和教职工个人手中这种情况不便管理都有深刻的体会，很多院校经过全面的搜集、整理，通过分类建立了文书、教学、科技、会计、管理等档案。然而，随着时代的发展和对档案工作的深入研究发现，学校档案的上述分类仍然有一定的局限性。尤其是学生学籍档案的德育部分，很少反映学生不同时期的政治态度、思想品德、行为习惯，非常不利于培养适应新时代发展要求的新型人才。而目前高等院校社会实践类和素质拓展类的活动十分丰富，对于实现学生全面发展都能够起到十分重要的推动作用。因此，很多院校建立了独立的学生个人成长德育档案。其中，北京物资学院为学生建德育档案已有九年时间，他们主动提供德育档案给用人单位，用事实说话，让用人单位了解学校德育工作内容和学生表现，客观全面地了解学生的情况。这一做法极大地增强了用人单位对学生的认同感。山东大学也为在校大学生建立了德育电子档案，利用现代信息技术加强了对学生的德育管理，电子档案的内容也比较全面，收到了良好的管理成效。在这方面，高职院校的建设工作就比较缺乏。现实的情况是，部分高职院校的辅导员和学生管理者因忙于事务性工作，没有真正将学生的德育考核用档案的方式加以有效的记录，阻碍了德育培养工作的发展。如何有效地实现高职院校德育档案的管理成为一个紧迫的任务。上述学校的做法有很多值得高职院校借鉴的地方。然而在很多环节上，适用于本科院校的做法并不能完全被照搬照抄。只有做一些符合高职院校实际的德育档案改革工作，创新一些方式方法才能真正对高职院校的德育工作发展起到切实的作用。

### 三、高校学生德育档案管理工作的创新做法

首先，在德育档案管理工作运行前先制定好适合学校特点的德育考核细则。学校学生管理部门应经过全面调研，修订整理出适合学校自身的德育考核细则。细则中要明确规定德育考核的具体内容。主要包括十一个大项：思想政治方面；文艺、体育活动方面；科技活动方面；社团活动和社会实践活动方面；其他活动方面；考取证书方面；获奖方面；遵守纪律方面；纪律处分方面；参与班级活动方面；辅导员奖惩方面。每一方面下又要分成若干个子项。比如说，思想政治方面就包括对学生政治面貌和政治学习的考核，是否为中共党员或预备党员，是否参加了党校学习、团校学习，担任何种学生干部职务，是否参加了其他类型的政治学习等（包括做好人好事），每一项又要列出相应的加减分数情况。

其次，建立班级德育档案考核管理小组，同时为班级的每位同学建立德育考核档案。每个班级要建立德育档案考核小组，由小组成员负责班级同学的德育档案填写工作。学生会下属的各部门也都要各司其职，将对各班级同学的思想活动、政治学习、活动表现、纪律遵守、奖惩等情况及最后的加减分情况下发给各班级的德育档案考核管理小组负责人手中。德育百分考核档案在每月月底的指定时间发放给班级同学个人确认签字后，再交由系部专门负责德育档案管理工作的部门进行电子档案的录入。期间，如果学生个人对考核情况有异议，可以向学生会德育档案管理部门申诉，情况确系属实可以更改。

再次，通过对德育考核档案的整理汇总，将每位同学每学期的德育表现情况进行综合评价，作为评定奖学金、优秀学生称号，推荐就业岗位、党员发展等的重要依据。德育考核小组根据考核细则，在每学期的期末累积计算出每位同学的德育初评分数，进行名次排列，按照一定的百分比例，分别给予90分、80分、70分、60分、50分五个档次的"初评分数"。辅导员教师对"学生德育考核档案"进行审核后，根据学生的具体表现，再给予（-10分或+10分）的"辅导员奖惩赋分"。"初评分数"和"辅导员奖惩赋分"的总和即这一学期学生德育考核的最终成绩。

最后，系部德育档案管理工作部门负责电子档案的管理工作。在学生毕业前形成一个综合的完整的德育档案报告，为用人单位选人提供依据。翻开学生的德育档案，"学生的政治表现""参加各种教育、文化等活动的表现""担任学生干部的履历""参与社会实践和志愿服务的经历"等情况都会一目了然。同时，每学期的综合评价分数也在其中，而不仅仅是简单的定性评价。班级在进行学生德育等级评定过程中，用评价分数作为标准更有说服力。

## 四、高校学生德育档案管理工作创新做法的特点

### （一）以学生的自主管理作为基础的管理方式

在新的教育改革形势下，教育观念也在不断地更新变化。德育从"制约性德育"转向"主体性德育"，充分发挥学生的主体作用，注重德育实效性，这样的理念已经成为管理方法的主流。在德育档案管理中，我们也非常希望尊重学生的主体地位，给予学生充分的信任与鼓励。通过这样的管理方式，使学生体味自身的价值。德育考核小组的成员在工作中都非常认真负责，努力学习和研读德育考核细则的内容，每周进行德育考核档案的填写录入和检查修改。学生会也会派出专门负责德育考核工作的学生干部对新组建的考核小组进行培训，指导他们正确使用考核细则。

### （二）以辅导员的考核把关作为可靠的保障手段

尽管德育考核档案的管理主要由学生来完成，做好最后的考核把关仍然是辅导员责无旁贷的工作。尤其在高职院校，学生本身的素质并不是很高，辅导员对学生德育档案管理进行全面的检查指导还是非常必要的。在考核评定成绩的过程中，辅导员评价起到的作用也是举足轻重的。这样做可以对个别同学徇私舞弊的行为起到很好的制约作用。同时对有特殊贡献和不服从管理的同学通过分数调节也能给予合理公正的评价。

### （三）以网络技术的应用作为有效的支撑

基于 web 技术的德育电子档案管理系统，涵盖学生简历等基础信息和学生在校期间的德育考评信息和分数。学生通过注册为普通会员，可以查阅本人的德育考核档案，了解自己在哪些方面还可以改进提高。毕业前，学生可以自主打印本人的德育考核档案，学校盖章后，就可以作为自己在校表现的现实依据。

### （四）以量化和过程考核的使用作为科学的实施途径

在以往的档案管理工作中，对学生德育发展过程的记载和素质表现的描述多以定性的"担任何种社会职务""受到何种奖励和处分"这些只言片语来体现。合理的做法是将学生从入学起到毕业前的每项德育考核项目用详细的量化考核和过程考核方式进行整理、描述。"学生参加了哪项活动""在活动中的表现如何"都会在这张档案中清晰地体现出来。另外每一个考核项目也都有相应的分数，这样就能够有效避免无法准确衡量学生表现优劣程度的弊端。高校学生德育档案管理工作在学生德育培养中起到了十分重要的作用。不断创新和提高

德育档案管理工作水平不仅可以使用人单位更深入了解学校德育工作的内容和学生的表现，从而增强认同感，同时也为我们进行毕业生综合评定和做好现实工作提供了依据。德育档案还是辅导员和其他学生管理人员开展工作的基础。当然，德育档案管理工作也能够有效地锻炼学生的自主管理能力。因此，学生管理人员和德育档案管理工作者要认真研究高校自身的特点，结合自身的需要不断地进行有针对性的改革和创新。

## 第二节　高校基层学生管理工作模式创新

大学生是被社会广泛关注的一个特殊群体，他们道德素质的高低将直接影响到其未来的社会发展，因而，一个大学生思想道德的水平是其综合素养的重要指标。所以，高等院校必须加强对大学生的思想政治教育，而且在新时期下，高校应创新教育形式，可以通过对学生管理机制的创新来提升学校德育的水平。基层学生管理工作是高校管理工作的重要基础。随着我国社会发展和教育领域改革的不断深入，党和国家对高校人才培养质量提出了新的更高的要求。但目前高校基层学生管理工作与社会发展和教育改革形势还不相适应，甚至在一定程度上制约了高校的人才培养质量。为此，高校基层学生管理工作需要正视存在的问题，通过改革创新学生管理模式，提高管理的科学化水平，提升学生管理工作的质量效益，切实发挥"管理育人"的作用。

### 一、目前高校基层学生管理模式存在的问题

#### （一）重事务管理，立德树人作用发挥不到位

高校基层学生管理工作头绪众多，事务繁杂，而作为高校基层学生管理工作者的学生辅导员职责界限模糊，基本等同于学校各职能部门的基层办事员，辅导员不得不忙于完成各项事务工作，"填不完的报表、写不完的报告"，教育管理工作特别是德育工作因此被弱化，造成德育工作被动化、形式化，立德树人的实际效果有限。

#### （二）重问题导向，教育管理效能发挥不到位

高校基层学生管理工作大都只注重表面上的"问题管理"，往往忽略了深层次的"人性管理"，平时惯用指令说教，出现问题依纪处理、杀一儆百。这一管理理念的偏差造成学生作为被管理者一直处于消极和敷衍了事的模式之中，体现不出管理"以人为本"的理念，管理过程中缺少人性化的指导与引

领，很容易引起学生的反感与抵触，导致了学生自我监督意识不够，反省意识不强。

### （三）重建章轻改制，管理服务理念创新不到位

社会在进步，教育在发展，而有些高校沿用的仍然是十几年前的《学生手册》，基层学生管理工作制度特别是高校各项相关管理服务保障制度更新，以及针对新形势、新问题的新制度建设滞后，与当前高校内外环境、育人需求不相适应，造成基层学生管理工作无所适从。如：学分制下的课堂管理问题、集中教育组织问题，寒暑假留校学生管理和食宿保障问题，弹性学制下在校生助学贷款还款时间问题等。

## 二、高校基层学生管理模式的创新路径

### （一）管理理念的创新

要在新时期的社会环境下提升高校德育水平，就要建立以培养具有社会主义思想体系的品质为高校管理机制创新的目标。故而，提升学生德育的管理机制创新应以确立培养学生全面素质的发展为核心，以有效发挥出高等院校特有的教育体系和教育资源为立足点。在高校的管理理念上，既应保持中国特色的社会主义理论基础，又应将管理机制的创新与大学生的生活实际相符合，与时代的节奏相符合。

高校在对基层学生的管理机制上，应着力营建一个利于学生自主思考的情境。学校应努力为学生构建一种特有的道德文化氛围，构建一个让学生体验自由平等的机制，从而使管理的过程突破传统的呆板和无情，让大学生在一种充满活力的环境下接受道德教育，通过科学合理的管理能让学生体验到管理的秩序感和规范感。在管理过程中，应强调人性化和个性化，充分尊重学生，培养其自强与自信的品质，并大胆鼓励学生敢于对学校的管理表达想法、提出意见，从而拓展创新的思路和内容。

### （二）管理方式的创新

管理人员或辅导员应注重情感管理与人性化管理，在管理中投入更多的情感因素，让学生与管理者间的心理距离拉得更近。管理人员进行管理时，应保持态度的真诚、语言的和谐以及表情的友好，只有这样，学生才能发自内心地接受管理和道德教育，从而对道德教育的理念持认可和接受的态度。如，在不少大学生认为，只要管理者出现在面前，通常就意味着自己犯错。辅导员要努

力改变这种不和谐的状态，平时与学生多多进行交流，不能只在学生出现问题时才出现，就算是学生出现了问题，也要注意在与学生沟通时只对事不对人，还应注意谈话的过程不要过于生硬，可以从一些轻松的话题开始，在消除学生抵触心理的情况下，让学生自然而然地接受辅导员的道德指导。

此外，管理机制的创新应突出班集体的效能。学生在班集体中长期生活和学习，集体的道德观对学生个体的影响是巨大的，这也就是所谓的班风。因而，在新的管理方式中，应将班集体的管理当作一个重点和核心来抓，通过对集体的有效管理，达到对学生道德品质的培养。

总之，高校对学生的管理机制创新对提升德育水平是有明显作用的，在创新管理机制的过程中，管理者在保证坚守原则的基础上，可大胆对管理理念及管理方法进行革新。在对管理机制进行创新的时候，管理者或辅导员也要注重对自身的建设，保证自己的理念和品质与社会共同发展和进步，只有这样，管理者才有能力将管理机制实践到位，使之发挥最大的教育效应。

### 三、精细化管理

#### （一）精细化管理模式概述

精细管理作为一种管理理念和技术，就是运用程序化、标准化和数据化的方法，通过规则的系统化和精细化，使组织管理的各个单元精确、高效、协同和可持续运作。精细管理的优点在于成本控制，其可以最小的成本获得最大的效益，达到事半功倍的效果；精细管理模式主要是"以尽责为中心"，对每个岗位、每个环节、每道工序都有详细的规范。精细管理不同于以往的教育管理方式。以前的管理方法主要是根据学校的专业教育学科，将不同类型的专业进行分类，不同的专业有不同的教材。这种方法虽然能避免各种教育之间的矛盾，但由于目前高等教育专业种类众多，传统的教育方式已不能适应学校发展的需要。为此，需要采用精细化管理的方法，将各高校的专业教育进行整合，对特色专业教育进行进一步系统整理，使其达到教育发展管理的要求，确保教学活动有序进行。

精细管理模式在实施过程中要遵循规范化、程序化的原则，即辅导员的一切工作都要严格按照行为规范和规章制度进行，对全体学生一视同仁，做到严于律己。制定一套统一的学生日常行为活动规范，既是基层学生管理工作的基本保障，也是衡量辅导员工作精细化的先决条件。与此同时，标准化原则也能在基层学生管理工作中充分强调纪律与秩序，有助于克服工作中的随意与无序。

程序原则是指高校辅导员做基层学生管理工作时要按照一定的逻辑和条理性，制定网络管理模式，使各项管理工作相互关联，并在各项学生工作中体现出管理的思维和模式。辅导员在日常基层学生管理工作中，既要有计划、有步骤地细化工作内容和形式，又要有组织、有内容地制定有效的管理程序，改进工作方法，提高工作效率。

### （二）高校学生工作精细化管理模式

#### 1.明确高校学生工作精细化管理目标

高校教学精细化管理的目的在于实现人才培养目标，并最终实现高校的长远发展和可持续发展。目标管理是指管理者以管理目标为依据，通过对其所属组织及其成员进行相应的管理活动，以达到一定管理标准或状态的一种现代管理方法。精细管理要求高校在设计教学目标时，要使其与学校总体人才培养目标、培养规格定位及相应的知识、能力、素质要求相一致。

#### 2.管理理念创新

以学生为中心的教育是高校学生工作精细化管理的最基本的理念，学校经过长时间的精细化管理规划和整合教育管理资料，将学生提升到精细化管理的位置。一是学校要做好学生的精细管理规划，科学设计精细管理工作，将学生作为精细管理教育的重点，让学生充分参与到精细管理中来，从而全面提高学生的综合素质；二是以学生的意见为参考，完善精细化管理工作，进而提高精细化管理水平；此外，还应充分利用教材，使之融合。教师应多与学生沟通，了解学生需求，以学生的学习需求为依据提升工作质量。

#### 3.完善高校学生工作精细化内容

高校学生工作要科学规范地开展，工作机制是重要基础，只有根据高校的具体情况，才能在工作机制上做到精益求精，才有可能在工作机制这一层次上更好地做好高校学生工作。建立激励约束机制，使精细化管理方案真正有效转化为现实，达到预定的效果。大学生工作是一个系统，这就要求其要有规范的工作制度，要整理出一套系统、完整、全面、细致的规章制度，由学生工作组织机构的设置、职能部门的划分、职能分工、岗位职责说明、专业工作制度、流程等制度类文件构成学生工作制度的表现形式。同时要求学生工作人员在实际工作中，根据高校学生工作的有关规定和程序，统一行动、工作，保证学校的各项学生工作有章可循。精细化关注的不仅仅是结果，更多地关注过程中的各个环节。工作流程化不仅是指实现过程控制的科学性和合理性，制定出的流程化的工作内容也是最细致、最好的方法。高校学生工作流程图中所包含的各项工作程序的量化、学生工作日常事务处理流程的细化、学生工作团队绩效考核标准的细化等，都是工作流程图中的具体内容。建立高校学生工作流程图，首先要解决的问题是根据相关法律规定，制定清晰、易懂的工作原则，建立相对统一的工作流程标准，在此基础上，设计出符合学生工作实际需要的流程图。把学生工作的各项内容流程化，使各种事务工作有章可循，确保每一项工作流程和任务都有清晰、明确的脉络，工作过程细致齐备，切实具有可操作性，这不但能够方便学生工作管理部门全程监督，还有利于提高学生工作人员操作的规范性，更有利于初学学生工作领域的人员的学习和培养，在一定程度上规范高校学生工作的各项职责。

基层学生管理工作是高校教育工作的重要组成部分，更是培养学生综合素质的重要因素，但目前已有的管理手段已不能适应学校发展进步的需要。为此，必须将精细化管理运用到基层学生管理工作中，以有效提高管理质量，使学生更好地掌握专业技能和知识。但在推行精细化管理工作时，必须对精细化管理有一个正确的认识，并根据学校的实际情况调整精细化管理工作的内容，从而提高管理质量。

## 第三节　高校辅导员德育管理工作途径创新

大学生的德育管理工作已成为当前高校综合素质教育过程中非常重要的内容。高校辅导员作为德育管理工作中的重要执行人员，其工作能力和个人素质对学生的德育管理工作的效果有很大的影响。因此，我国高校辅导员在德育管理工作的开展上不仅要满足学生的需求，还要符合当前社会的总体发展方向，创新高校辅导员德育管理工作途径是我们面临的重要课题。下面主要通过分析高校辅导员德育管理工作中面临的问题及创新的有效策略，积极寻求新时期我国高校辅导员对学生德育管理工作创新的途径。

### 一、高校辅导员德育管理工作面临的问题

#### （一）思想上重视，行动上松懈

当前大部分高校的领导都是将学校的工作重心放在科研建设和教学管理上，对于德育方面，虽然从上到下都在反复学习和强调，但是真正落实到具体措施的少之又少。具体表现在以下两点：首先，认为德育管理工作就是思政教

师和辅导员工作范畴的事，并没有真正将其作为全校教职工共同的责任。虽然有的高校领导在思想上比较重视德育管理工作，但是学校的物力和财力投入不足，造成一些德育管理工作开展的困难。其次，当前一些高校虽然制定了辅导员工作考核办法，但对于德育管理工作的考核标准制定得不清晰，这就使得一些德育管理工作的成果和效果难以体现差异。长此以往，更容易使高校辅导员只重视可细化的指标内容，忽略德育管理工作。

### （二）德育管理工作方法单一

信息时代，互联网的飞速发展，大学生的注意力和兴趣点更容易被分散，高校教育事业很多方面都已经逐步采用互联网技术进行教学，提升教学的效果和效率。而德育管理工作因受传统教育理念长时期熏陶，通常具有明显的说教性质和价值导向，缺乏与时俱进精神，普遍采取灌输式教学，其内容和形式因无法跟紧时代脚步而相对单一和落后，从而并不能引起学生的兴趣和注意。这很难激发学生对教学内容的积极性和参与性，直接影响德育管理工作的施展效果。

### （三）德育工作与实际相脱节

近年来随着社会经济发展，大部分高校进行扩招，学生数量呈大幅度增加的态势。与此同时，高校德育管理工作第一线的辅导员数量虽然有所增加，但速度和趋势与学生增加的速度相比相差甚远，从而也在一定程度上降低了高校德育管理工作的效率。

## 二、高校辅导员德育管理工作创新的有效策略

### （一）提高高校辅导员自身的道德修养

师者，生之模范也。高校辅导员的价值观以及其日常行为和举止对学生起到言传身教的作用。习近平总书记多次强调："广大教师必须率先垂范、以身作则，引导和帮助学生把握好人生方向，特别是引导和帮助青少年学生扣好人生的第一粒扣子。"这就要求高校辅导员要不断提升自己的道德水平，丰富自身的知识储备，转变传统德育管理理念，通过完善自身的良好品质和人格气质影响和感化学生，起到榜样和标杆作用，使他们形成高尚的道德情操，提升自身的德育管理工作能力。

### （二）新时期利用互联网创新德育管理工作方法

当前是互联网的时代，互联网时代具有互动、共享、速度、自由等特性。

高校辅导员应利用这些特性，不断创新德育管理工作的方法。比如可以借助微信、微博客户端、公众号、贴吧、豆瓣等多种学生喜爱的平台，一方面可以更深入地理解学生的日常学习生活、思想状态；另一方面也可以拉近师生之间的距离。只有这样才能站在学生的角度掌握其心理状况、性格特点，确保及时掌握学生思想、生活等方面的动态，给予他们正确的指引和教导，从而引导学生树立正确的德育意识，增强德育管理工作的效果。

### （三）因材施教，做到有效沟通

师生之间良好的沟通无论在哪个教学阶段都能起到关键的作用，特别是在大学德育管理工作过程中，高校辅导员需要充分了解每一位学生的性格特点以及心理状态。不同的学生有不同的特点，要进行有针对性的分析，在与每一位学生沟通的时候也要根据性格特点选择不同的沟通方式。如果对所有学生都采取同一种沟通方式，那么可以说都是无效沟通。大学生都会有较强的自主意识，在开展各方面活动时也会时刻体现出自己的独立的想法，高校辅导员应该充分了解学生，从学生的实际情况出发，根据学生的性格特点、个体差异，选择不同的沟通方式，并做到在教育过程中有重点，有深度，有广度，简单明了，保证沟通的效果和质量。

## 三、大数据背景下高校辅导员学生管理工作的创新

### （一）大数据背景的发展与高校辅导员管理工作的关系

第三次技术革命的显著成果就是互联网技术的广泛应用和现代信息技术的发展，基于这一状况，我国进入了大数据时代，在这一时代背景下，社会各阶层都与之联系紧密，对大数据的应用也越发广泛，当然我国的高校辅导员工作也不例外。在信息爆炸的时代，高校学生的信息量和数据量极为庞杂，这对于高校辅导员在学生管理方面形成了巨大的阻碍。为了实现辅导员工作效率的提高，我国高校必须要采用大数据分析法，提高高校辅导员的工作效率并且强化其工作能力，使他们具有使用大数据的意识和素质，并且掌握一定的分析技术，积极与学生进行沟通，及时把握学生动态。高校辅导员在大数据背景下一定要加强自己对于互联网技术的运用，在对学生进行基础性管理的时候要注意对于数据的分析和应用，并且高校也应该注意对高校辅导员能力和素质的培养，结合每位学生的性格和专业特点，在此情况下帮助学生树立正确的人生观和价值观。大数据时代的到来为高校辅导员提供了一种学生管理工作的创新模式，而且大数据也可以帮助高校辅导员更好地应对突发事件，并且还可以突破学生管

理工作的瓶颈，在大数据模式下可以合理有序地开展学生管理工作。在大数据背景下，高校辅导员还可以通过对数据的分析不断总结经验与教训，为自己开辟出学生管理工作的新思路。除此之外，高校辅导员可以在此模式下找出学生身上存在的问题，还可以根据学生的不同需求来进行有针对性的政策制定，在结合实际情况的基础上加强对学生管理工作的创新。

### （二）大数据背景对高校辅导员创新学生管理工作的促进作用

#### 1. 提高创新意识

高校辅导员这一职位对于我国当代大学生来说起到了至关重要的引导作用，所以随着时代的发展，我国各大高校对于辅导员也都提出了越来越高的要求，要求辅导员转变自己固有的思维方式，并且重视起大数据和互联网以及信息技术对于学生管理工作的重要性，与此同时还要提高自己的专业水平和思想道德素质，对于工作采取一种积极主动的态度，并且在大数据分析上要提高自己的专业水平和能力，促使学生养成良好的行为习惯。在以前固有的学生管理工作模式下，很多高校辅导员缺乏工作积极性，对学生采取一种极度不负责任的态度，经过对大数据的了解和运用，我国高校辅导员可以提升自身的素质，并且还可以学会运用互联网这一平台来加深对于学生的了解程度，结合先进的技术手段来实时地掌握学生的心理动态，尽量缩小自己与学生之间的代沟。除此之外，对于高校辅导员来说最重要的就是要提高自己的创新意识和创新能力，对当代大学生能够真正起到引导作用。高校辅导员可以采取相关的高科技措施来进行学生数据的采集和分析，根据研究结果和学生的具体性格特点创新自己的管理模式和管理手段，实现与学生的和谐相处。与此同时，大数据时代的到来拉开了我国科技革命的帷幕，同时也是教育界的一场改革，我国高校辅导员对各种信息资源进行了实时掌握，构建了属于自己的数据库和学生管理平台，并且为学生管理工作的顺利进行提出了很多有针对性的建议，由此可见，我国很多高校的辅导员还是对于学生管理工作进行了一定程度的创新，并且融入了自己的创新意识和创新观念，在创新的基础上加强了自己对于大学生的管理能力。

#### 2. 提高整合能力

随着大学生数量的逐年增多，我国大学生的相关数据也极为庞杂，这就意味着我国高校辅导员的工作量直线上升，这种局面也就为我国高校辅导员完成对学生的管理工作造成了不小的阻碍。除此之外，学生们的信息有的是完整的，而有的是残缺的，在管理过程中，辅导员要做的就是收集和分析这些与学生相关的所有数据，并且将零散的数据信息整合起来，并且要进行逐一分析，从分析结果中提取出有效信息，高校辅导员要结合具体实际情况对这些信息的真伪进行准确的判断，做到心中有数。除此之外，高校辅导员还需要熟练运用互联网技术来对大学生通过手机或电脑留下的应用轨迹进行分析，根据分析结果来探究大学生的情感和思维，并且根据这些来预测大学生的思维走势和心理状态，在大数据分析的基础上实现对大学生的实时预测，这样就可以加强辅导员对于学生的管理。而且为了保证信息的完整性，很多信息都是需要辅导员在新生一入学就要采集完毕的，在此基础上还需要辅导员建立一个专门的数据库，这个数据库要包含学生各方面的原始数据和信息，并且还要根据学生日后的表现适当地新增数据。在所有数据都完整的前提下，高校的辅导员们必须对每个数据进行逐一分析，并且要提高自身的数据整合能力，一定要保证数据的真实性和可靠性。

3. 搭建新的教育平台

随着互联网的深入发展和信息技术的广泛应用，我们的国家和政府越发重视大数据的应用，大数据可以代表一种教育的新平台，在这一平台上我国高校辅导员可以充分利用大数据来加深自己对于学生的了解，并且对于高校课堂的教育形式和内容都有一个明确的认知。通过对新技术分析数据法的运用，高校辅导员可以提升自身的专业能力和思想道德素质，并且可以利用这一平台及时与学生获得联系，将很多有效信息传递给大学生，实现网络实时教育，而且也可以在与学生的交流过程中掌握学生的心理动态，并且可以了解学生入学后的基本信息，比如说考勤状况、学习成绩等关键数据。通过对获取的数据的分析，我国高校辅导员可以对数据库中的内容进行实时更新，保证数据的时效性，在对数据的分析过程中，找出学生群体中存在的问题，并且制定出有针对性的解决方案，实现学生管理工作的有效进行。除此之外，高校辅导员还必须使自己尽快适应新的潮流和趋势，提高自身的信息素养，加强自身专业技能的提高和思想道德素质的提高，帮助大学生树立正确的世界观、人生观和价值观。高校辅导员要在新媒体环境下，提高自身的媒体意识和媒介素养，提高思想政治素质，适应时代的发展要求，结合高校的特点和发展方向，有效地掌握学生的思想动态，有针对性地传播正面的思想。在大数据背景的促使下，我国各大高校辅导员为了使自己跟得上时代发展的步伐，必须对自身的素质进行培训和提高，加强对于学生管理工作的创新，在技术革命的潮流中抓住发展机遇，提高自己的管理能力，提升自己的工作质量和效率。

# 第四节　新形势下大学生宿舍德育工作的创新机制

大学生宿舍是学生休息、活动的主要场所，也是学生相互交流、相互沟通最活跃的地方。高校后勤社会化后，大学生宿舍管理走向社会化，其管理方法和管理形式发生很大变化，随着社会的发展和环境的变化，大学生在校生活轨迹发生了很大变化，再加上互联网信息时代的到来、大众媒体的高度发展，大学生接受不同倾向的思想意识的频率越来越快，这使高校的德育工作面临许多新问题。探索新形势下大学生宿舍的德育工作和管理方法是当前高校教育教学改革的一项任务，对高校培养高素质的合格人才将发挥着重要作用。

## 一、在学生宿舍开展德育的优势

虽然现代的教育提倡"开门办大学"，大学生不再是一心只读"圣贤书"的"书呆子"，但是，除了必要的社会实践时间外，绝大部分的在校大学生生活还是传统的"三点一线"，过着从宿舍到食堂再到课堂的校园生活。校园里的事件无论是积极还是消极的，都与宿舍有着千丝万缕的联系。与课堂上的德育相比较，宿舍的德育长期以来没有得到很好的开发和利用。

在宿舍开展德育工作不但能成为可能，而且具有其独特的优势。

首先是时间优势。大多数情况下，学生每天在宿舍中待的时间最长。除了在宿舍中休息外，宿舍还成了学习、娱乐以及交际的场所。学生在宿舍里度过了大量时光，这是其他场所难以相提并论的。聚沙成塔，集腋成裘，宿舍文化在日积月累的光阴沉淀中，使得积极因素和消极因素一道，在宿舍中长期地、频繁地发挥其作用。充足的参与时间为宿舍德育工作的开展提供了基本保证。

其次是潜移默化的教育效果。生活是德育的出发点也是落脚点，德育的效果终归要放到生活中去检验。宿舍不但是休息的场所，也是学生品德养成的地方。宿舍德育工作需要采取"润物细无声"的方式去渗透，在不知不觉中改变学生的思想。从生活的细节入手，可以化解教育对象的抵触心理，在宿舍进行德育更容易引起学生共鸣，如思想政治老师在课堂上用几个小时做一场助人为乐的宣讲，其作用还不如宿舍中舍友帮忙打一壶开水更让学生感动。

最后是微妙的群体效应。苏联红军在"二战"结束后，曾经总结出一句经典的话语："英雄往往是集体出现的。"学生道德的发展也呈现出这一状态。如高校相继报道出"考研宿舍""创业宿舍""励志奖学金宿舍""集体挂科宿舍"等现象就是这一问题的真实写照。这种群体效应显然并非偶然的，需要引起宿舍德育工作者的重视。

## 二、反思以化解矛盾为主、注重制度化管理的宿舍德育模式

德育的过程是一种教学相长的过程，科学的管理有利于促进学生从"知"到"行"的转化，最终达到"知行统一"。科学合理、统一、稳定的制度及完善的考核机制被看成高校宿舍德育的必备条件。然而当前以化解矛盾为主、注重制度化管理的宿舍德育模式存在诸多不足。

### （一）工作认识不足

这主要表现为，注重事务性工作的解决，以化解宿舍矛盾为主，忽视思想教育。辅导员是开展大学生德育的骨干力量，也是宿舍德育工作的组织者、实施者和指导者。辅导员工作的核心是学生的德育，然而在学生宿舍开展德育工作是一种"工作下移"，是在集学生学习、生活、活动场于一体的宿舍里开展德育工作。只要跟学生宿舍里事务挂钩的工作都要辅导员出面去处理、协调、沟通，去抓去管，辅导员承担着管理者和教育者的双重角色。

宿舍管理者的角色要求辅导员在管理学生宿舍时，将管理对象定位于物，只需要管理好宿舍的财务、公寓的水电、楼道的卫生就完成了宿舍工作。宿舍的成员由于性格、习惯、地域等因素的不同，生活在一起难免会产生矛盾，这时需要辅导员及时化解矛盾，把矛盾消灭在萌芽中，哪个宿舍有事情赶紧去解决，做到息事宁人。

宿舍德育教师的角色要求辅导员与学生加强沟通，更好地了解学生、关心学生、热爱学生，熟知学生的想法、问题、困惑，并针对这些内容给予解答或帮助，从而促进学生高尚道德的形成，使学生更好地成长与成才。相对来说，绝大多数的知识教育可以通过对学生所掌握的相关知识的考查而获得一个相对准确的评价。然而德育却不同，我们很难通过"文字的"或者"话语的"的标识来评价一个人的思想素质和道德水准如何。

由于德育见效周期长，成果无形化，加之当前大部分高校对辅导员工作还缺乏一个健全、科学、有效的评价体系，在实践中便形成了一个工作内容越多，形式越多样，就越能得到认可的奖励机制和一旦学生出事就面临全面否定的惩罚机制。这一不科学的潜规则使得辅导员在宿舍德育中注重事务性工作的解决，以化解宿舍矛盾为主，而忽视了思想教育。

### （二）德育方法滞后

这主要表现为，注重理论灌输、忽视道德实践；注重学生的共性、忽视学生的个性。

宿舍是对大学生进行教育的重要阵地，辅导员对宿舍进行管理时，要着重对学生进行德育教育、素质教育。一方面，当代的大学生渴求知识，性格独立，追求自由，正处于人生观、价值观、世界观形成的时期。但辅导员一个人要负责 200 名左右的学生的德育，本身就不是一件容易的事，何况还要从这些学生生活中的点点滴滴去对他们进行道德教化。大部分辅导员通常采取"以点带面，抓住重点"的方法来解决这一矛盾，对学生进行各种教育却用"填鸭式"教育的方法。这种硬生生的教育方法不仅使学生不易接受，而且还会使学生反感这种教育。这对宿舍德育工作会造成极大影响。另一方面，宿舍德育的考核体系尚不完善，我们对辅导员在宿舍德育这一块的考核通常是借鉴教师考核体系，考核宿舍德育教师的教学过程和科研成果。学生的思想变化过程是不易被察觉的，需要教育者时刻进行观察。辅导员容易掌握所教育对象的共性，但是对于其个性的掌握就比较模糊，宿舍德育教师在宿舍德育上容易偏重理论研究，所采取的教育方式也是针对学生的共性、忽视学生的个性。

当前以化解矛盾为主、注重制度化管理的宿舍德育模式在处理宿舍突发事件时手段僵化，扼杀了教育方式的创造性；各种宿舍管理制度的泛滥容易使得其教育功能成为一纸空文。我们需要对宿舍德育的工作进行创新，构建一种贴近学生生活、容易被学生接受的德育模式。

## 三、构建大学生宿舍德育工作有效机制

### （一）建立一支思想政治素质过硬的宿舍管理政工队伍

政工干部，特别是领导干部，必须在思想政治上具有较高的素质，这是由我国高校的性质所决定的。社会主义高校培养的是社会主义事业的建设者和接班人。因此，高校必须把德育工作摆在重要的地位来抓，摆在全面素质教育的灵魂地位来抓，抓好的关键在于干部素质要过硬，特别是思想政治素质。这支队伍要加强自身的学习，要以习近平新时代中国特色社会主义思想为指导，树立服务意识，深入学生生活，掌握学生的心理及生理特点，运用教育管理理论去管理学生，运用德育理论去做好学生的思想政治工作。在加强宿舍管理队伍素质的同时，要努力做到教育、管理、服务的有机结合。

## （二）成立以党员学生干部为骨干的学生管理工作队伍

学生管理工作的宗旨是全心全意为同学服务，沟通学校、公寓、学生三者间的联系，尽职尽责配合学校、公寓做好学生的日常德育工作。以党员学生干部为骨干组成的学生管理工作队伍本身是学生，他们了解学生的特点，了解学生的思想动态，容易与学生沟通、交流，容易发现问题和解决问题。为此，要加强这支队伍成员的自身修养；帮助他们树立主动为同学服务的责任感和自豪感；培养他们自我管理、自我服务、自我教育的意识；带头遵守公寓的各项规章制度；掌握法律知识，增强法制观念；配合教师工作，充分发挥党员和共青团员的先锋模范作用。

## （三）重视学生宿舍管理中的思想政治和文化环境建设

宿舍管理走向社会是高校后勤改革中的一项新生事物，难免存在这样或那样的纰漏，但是德育工作决不能出现漏洞。学生宿舍管理中的德育工作的好坏，直接关系到对人才的培养及对大学生的全面素质教育。加强大学生宿舍德育，进行政治环境建设，首先要加强宿舍管理人员的政治素质、文化素质及道德修养。目前，高校学生宿舍中高层次的专门管理人员不多，个别人思想、文化素质较低，价值观念扭曲，思想情绪不稳定，这势必会影响到学生的发展。为此，必须加强宿舍管理人员的政治理论学习，营造良好的政治环境。同时，培养具有较高文化素质的管理人员，了解学生的思想，熟悉学生的状况，懂得学生的需求，及时、准确、有针对性地对大学生加强管理。要培养管理人员具有良好的道德修养，要公平、公正，诚实守信，有责任感，有同情心。要通过他们的感召力和无私奉献的精神影响学生、教育学生。其次，要切实抓好学生宿舍这块宣传阵地。学生宿舍管理部门和学生工作部门要定期召开会议，沟通情况、掌握信息。定期组织学生开展法治宣传教育，人生观、价值观、道德观教育以及心理、卫生知识讲座。在日常德育中，培养学生良好的道德人格和家庭道德观，发扬中华民族的传统美德和优良传统。加强大学生宿舍德育，进行文化环境建设。不仅要关注学生宿舍的整体布局，加强环境的净化、美化以及文化宣传、娱乐和基础设施建设。还要完善规章制度、文化氛围、社区精神文明建设等。大学生宿舍的文化建设就是文化环境建设，是陶冶学生情操、规范学生行为、提高学生思想道德素质、促进学生身心健康的重要途径。为此，大学生宿舍的社区建设要组成以宿舍楼为单位的绿化园区，植树种草，开展竞赛。同时，社区要规范制度建设，要给学生营造文化氛围，开展演讲、绘画、书法等多种形式的联谊活动，组织同学观看有教育意义的电影、电视片，对学生进行爱国主义、集体主义、社会主义教育。教育学生自觉抵制精神垃圾，做新时代文明守纪的社会主义大学生。

## 四、构建以预防矛盾为主、提倡"智慧型管理"的德育模式

智慧型管理理念的来源是管理学中的 C（CHINA 的首字母）管理模式，C 管理模式是在对西方现代企业管理模式先进经验继承的基础上，创造性融入中国国学的智慧和传统文化精髓，构建了以人为核心和"人形结构"为特征的企业智慧型组织，创立了"天人合一"的组织管理的全新模式。这种以人为运营核心的、具有更大的能动性和更强的应变能力的管理，在管理学中称为"智慧型管理"。构建宿舍德育"智慧型管理"模式，关键是"以人为本"理念的贯彻。宿舍德育创新的出路在于密切联系学生的生活实际，回归学生的现实生活，具体而言就是以生活为本、寓德育于学生宿舍生活。

### （一）实现从管理到服务的转变

宿舍德育创新中极其重要的是转变德育思路。高校宿舍服务与管理方面应追求和谐之美，以温情感人、为广大学生创造家的温馨，加强宿舍文化建设，创造健康、和谐、文明的育人环境，让大学生诗意地居住在校园中。各高校要充分认识宿舍德育的重要性，落实"管理就是服务"的理念，将高校宿舍德育作为高校德育的重要部分统筹规划，改变注重事务性工作的解决的管理方式，以化解宿舍矛盾为主、忽视思想教育的局面，践行全心全意服务学生的理念。

宿舍德育工作是否取得成效，学生的判断最准确、感受最真切。强调服务意识，就是要做到尊重学生的主体地位，做到遵循学生自身发展的客观规律，使宿舍德育工作建立在更加科学的基础上。

### （二）在宿舍开展行为养成教育

高校学生管理者应善于在平等的讨论和交流中沟通思想，解决问题，深入了解把握受教育学生的思想动态，及时发现个别同学思想中存在的问题，"一把钥匙开一把锁"，增强教育的针对性和时效性。简单粗暴的处理方式不但不能解决问题，还有可能引发新的问题，强调"对错"评价、忽视倾听的宿舍德育方式需要被温馨化，贴近学生生活才能走进学生心里，达到最佳的教育效果。

宿舍是大学生共同的"家"，他们校园生活中大量的时间是在宿舍中度过的，也使得宿舍成为除课堂外重要的学习场所之一，因此积极的宿舍文化对宿舍德育有非常大的正面影响。高校可在宿舍开展行为养成教育，有意识地创建"追、帮、赶、超"的学习型宿舍、创建美观大方、布局合理的生活型宿舍。高校应

适时在大学生宿舍内开展道德教育、公民教育、法制及校规校纪教育、生活习惯和行为规范教育、礼貌礼仪教育，加强大学生的行为规范宣传，引导学生从自身做起，从日常生活做起，培养学生良好的行为习惯。

### （三）加强德育实践

灌输式教育不适合宿舍德育，宿舍德育要与大学生生活实际相结合。良好的品德必须在实践中通过不断地确立信念、培养感情、锻炼意志、规范行为，通过不断地总结经验教训和切身体验才能形成。《中共中央、国务院关于进一步加强和改进大学生思想政治教育的意见》中指出："积极探索与建立社会实践与专业学习相结合、与服务社会相结合、与勤工助学相结合、与择业就业相结合、与创新创业相结合的管理体制，增强社会实践的活动效果。"在宿舍德育实践的设计上，主要是指各高校要利用好校内资源，通过勤工助学、科技服务、学生社团活动等，使学生的德育实践与校园生活相结合，不断丰富德育实践的内容和形式，使学生在德育实践中受教育、做贡献，促使道德知行的转化。

宿舍德育的实践需要注重个性，以人为本、因材施教。同一个宿舍的不同的学生其内在需求和价值追求是不同的，不同层次的道德追求产生对不同层次德育的欢迎度和接受度。宿舍德育实践活动越贴近受教育者的内在需求就越能产生教育者与受教育者双方的共鸣，反之，则会受到排斥。高校德育工作者要寓宿舍德育于生活，开展丰富多彩的教育活动。

## 第五节　协同理论视角下的高校德育创新

近几年，在我国信息技术与互联网迅速发展的情况下，网络的开放程度让德育在高校学生成长过程中的地位受到影响，让德育人员的权威地位受到挑战，学生的自我判断和选择的难度逐渐增加。而且市场经济体制与对外开放的逐步深化和发展，让学生的价值观也发生了改变，对学生进行德育的效果也逐渐弱化。学校德育是实施以德治国的基础，是加强和改进学校教育的重要载体。新时期，高校德育工作要强化学生日常管理在育人中的地位，要有效地将管理置于教育之中，特别是要发挥学生管理中德育引导的功能与作用。

### 一、协同理论和公民教育

#### （一）协同理论

1971 年，德国著名物理学家赫尔曼哈肯将协同教育概念逐渐提出。协同理论是一个适合自然科学与社会科学的观念，以探究开放体系和外部世界有物质或者能量的交换为前提，研究怎样运用内部因素来相互作用，并且与自我素质互相结合，进一步展现时间、空间以及功能上的稳定有序结构，获得全新的整体放大效应。协同理论主要认为自然世界是由很多子系统构成的一个纷繁复杂的真人共同系统。协同理论的主要思想是协同造成有序，就是外部世界力量对体系中的各种因素的影响达到一定程度的时候，很多子系统在互相作用，体系中每个要素之间会出现耦合的状态，让体系从无序状态变为有稳定有序状态。协同理论将看似毫不相关的子系统出现的共同情况抽象出来，展示其类似性，比较由无序到有序的情况，探究所发生的规律，构建一种用统一观点去处理复杂系统的理念和方法，包含多种科目相互融合和相通的原理。

### （二）公民教育

要定义公民教育，就要先搞清楚什么是公民。公民一词具有历史性，是变化发展的，它源于古希腊奴隶制城邦。现代社会的公民"通常指具有一个国家的国籍，并按照该国的宪法和法律规定，享有权利并承担义务的人。"公民之为公民，最根本的就是公民是一个独立的主体，其基本特征是自由、平等、独立及介入社会合作的公共参与。公民是一个社会人，也是一个政治人，公民是作为社会和国家的一个成员身份存在的，其具有相应的公民权利和义务。这是公民内涵里最核心的内容。公民教育和公民一样都源于古希腊时期，现代意义上的公民是伴随现代化进程而兴起的。

关于公民教育的概念，尚且没有统一的定论。学者们众说纷纭，各有主张。有的从公民身份的教育来定义，认为公民教育就是公民身份的教育，学生的公民身份认同可以帮助学生建立适应新时代的世界观、价值观和国家民族观，养成良好的公民素质；有的从培养公民参与管理社会公共事务的价值和技能定义，认为公民教育就是在现代社会里，培育人们有效地参与国家和社会生活，培育明达公民的各种教育的综合体；有的从四方面（公民道德、公民知识、公民价值观和公民参与技能）定义；有的从如何做好国家的主人来定义，认为公民教育是面对社会全体的、以平等为特征的、权利和义务相统一的教育，对于我们这样的社会主义国家来说，其实只是对国家主人进行的如何成为国家主人的教育；有的从满足三个基本条件（以公民的独立人格为前提，以权利与义务的统一为基础，以合法性为底线）来定义；有的认为公民教育是为了使公民具有良好素质而进行的教育，其核心是为了使人更好地认识社会、关心社会、积极地参与社会活动、以发展社会为己任。虽然各学者见解不同，但以下是基本得到认同的观点。我们可以把公民教育分为广义和狭义两种。广义的公民教育是为现代社会培养良好公民的一种教育；狭义的公民教育是通过对公民进行价值观、知识、技能等方面的教育，正确处理个人、国家和社会三者的关系，成为合格的公民。

我国公民教育的内容包括：①爱国意识教育和传统道德教育，以培养公民的社会公德、家庭美德和职业道德为内容，以爱祖国、爱人民、爱社会主义、爱劳动、爱科学为基本要求，培养与社会主义现代化相适应的道德规范。②民主观念和法律精神，包括公民权利与义务相统一的权利意识和责任意识，使公民能正确行使权利，自觉履行义务。③培养具有管理社会公共事务所需的公民道德、公民价值观、公民知识和公民参与技能的教育。④培养公民的主体性和创造性精神，包括平等教育和民主教育等现代精神。⑤公民身份的教育，包括自己和国家的定位，在经济全球化背景影响下的民族观和世界观教育。

公民教育是目前我国现代化面向社会公民所进行的适合于生活的普遍教育，主要目的是培养符合现阶段社会与国家需求的合格公民，是高校教育的重要组成部分。高校公民教育主要是培养学生的公民意识、行为、责任以及义务和公民的国家认可感。完成培养合格公民的任务，应该将公民教育和高校德育结合，建立完整的教学系统，进行多要素、多层次、多环节的有效结合，建立公民教育共同体，形成更强大的教育合力。

## 二、协同理论视角下高校德育和公民教育的共性和个性

高校德育是运用各种方法对学生进行思想政治教育，让学生养成道德自觉的教育活动。在协同理论指导下，高校德育和公民教育不仅有共同性质，而且也有一定的区别。

### （一）高校德育和公民教育的共同之处

#### 1. 教育对象相同

大学生是高校德育与公民德育的对象，是我国以后的希望与栋梁。这两者主要是以人为主体，运用人的感知与认识让教育产生效果，然后主要强调培养全面发展的人才，将现阶段人才的培养当作教育的起点和终点。

#### 2. 教育目标统一

在协同理论背景下，学校德育主要运用思想教育、政治教育、道德教育以及法纪教育等帮助学生形成正确的世界观、人生观以及价值观等，使他们能够成长为为祖国发展贡献力量的栋梁之材，这一点和公民教育培养合格公民这个

具体目标不谋而合。把公民教育与高校德育进行有机结合，能让德育的目标更好地实现，让学校德育有效地实施，还会让学生变成合格的现代公民。

3. 公民教育的进行能让德育完成创新

党的十九大报告提出三个"新"，就是新时代、新时代中国特色社会主义思想与全面建设社会主义现代化国家新征程。其中创新与教育是新征程的主要组成部分。学校德育的创新不是简单的研究方法的创新，而应将全面了解高校公民的特征与实际作为基础，紧紧围绕新时代条件与实践的要求，通过协同创新理念，探究学校的教育观念、内容、方法以及课程建设。运用一些组织结构形式，在学校德育实施过程中始终贯彻党的方针政策，探究公民教育运行制度，让学生逐渐接受公民教育，养成正确的公民意识，养成更好的公民行为与公民能力，从而变成德智体美劳全方位发展的社会主义建设者与接班人。

**（二）高校德育和公民教育的区别**

1. 理论基础不同

高校德育属于社会意识形态，主要以马列主义、毛泽东思想、邓小平理论、"三个代表"重要思想以及科学发展观、习近平新时代中国特色社会主义思想为指导，将培养有理想、有道德、有文化、有纪律的四有新人作为目标。公民教育主要和现代化国家相伴而生，目前我国最根本的关系是公民和国家之间的关系。习近平总书记提出，应该稳固树立国家意识、公民意识、中国民族共同体意识，让每个民族、每个公民都积极为实现中华民族伟大复兴而努力奋斗。我们的国家是以民族为基础单位确立的，我们要确保国家和民族的利益不受侵犯，增强个体对公民、对国家和社会的归属感与责任感，彰显对国家的认可、保护与忠诚，这是目前公民教育的基本价值取向，也是我国公民教育的理论基础。

2. 涉及的教育内容不同

公民教育是以公民的权利和义务为前提对公民进行的政治、法律和道德上的教育，它的教育内容多是根据社会的经济形态、政治制度以及社会的发展需要相结合而制定的，因此，公民教育的内容中既包含了生态环境教育与和平发展教育等培养公民全球意识和国际视野的元素，也包含了有利于教育对象将其公民意识付诸行动的实践内容。传统的学校道德教育更多的是注重提高教育对象的政治觉悟，增强其对国家和社会的责任感，同时也强调一种理想道德品质与个人价值观的塑造，因此，公民教育与高校德育在内容上并不是完全一致的。

3. 教育方法不同

公民教育作为一种养成教育，它注重的是过程中实践活动的开展，这种在实践中进行学习的方式更容易激发教育者的认同感，在效果上也具有更强的渗透性。高校德育实践活动的开展则更为分散，尤其是现代教育产生了一些弊病。某些人沉迷于物质生活之中而丧失了精神生活，人生的全部意义被淹没在对物质的片面追求之中，人性为物质所吞没。所以厘清公民教育和道德教育的关系，尽早实现教育的改革和转型，对整个社会的稳步发展有着重要的意义。

## 三、协同理论视角下的高校德育创新

新形势下，协同创新已成为提升高等教育质量和内涵、提升服务经济社会发展能力的必然选择。要走出参与主体单一、互动协作不强、协同机制不健全等困境，高校要解放思想，发挥纽带作用。创新德育方法已成为新形势下高校德育工作的重要内容，但德育方法的创新不是一蹴而就的，也不是一劳永逸的，而是一个"认识—实践—再认识—再实践"的无限循环发展的过程。在这一发展过程中，笔者认为，关键是要实现以下四个转变，从而不断引领和促进德育方法创新。

### （一）建立德育民主性，使德育方法由单向灌输向平等交流转变

人是教育的中心，同时也是教育的目的，一切教育都应该以"人"为本，这是现代教育的基本价值。高校教学活动的主体是学生，德育的主体也应该是学生，因而必须以"学生"为本。但是长期以来，我们忽视了学生的主体地位，把他们简单地当成教育对象，"灌输"现成结论与传授道德知识，只注重对他们进行观念的说教、规范的灌输、行为的约束，施加的往往是口号式的令人可望而不可即的教育条目，整个德育过程忽略了学生的主观能动性，忽略了人与人之间的情感交流，把人视为填充各种美德与高尚品格的袋子。这样的一种道德教育其实效性必然大打折扣。因而，在德育工作中，教师不应再以道德教育的权威者的身份出现，而应是一位顾问、一位帮助学生发现问题的引导者、一位讨论问题的参与者。让学生真正认识到自己是个人道德生活的主体，并以一种积极进取、自觉成长的生活观，与教师互相探讨、共同思考，学会道德判断和道德选择。

### （二）实施德育个性化，使德育方法由模式教育向个性张扬转变

德育个性化旨在培养个性充分发展的、人格健全独立的、会做人、会做事、懂生活、精工作的社会公民。实施德育个性化要求教师在德育过程中尊重学生

主体个性，注重个性化人格的培养，帮助学生发展优良的个性品质，抑制和克服不良的个性和特点，使学生得到和谐健康发展。反思以往学校德育针对性、实效性差的一个主要原因就在于我们的德育以培育"听话的好学生""模式化的人"为目标，忽视学生的个性发展，忽视人的千姿百态的差异，忽视良好的个性心理品质的培养。这种模式教育把学生定位于自觉的、机械的"听话人"，既无视学生的兴趣、爱好，与现实生活脱离，又禁锢了学生的思想，压制了学生的自主性和创造性。因此，创新德育方法，要求我们要学会尊重学生的人格和意愿，给学生一个选择的余地，在常规教育的同时，引导学生对学习内容、学习方法进行选择，对冲突的价值取向做出自己正确的判断，保护学生个性发展的权利。

### （三）培养德育自觉性，使德育方法由他律向自律转变

大学生良好人格和道德习惯的养成，既有赖于严格的要求和纪律约束，更有赖于学生自身对道德理想的追求和坚持不懈的自律慎独。培养德育自觉性就是使学生形成自觉树立道德目标、主动提高道德能力的主体意识，使学生的道德素质得到全面和谐、充分自由的发展。就目前我国学校德育而言，由于施教者要完成规定教学任务以及受传统教育观念的束缚，在方法上，惯用的是说服教育、批评指正、品德评价等，这些教育方法多少都带有强制意味。这些强制性的"灌输"容易引起学生的反感，使学生产生抵触心理，导致德育他律功能的弱化和消解。"道德的基础是人类精神的自律"，走出德育他律困境的出路是德育自律。德育自觉性就是要变德育他律的强制性、约束性为德育自律的内控性、自主性，突出理性说服，关注爱的施予，重视隐性课程的教育，实现他律向自律的过渡。

### （四）落实德育实践性，使德育方法由封闭式向开放式转变

道德品质的形成动力来源于新的道德需要，新的道德需要产生于具体的生活实践，脱离了生活实践，学生的道德需要就会枯竭。如果学校的德育工作总是把学生束缚在校园里，禁锢在课堂上和书本中，让学生接受既定的政治思想和价值观念，这样就脱离了丰富的社会生活实际，不给学生创造自己认识社会、自己判断思考的机会。这种闭锁性的德育方法不利于学生形成科学的世界观、人生观、价值观。因此，在改革开放与社会主义市场经济的新形势下，德育观念必须更新，德育方法必须改革。学校应从现实出发，把学生从课堂上、书本中解放出来，让学生走出"世外桃源"，自己去观察社会，去思考现实问题。让学生在开放的德育过程中真正产生免疫力，掌握辨别真善美与假恶丑的本领，

最终确立科学的世界观和人生观。

总而言之，德育是教育的重要组成部分，不管在任何历史时期，在任何地方，德育都发挥着重要的作用。抓好学校德育工作，是教育工作者义不容辞的责任，是培养社会主义新人的需要。让我们共同携手，把学校的德育工作落到实处，让德育工作发挥更大的作用。

### 四、建立德育协同创新实践研究中心

德育协同创新实践研究中心是高校贯彻落实习近平总书记在学校思想政治理论课教师座谈会上的讲话精神，全力推进"三全育人"综合改革的一项重要举措。

对于大学生而言，学校形式多样的德育活动是高校生活的重要部分，在专业学习之外，基于兴趣的讨论和学习，才是真正激发潜能和活力的磁力承载场。青年大学生可通过合唱、诗朗诵、小品、话剧、微电影、相声、演讲等方式积极开展德育实践，用自己优美的语言、动听的歌声、漂亮的舞蹈表达坚定的思想信念和勇担使命的决心。新时期的大学生应该有这样的意识：教育是学校的职责和功能，但成长是自己的责任，师傅领进门修行在个人，不同高校的平台和氛围各不相同，出来的学子也各有千秋，我们应该抓住学校给的机遇和平台，成为自己想成为的人，努力做一个对社会有用的人。

德育协同实践研究中心应紧紧围绕立德树人这一根本任务，不断创新，打造德育工作"共同体"，构建"大德育"模式，在全校形成全员、全过程、全方位育人的高效协调联动的协同局面。

未来，希望我国各大高校能够聚合校内外各类育人资源，实现育人主体、时间、空间三个维度的有效协同，形成人人、时时、处处育人，创建高校德育的新格局！

# 参考文献

［1］ 季海菊. 高校生态德育论 [M]. 南京：东南大学出版社，2011.

［2］ 杨韶刚. 道德教育心理学 [M]. 上海：上海教育出版社，2007.

［3］ 许国彬，林绍雄. 当代大学生工作学 [M]. 广州：广东高等教育出版社，2010.

［4］ 马桂新. 环境教育学 [M]. 北京：生活·读书·新知三联书店，2003.

［5］ 王学俭，刘强. 新媒体与高校思想政治教育 [M]. 北京：人民出版社，2012.

［6］ 张再兴. 网络思想政治教育研究 [M]. 北京：经济科学出版社，2009.

［7］ 王虹，刘智. 新媒体时代高校思想政治教育创新研究 [M]. 北京：中国社会科学出版社，2012.

［8］ 薛德钧，田晓虹. 大学生心理与心理健康 [M]. 北京：中国林业出版社，2007.

［9］ 王牧华，靳玉乐. 生态主义课程研究范式刍议 [J]. 山东教育科研，2002（4）：18-21.

［10］ 谢洁茹. 论高校德育的价值取向 [J]. 中国德育，2008（11）：19-21.

［11］ 曹瑞明，闫慧珺. 高校生态德育体系建构及其实践向度 [J]. 现代教育管理，2013（3）：91-94.

［12］ 张连春，王华彪，庞炜，等. 当代大学生创新精神内涵及培养研究 [J]. 职业时空，2010（1）：70-71.

［13］ 高月萍，代阳志. 高职院校德育模式之实践与反思 [J]. 时代教育，2017（22）：12.

［14］ 石明忱，王淑祯. 论高职院校德育教育过程中学生个性培养 [J]. 思想政治教育研究，2014（2）：115-117.

［15］ 万云．高校辅导员思想教育工作在新媒体环境中的拓展和创新 [J]．教育与职业，2012（15）：68-69．

［16］ 代雷．立德树人理念指导下的高校学生管理工作探析 [J]．当代教育实践与教学研究，2017（6）：100．

［17］ 王厦．新时期"立德树人"理念在高校管理工作中的意义与策略解读 [J]．长江丛刊，2017（3）：186．

［18］ 白勇．新形势下高校德育课实践教学刍议 [J]．鞍山师范学院学报，2007（5）：101-103．

［19］ 闫海涛，李玢．论高校德育课的五四三二一 [J]．理论界，2001（3）：39-42．

［20］ 林俊风．高校德育课发挥学生主体作用的尝试 [J]．青海师专学报，2009（6）：62-63．

［21］ 陈稷玲，于晶莉．改革德育课教学的实践与思考 [J]．教育探索，2001（1）：60．

［22］ 唐菡悄，陈永红，鲁先文．地方高校本科教学质量实证研究：基于学生满意度视角 [J]．黑龙江教师发展学院学报，2020（6）：17-21．

［23］ 陈力，曹剑敏，金银哲．进一步完善学分制背景下高校学生学业过程管理及预警机制的探索与实践 [J]．科教文汇，2020（3）：15-17．

［24］ 雷茂林，李伟，张华岭，等．对新形势下高校少数民族大学生思想政治教育及日常管理方法的探究 [J]．科教文汇，2020（1）：37-38．

［25］ 王静可．高校学生党员发展质量保障体系构建探析：以 L 学院为例 [J]．湖北开放职业学院学报，2019（21）：78-79．

［26］ 王延春．柔性管理下的高校思想政治教育工作研究 [J]．科教导刊，2019（22）：78-79．